U0541111

贵州财经大学经济学研究文库

中国现代纳税服务体系研究

楚文海 / 著

中国社会科学出版社

图书在版编目（CIP）数据

中国现代纳税服务体系研究/楚文海著．—北京：中国社会科学出版社，2017.12
ISBN 978 - 7 - 5203 - 1870 - 9

Ⅰ.①中… Ⅱ.①楚… Ⅲ.①纳税—税收管理—研究—中国 Ⅳ.①F812.423

中国版本图书馆 CIP 数据核字 (2017) 第 320802 号

出 版 人	赵剑英
责任编辑	卢小生
责任校对	周晓东
责任印制	王 超

出　　版	中国社会科学出版社
社　　址	北京鼓楼西大街甲 158 号
邮　　编	100720
网　　址	http://www.csspw.cn
发 行 部	010 - 84083685
门 市 部	010 - 84029450
经　　销	新华书店及其他书店
印　　刷	北京明恒达印务有限公司
装　　订	廊坊市广阳区广增装订厂
版　　次	2017 年 12 月第 1 版
印　　次	2017 年 12 月第 1 次印刷
开　　本	710×1000　1/16
印　　张	14.25
插　　页	2
字　　数	211 千字
定　　价	58.00 元

凡购买中国社会科学出版社图书，如有质量问题请与本社营销中心联系调换
电话：010 - 84083683
版权所有　侵权必究

摘　　要

　　自 20 世纪 50 年代中期美国联邦税务局开始实行第一个正式的帮助纳税人的计划至今，纳税服务已经从一种单纯为节约征管成本出发采取的措施，发展成为世界许多国家税务工作的重要内容和主要形式。各国通过设立专门机构、建立各项制度等多种方式，为纳税人提供持续、公正、便捷、高效的服务。在我国，纳税服务同样经历了从无到有，再到近年来快速发展的历程。

　　近年来，国内学者针对纳税服务开展了大量的研究和探索，取得了大批理论研究成果。在税务管理实践中，税务部门已经建立了自上而下的纳税服务管理体系，制定了《全国税务机关纳税服务工作规范》，开发了纳税服务工作平台，开展了卓有成效的工作。但是，在理论研究方面，归纳和总结国外先进经验的研究较多，而结合我国当前和未来社会经济发展特点的成果较少，有关纳税服务的理论内涵及其理论体系也尚待深入研究和完善。在实践中，纳税服务还有待进一步系统化、精细化、专业化，纳税服务作为税务机关面向社会提供的一类服务，其在社会主义法治建设和社会治理现代化进程中的作用、目标、任务还有待进一步明确。

　　鉴于此，本书在前人研究的基础上，结合我国国情和发展需要，分别对纳税服务的理论内涵以及如何构建中国现代纳税服务体系两个方面进行了较为系统的研究。

　　在理论方面，本书循着政治学、法学、经济学和管理学的逻辑关系，对纳税服务的本质内涵进行了较为深入的探索，建立了一个相对较为规范、完整的纳税服务的理论体系框架。

　　政治学意义上的纳税服务，就国家的角度而言，体现了国家行使征税权的方式的正当性，即国家的征税权不仅应在来源和使用方面获得人民对其正当性的认可，而且在其运用方式上也应符合正当性的要求，以此约束国家权力的无限扩张。从纳税人的角度来看，体现着纳税人权利在国家政治制度安排中的地位与作用，并得以确认其正当性。

但政治学视角下的正当性只是一种定性判断，缺乏准确衡量和裁度的依据及标准，因此，需要用法律形式对国家与人民之间在税收法律关系中的权利和义务进行明确划分，并通过相应的司法、执法制度和机构对纳税人的法定权利予以充分的保障。这就是法学意义上的纳税服务内涵。

然而，"权利"又作何解？"权"是法定可作为的行为，但纳税人依法行使"权"的动机何在？从理性经济人假设出发，不难解释为："权"的行使是受"利"的驱动。在经济学理论视角下，纳税人在税收经济关系中的"利"，除法定税收之外，主要就是由纳税人、社会和政府分担的税收成本。如果能够通过提高税收征管效率和质量，使其中任何一方所承担的税收成本有所降低而又不会使其他各方的税收成本负担加重，即为一种帕累托改进，这是经济学意义上的纳税服务的基本内涵。

但是，税收征管效率和质量应该如何改进？这是一个管理学领域的问题。税收效率和质量改进，是在一个现实的税收制度体系内进行的，因此，税收制度安排是否与经济社会的现实需要和未来发展相适应，就成为决定税收效率的关键因素。与此同时，税制的执行模式是否适合于国情，也是影响税收效率的主要因素。在当代中国这一宏观背景下，建立和完善服务型政府框架内的税收征管体系，通过服务手段促进纳税遵从，提高税收征管质量和效率，保障纳税人合法权利，实现税收管理的目标，就是当代中国语境下的纳税服务的管理学内涵。

在实践方面，本书基于以上纳税服务理论框架，通过对国外纳税服务体系的分析、借鉴和对我国现实国情的研究，提出了建设包括制度体系、管理模式和信息化平台在内的中国现代纳税服务体系的框架构想。

关于纳税服务的制度建设，笔者认为，税收入宪和税收立法（包括税收基本法的立法）是整个税收制度的根本支柱和基本前提，否则纳税人权利就无所依归，纳税服务也就失去了目标和意义。法律体系建设，还包括相应的司法和执法体系，特别是在税收法治原则下，税收执法的程序合法性应在此体系中得到体现。

在税收法律体系相对完善的前提下，基于我国社会主义市场经济的现状和发展需要，还应建立与之相适应的、服务于公共财政目标的、体现服务型政府职能的税收管理模式。在此模式下，以税务部门为主、社会服务机构为补充的纳税服务体系通过提供服务的形式达成税收管理的目标。

在现代信息技术条件下，纳税服务的开展所依托的，是以税收征管信息系统为主干，借助现代信息媒介平台和技术手段，在深度和广度方面适当延伸的一个信息化的服务平台。基于对税收信息化发展趋势的判断，包括税收征管信息系统在内的纳税服务平台，未来将成为电子政府的一个部分，并以提供专业化的纳税服务为其主要的外部功能特征。在技术路线方面，围绕涉税数据的"大集中"，应以发展数据仓库引擎、数据分析引擎和税收业务引擎等核心技术为重点，高度专业化的数据利用将是这一阶段税务部门与其他各部门信息化的主要特征，并推动全社会的信息化过程走向成熟。

由于笔者知识结构和研究能力的局限，以及中国特色的市场经济在形成过程中的特征不确定性，造成对税收制度特征的分析有可能与实际情况有一定误差，进而导致所提出的纳税服务发展战略的缜密性问题。同时，由于转轨时期中国社会、政治问题的约束，可能造成本书的理论分析有意无意地存在假设前提。

本书的内容比较丰富，各章都涉及中国现代纳税服务所面临的重大理论问题和实践发展方向，都可以进行深入而细致的分析和研究。由于国内在纳税服务战略及其与中国税收制度的互动方面，缺乏成体系的研究和分析，因此，本书只是起到提出一个概念和框架的作用。对于本书中所提出的问题和解决方法，包括纳税服务的理论框架和中国现代纳税服务体系框架方面，都存在大量可以继续深入研究的方面。

关键词：纳税服务体系；税收成本；信息化

目 录

第一章 绪论 ·· 1

 第一节 研究目的与研究对象 ································ 1
 第二节 立论基础与研究方法 ································ 3
  一 立论基础 ··· 3
  二 研究方法 ··· 6
 第三节 研究方案 ··· 7
  一 结构安排 ··· 7
  二 研究中需要突破的难题 ····························· 8
 第四节 纳税服务研究综述 ································· 8
  一 国外理论研究 ····································· 8
  二 国内理论研究 ···································· 10

第二章 纳税服务的理论框架 ······························ 14

 第一节 纳税服务的政治学内涵 ···························· 15
  一 社会契约论 ······································ 15
  二 自由至上主义 ···································· 17
  三 整体主义理论 ···································· 18
  四 本书的观点 ······································ 20
 第二节 纳税服务的法学内涵 ······························ 23
  一 税收法律关系学说 ································ 23
  二 税收法定主义 ···································· 25
  三 法律援助 ·· 27

四　本书的观点 …… 30
第三节　纳税服务的经济学内涵 …… 33
　　一　从公共财政理论视角看纳税服务 …… 33
　　二　最优税收理论视角下的纳税服务 …… 37
　　三　税收成本理论 …… 38
　　四　交易费用理论 …… 39
　　五　本书的观点 …… 39
第四节　纳税服务的管理学内涵 …… 44
　　一　官僚制理论 …… 46
　　二　公共管理理论 …… 46
　　三　纳税遵从理论 …… 47
　　四　本书的观点 …… 48

第三章　国外纳税服务体系 …… 49

第一节　制度体系 …… 49
　　一　纳税人权利的立法保护 …… 49
　　二　税收司法体系 …… 54
　　三　税收执法体系 …… 59
第二节　管理模式 …… 62
　　一　管理模式变迁 …… 62
　　二　管理理念变迁 …… 64
　　三　税务机构重组 …… 65
　　四　税务行政系统管理模式 …… 66
　　五　纳税人服务宪章和标准 …… 68
第三节　社会服务体系 …… 70
　　一　税务中介制度 …… 70
　　二　非营利性社会服务组织 …… 73
第四节　技术体系 …… 74
　　一　国外纳税服务技术体系概述 …… 74
　　二　美国国税局的信息化经验借鉴 …… 78

第四章　我国纳税服务发展现状分析 …… 82

第一节　我国纳税服务发展概述 …… 82
一　宏观经济环境变迁与纳税服务的产生和发展 …… 82
二　我国纳税服务工作的发展和现状 …… 86
三　我国纳税服务工作存在的问题和不足 …… 91

第二节　从税收成本角度看我国现行税制 …… 93
一　税收成本概述 …… 93
二　部分工业行业商品税税收超额负担测算 …… 94
三　我国税收遵从成本的现有研究成果 …… 102
四　我国税收征收成本分析 …… 105

第三节　中国国情对纳税服务提出的要求 …… 108

第四节　中国现代纳税服务体系框架及其实现路径 …… 112

第五章　现代纳税服务体系的制度框架 …… 115

第一节　税收入宪 …… 115

第二节　税收立法 …… 118
一　我国税收立法现状和存在的问题 …… 118
二　我国税收立法改革的建议 …… 121

第三节　税收司法 …… 123
一　我国纳税人权利司法保障存在的问题 …… 123
二　改革我国税收司法体系的建议 …… 125

第四节　税收执法 …… 129
一　我国税收执法体系现状及存在的问题 …… 129
二　建议 …… 130

第六章　现代纳税服务体系的管理模式 …… 133

第一节　纳税服务职能的发展 …… 133
一　我国政府职能的转变 …… 133
二　税务工作形式和内涵的变化 …… 135

三　税收管理和纳税服务关系辨析 …………………………… 136
　第二节　纳税服务组织变革 …………………………………………… 139
　　　一　信息技术影响组织变革理论 …………………………… 139
　　　二　组织模式变革模型 ……………………………………… 141
　　　三　组织变革路径 …………………………………………… 142
　　　四　本书的观点 ……………………………………………… 143
　第三节　纳税服务主体多元化 ………………………………………… 144
　　　一　税务中介概述 …………………………………………… 144
　　　二　我国税务中介行业存在的问题 ………………………… 146
　　　三　税务中介业的产生和发展是现代社会经济
　　　　　发展的客观必然 ………………………………………… 149
　　　四　关于完善我国税务中介制度的构想 …………………… 151
　第四节　纳税服务体系的系统集成 …………………………………… 153
　　　一　系统论概述 ……………………………………………… 153
　　　二　系统论视角下的纳税服务体系 ………………………… 154
　　　三　对纳税服务体系集成导致服务模式演化的分析 ……… 156
　第五节　纳税服务体系的构建路径 …………………………………… 159
　　　一　路径依赖理论概述 ……………………………………… 159
　　　二　路径依赖理论对我国发票监管体系的实证分析 ……… 161
　　　三　我国纳税服务模式的变迁路径探讨 …………………… 164

第七章　基于现代信息技术的纳税服务平台 …………………………… 167
　第一节　税收信息化的未来发展 ……………………………………… 167
　　　一　对中国信息化发展趋势的理论分析 …………………… 167
　　　二　税收信息化对税收业务的影响分析 …………………… 169
　　　三　"大集中"完成之后面临的几个课题 ………………… 171
　　　四　目标和前景 ……………………………………………… 174
　第二节　纳税服务与税收信息系统的关系 …………………………… 175
　第三节　现代纳税服务平台的安全性 ………………………………… 177
　　　一　保障税收信息系统安全的根本目的 …………………… 178

二　税收信息安全功能边界 …………………… 178
　　三　应对重大突发事件的措施 ………………… 179
　　四　日常业务中的安全机制 …………………… 183
第四节　现代纳税服务平台的基本特征和功能 ……… 184
　　一　基本特征 …………………………………… 184
　　二　基本功能 …………………………………… 187
第五节　现代纳税服务平台的核心技术路线 ………… 190
　　一　数据仓库引擎 ……………………………… 191
　　二　数据分析引擎 ……………………………… 194
　　三　税收业务处理引擎 ………………………… 196

结　语 ……………………………………………………… 199

参考文献 ………………………………………………… 202

后　记 ……………………………………………………… 214

第一章 绪论

第一节 研究目的与研究对象

纳税服务的概念最早出现在20世纪50年代的美国，60年代初，纳税服务在世界范围内被广泛推广。许多国家设立专门机构，建立各项制度，采取多种手段，通过各种渠道为纳税人提供持续、公正、便捷、高效的服务。在我国，纳税服务同样经历了从无到有，再到近些年来快速发展的历程。

近年来，纳税服务成为国内财政学研究的热点之一，学者基于不同的理论视角开展了大量的研究和探索，取得了大批理论研究成果。在纳税服务实践领域，税务部门已经建立了自上而下的比较完整的纳税服务组织体系，制定并颁布了以《纳税服务工作规范》为代表的纳税服务工作制度，开发应用了纳税服务工作平台，开展了卓有成效的工作。然而，在理论研究方面，结合我国当前和未来社会经济发展特点的研究较少，有关纳税服务的理论内涵及其理论体系也尚待进一步深入研究和完善。在实践中，纳税服务制度建设需要进一步系统化；纳税服务管理需要进一步精细化；纳税服务措施需要进一步专业化；纳税服务业务还需要进一步与税收征管业务深度融合；纳税服务在社会主义法治建设和社会治理现代化进程中的作用、目标、任务需要进一步明确。

因此，本书立足于理论探索的角度，面向指导实践的需要，拟对如下问题进行研究：

首先，税收是与国家相伴相生的，国家的历史有多长，税收的历史就有多长。然而，在这数千年的税收发展史上，为什么直到最近数十年才出现了纳税服务这个概念和现象？是什么样的政治、经济、社会背景孕育和产生了纳税服务？它的出现和发展是税收现象在人类社会发展历程中的一个偶然事件还是必然趋势？

其次，纳税服务自身的历史并不长久，相对于税收活动的其他一些方面而言，可谓是新生事物，但纳税服务在相对较短的时间内迅速发展成为税收工作的一个重要方面（在某些国家、某种意义上甚至成为税收工作的主要内容）却是有目共睹的事实。那么，是什么力量在推动纳税服务的发展、演变？在税收体系的内部，是否存在某些发展的障碍需要克服从而为纳税服务提供了内在的动力？税收和与之相联系的各个方面（如国家、公民、政府等）及相关的各种因素（如所有制结构、经济体制等）之间是否存在一些矛盾、冲突需要解决，因而为纳税服务提供了来自外部的需求？

更进一步地，税收作为人类社会发展到一定历史阶段的产物，必然受到相应历史时期经济社会各个方面的共同影响和制约，这些因素的总和就构成了税收发展的条件。如果其中确实蕴含了促使纳税服务产生和发展的必然因素的话，从政治学、经济学、法学、管理学等不同的角度对这些条件进行观察和分析，是否可以得出纳税服务的理论内涵体系，归纳出纳税服务自身发展所遵循的某些内在逻辑，并由此构建出一个纳税服务的理论体系框架？

再回到我国当前的社会现实，我国从计划经济体制转变为市场经济体制，市场取代政府成为资源配置的主体，政府参与收入分配已不再是公有制经济内部的资源配置问题，而是不同产权主体之间的利益分配问题。同时，我国目前的所有制结构既不同于计划经济时代，也不同于西方各国，政府还不能像西方自由市场经济国家的政府那样完全置身于市场竞争之外，仍然承担着管理大量国有经济的职能。作为政府参与资源配置和收入分配主要工具的税收制度需要顺应经济体制的转变而调整其自身的内容、职能和作用机制，这是当代中国意义上的税收制度现代化的主要命题之一。这样一个具有鲜明中国特色的社会经济背景构成了我国的税收制度存在和发展的现实条件，在这个现实背景之下，如何理性、客观地看待纳税服务？纳税服务的目标是什么？实施纳税服务的途径和依据是什么？评价纳税服务质量的客观标准是什么？如何建立纳税服务体系？

本书将以税收与其存在和发展的条件之间的关系作为研究和立论的出发点，通过对客观现象的分析、归纳和理论推导，综合运用经济学、管理学、政治学、法学等学科的理论完善纳税服务的理论体系框架，并结合我国当前的宏观经济背景和税收制度现实，着眼于我国税收制度改革和信息化建设的未来发展，提出建立当代中国意义上的、以纳税人为核心的现代纳税服务体系的构想。

第二节 立论基础与研究方法

一 立论基础

理论研究一般是以一套假定为依据，确定基本的研究立场，并在此基础上进行分析、探讨、诠释、批判，以建构理论大厦。根据某种不言自明、理所当然的常识或公理性质的命题对学科所作的一种预设性演绎推理的逻辑前提，这是理论研究的基础；研究者必须表明自己的学术立场，这既是一个理论研究的分析框架，更是研究者关注该学科及命题的思想意识，渗透着研究者的社会责任和人文意识。

（一）国家行为的正当性

税收是纳税服务存在的基础和前提，因此，讨论纳税服务首先要从税收的本质谈起。

税收的职能决定了税收的工具性特征，税收从来都是为特定国家及其统治需要服务的，即税收是一种国家行为。而国家行为的正当性问题，一直都是西方国家政治思想家在考察国家政治等问题时所要解决的首要问题。一般认为，一种政治秩序的正当性来自支配的基础，包括自愿服从和强制力。任何支配的形式都包含最起码的自愿服从的成分。当人们肯定拥有权威的支配地位，并认为其权力的来源及其行使方式是妥当的，我们就说这种政治秩序具有正当性。也就是说，一个合理的政府或国家行为的基础首先在于得到公民基于自身利益、价值取向和道德观念上的主观认同。如果不能使个人从内心接受它们，那么这个政府或国家行为的存在就缺乏正当性，它的执行也会因此遭遇到有关正当性的质疑和抵触。税收是国家参与国民收入分配的活动，直接影响到公民的切身利益，政府从公民那里取得其征税权力正当性的认可的必要性尤其突出。在现代法制社会，政府当然需要经过严格的法律程序才能获得征税权力，但立法程序的完成仅意味着征税权力合法性的取得，公民对于一部税法的普遍了解、认同和遵循，以及有关意见的反馈和税法的修改、完善还需要一个相对更长的过程。因此，为了获得征税行为正当性，国家除获得法律授权外，还要付出哪些努力来从公民那里取得有关征税行为正当性的认可？从国家行为正当性的角度如何看待纳税服务？纳税服务在其中应当承担哪些职能？发挥什么作用？这是本书试图研究的第一个问题。

（二）税收的理性逻辑

税收是国家凭借政治权力参与国民收入分配和再分配而形成的一种特定的分配关系，是一种国家参与的经济活动。经济学者围绕税收本质问题发展出多种税收理论，其中以交换说、义务说和能力说三种学说最具影响力。① 交换说建构的基础是社会契约理论，其在税收负担上所体现的经济理性，是国家税权来源的契约论基础的逻辑延伸。既然税收是人们基于自身利益需要而必须向国家让渡的权利，那么，对于国家如何征税以及个人如何负担税收的基准，当然，只能依据人们在国家状态下所享受的利益或获得的公共服务来确定。交换说为税收负担的确定奠定了伦理基础，为国家税权的运行设定了道德边界，即权利保障是国家税权存续的正当性基础。当然，由于政府所提供的

---

① 还有经济调节说，或称市场失灵说，这是凯恩斯理论的重要观点，认为由于存在市场失灵，市场机制不能进行资源的有效配置和公平分配社会财富，因而需要社会经济政策予以调节和矫正。而税收正是完善市场机制、调节国民经济运行和社会分配的重要手段，这便是国家课税的依据。参见［日］井手文雄《日本现代财政学》，陈秉良译，中国财政经济出版社1990年版，第263页。

公共产品具有非竞争性和非排他性特点，以及公共产品消费上所普遍存在的"搭便车"现象，无法依据纳税人受益程度来测量计算其应该分担的税收份额，于是人们又提出了税收能力说。这一学说的核心观点是：税收之目的在于满足国家一般的公共财政需要，不可能在国家给付与税收负担之间建立直接的对价关系，而且国家必须对每个国民承担起平等照顾义务，因此，税收负担的归属及轻重原则，必须以纳税人的实际负担能力为标准，不得以国家对其提供的保障或服务的成本或效益为限度。这一观念的提出并非要割裂纳税与国家的公共服务之间的联系，而是在于强调税收是以共同报偿为原则而不是以个别对价为报偿。因此，交换说与能力说均建立在纳税人权利保障这一伦理基础之上，认为在税收经济关系中，公民对国家所承担的纳税义务是有限且有条件的。而义务说建构在"国家本位"的理论基础之上，认为税收负担的分配不必以每个人从国家所得利益的程度为基准，而完全是无偿的、牺牲性的给付，即税收的正当性直接依赖和取决于政治权力的正当性，公民对国家负有无条件的纳税义务。

　　在上述不同学说的视野下，以税收为前提的纳税服务当然也会得出不尽相同的阐释。然而，纳税服务作为税收理论研究的一个新兴的领域和税收实践中一个新的发展方向，毕竟是一种客观存在的社会经济现象，它的出现反映了税收活动的经济、政治、社会等各个方面宏观背景的什么变化？是什么力量在推动它的发展和演变？它为什么在各种不同客观背景下呈现出不同的形态和特征？对这些问题的研究如果仅仅停留于观念、意识、理念等主观的概念描述的层次当然是不足以形成一个较为完备的理论体系的，正如恩格斯在论述科学社会主义的理论基础时所指出的："唯物主义历史观从下述原理出发：生产以及随生产而来的产品交换是一切社会制度的基础；在每个历史地出现的社会中，产品分配以及和它相伴随的社会之划分为阶级或等级，是由生产什么、怎样生产以及怎样交换产品来决定的。所以，一切社会变迁和政治变革的终极原因，不应当到人们的头脑中，到人们对永恒的真理和正义的日益增进的认识中去寻找，而应当到生产方式和交换方式的变更中去寻找；不应当到有关的时代的哲学中去寻找，而应当到有关时代的经济中去寻找。"① 这是本书将要深入探讨的主要问题，也是本书的重点和难点。

二 研究方法

（一）个人主义的研究范式

范式（paradigm）这个概念是美国科学哲学家托马斯·库恩最早提出来的，是库恩历史主义科学哲学的核心，它是包括规律、理论、标准、方法等在内的一整套信念，是某一学科领域的世界观，它决定某一时期的科学家观察世界、研究世界的方式。② 个人主义和整体主义是人文社会科学常常使用的名词并借以分析问题的方法。所谓个人主义范式，是指以个人作为学科分析的基点或基本研究单位，从而通过对单个人的行为的分析，展开该学科的一般原理及规律性问题。也就是说，从学术立场来讲，个人主义范式是基于一种个人本位的立场，强调个人的自主性与独立性，并基于其行为的理性假设，来研究社会互动关系中个人的行为及其对社会所产生的影响。

（二）规范主义的研究方法

根据其是否具有价值判断的成分，可以大体将人文社会科学的研究方法分为实证主义方法和规范主义方法。前者是关于"是"的研究，以"求真"为有效性要求；后者是关于"应当"的研究，以"正当"为有效性要求。

就经济学角度而言，所谓的规范经济学，是指那些依据一定的价值判断，提出某些分析和解释经济现象的标准，并以此作为立论的前提和依据。在西方经济学看来，由于资源的稀缺性，因而在对其多种用途上就必然面临选择问题，选择就存在一个选择标准，选择标准就是经济活动的规范。规范经济学要解决的是"应该是什么"的问题。

（三）多学科交叉的研究方法

在当今知识界，各门学科或各种研究途径相互发现、借鉴已成为学术研究的主要趋势。

---

① 《马克思恩格斯选集》第3卷，人民出版社2012年版，第54—55页。
② 张文显：《法哲学范畴研究》，中国政法大学出版社2001年版，第370页。

如上文所言，本书既以国家行为的正当性作为理论基础，则需要从政治学角度对国家征税权及其行使方式的正当性进行分析，并由此阐发纳税服务的政治学内涵。政治学视角下的有关国家与人民之间在税收关系中的权利与义务，需要以法律的形式予以明确，并予以保障，因此，有必要对纳税服务的法学内涵进行深入研究。纳税人权利需要法律的确认和保护，而纳税人行使合法权利的动机则可以通过经济学理论和方法来进行定量分析，并由此建立纳税服务的评价方法体系框架。而改进纳税服务途径，主要在于税务部门根据经济社会发展的现实需要，利用先进的现代管理理论和方法对现有税收管理模式进行改革，建立现代纳税服务管理体系。

这是一个较为典型的多学科交叉的研究思路，本书也将按照这个研究思路逐步展开研究。

（四）实证分析的研究方法

税收是一个历史范畴，它的起源与国家历史一样悠久。当然，古代税收与现代税收的内涵并不完全一致，正如古代国家与现代国家在其职能、任务等方面已经有很大的演进一样。对税法的研究必须结合国家发展中的经济理论以及该经济理论中衍生出来的税收制度进行历史分析，以鉴往知来。理论永远是服务于现实的，也是为解决现实问题而创设的。中国税收问题的根基毕竟在中国，对中国税收问题的研究当然不能脱离中国的税收实践；相反，必须立足于解决中国的实际问题。

就纳税服务而言，各种有关制度安排、管理模式、技术实现方面理论的实践效果究竟如何？至少应该在税收效率方面有所反映。本书将通过对我国目前的税收成本的测算分析对以上问题做出部分解答，并以此为本书的理论分析提供实证支撑。

第三节 研究方案

一 结构安排

本书由七章组成。第一章主要介绍选题目的、意义、研究方法、结构安排；第二章从多学科角度对纳税服务理论的内涵进行探讨；第三章对国外纳税服务体系发展现状进行概述；第四章分析我国纳税服务发展现状，并提出建立中国现代纳税服务体系的框架构想；在第五章至第七章中分别从制度体系、管理模式和服务平台三个方面进行展开；最后对本书的创新、不足进行总结，并提出下一步的研究方向。

二 研究中需要突破的难题

本书需要解决的主要问题是：首先，如何在前人研究成果的基础上，从不同学科视角，建立了一个相对较为规范、完整的纳税服务理论体系框架。其次，基于这个理论体系框架，结合我国的国情及未来发展要求，提出一个当代中国意义上的、以纳税人为核心的现代税收服务体系构想。

第四节 纳税服务研究综述

一 国外理论研究

（一）社会契约论视角下的纳税服务

社会契约论认为，国家起源于原始状态下人们相互缔结的契约，当国家作为一个政治实体产生以后，人们与国家又缔结了一个规定彼此权利和义务的契约，这就是宪法，其中有关税收的条款，可以认为是人们与国家之间的"税收契约"。西方以社会契约论为基础的税收本质理论有交换说和公共需要说。

既然税收是基于社会契约而产生的，那么作为契约一方的纳税人，对于政府如何征税、如何使用税收自然享有决定和监督的权利，也有获得纳税服务的权利。因而，政府与纳税人之间是平等的交换关系，税收行政机关与纳税人之间不是明显不平等的"命令与服从"的关系，而是以平等为特征的"服务与合作"的契约关系。

（二）公共管理理论视角下的纳税服务

在 20 世纪大部分时间，对政府组织、行政部门以及公共部门的研究都是在"公共行政"这个学科下进行的。公共行政这一学科的体系和框架是在西方逐步产生和建立起来的,从1887年美国学者后来成为美国总统的威尔逊发表著名的《行政学研究》到一个多世纪后的今天,公共行政理论经过了四次重大的理论改革,即从传统的公共行政理论到新公共行政理论,到新公共管理理论,再到新公共服务理论的四次研究范式的改变。新公共管理理论提出了建立企业型政府、以顾客为导向等理念,新公共服务理论在对新公共管理理论批判继承的基础上提出了"政府是服务而不是掌舵""服务于公共理论"等原则。

新公共管理理论的精髓在于将现代经济学、私营企业管理理论和方法引入公共部门的管理之中,提高政府工作效能。它的主要思想理念主要表现在三个方面:①以效益作为主要的价值取向;②建立企业型政府和以顾客为导向;③引入市场竞争机制。基于新公共管理理论的观点,政府工作应当以顾客为导向,应当增强对社会公共需要的回应力,转变政府角色,建立服务型政府。税务机关作为具体的职能部门,其所提供的服务就是为纳税人提供专业化、专门化的纳税服务。

通过对新公共管理理论的理性反思和批判,新公共服务理论逐步发展起来。以美国学者登哈特为代表的新公共服务学派,在民主社会的公民权理论、社区与公民社会理论、组织人本主义和组织对话的基础上提出了新公共服务的七大原则:①服务于公民而不是服务于顾客;②追求公共利益;③重视公民权胜过企业家精神;④战略的思考,民主的行动;⑤责任的非单一性;⑥服务,而不是掌舵,即公共管理者应该重视帮助公民表达和实现他们的公共利益,而非试图在新的方向上控制或驾驭社会;⑦重视人而不只是效率。

(三) 税收遵从理论

税收遵从的研究始于20世纪70年代的美国,是以研究偷逃税为起点的。阿林厄姆和桑德姆在1972年建立了A—S模型,其两大理论基础是贝克尔(Becker,1968)关于犯罪经济学的研究和阿罗(Arrow,1970)关于风险和不确定性经济学,后来的斯里尼瓦桑又提出了预期所得最大模型,构成了国外对偷逃税研究分析的基本理论框架。① 此后，国外学者又对这两个模型不断地加以扩展和检验，例如，改变模型的假设条件，增加某些影响因素，研究因素之间的相互作用，使模型与现实情况更加接近。

（四）纳税人权利及其保障

在纳税人权利的保障方面，国外学者主要是围绕财产权与税权、财政立宪主义和宪政下的财产权与征税权的关系等进行研究。因为发达国家的纳税人权利保护已经比较完善，尤其是在美国和德国等宪政比较完善的国家中，纳税人权利由类似《纳税人权利法案》②形式的法律文本来保护，税务机关行政管理已经比较科学，所以，绝大部分国外研究并不集中对纳税人权利本质、性质、分类等问题进行研究，而是集中在权利法案的设计、知情权的操作以及税务机关的服务改进等方面。

二 国内理论研究

根据笔者在"中国学术文献网络出版总库"上进行全文检索的结果，王洪金发表在《财经问题研究》1988年第3期的《论增强税收意识》，是国内最早提出为纳税人服务这一概念的文献。王洪金在该文中指出，在我国经济改革深化阶段，税收工作应增强服务意识，税务部门与企业之间，既是征纳关系，也是服务与被服务的关系。税收作为经济杠杆，也要从税收制度、税收征管和行政管理等方面为发展商品经济服务，特别是要加强为个体经济服务的意识和措施。③

1993年，谢景开、洪训昌在《社会主义市场经济体制下税收工作的若干思考》④一文中，从在社会主义市场经济体制下要正确处理税收监督与服务的关系的角度，较为完整和系统地阐述了纳税服务的职能和作用。文章认为，税务机关在开展税收活动中，除要认真、公正地执行国家税收法规，做好日常的征收、管理、检查等项具体的税

---

① 梁朋：《税收流失经济分析》，中国人民大学出版社2000年版，第52—53页。
② 美国于1988年通过了《纳税人权利法案》（1996年进行了修订），加拿大于1985年通过了《纳税人权利宣言》，英国于1986年制定了《纳税人权利宪章》，OECD为其成员国制定了《纳税人宣言》范本等。
③ 王洪金：《论增强税收意识》，《财经问题研究》1988年第3期。
④ 谢景开、洪训昌：《社会主义市场经济体制下税收工作的若干思考》，《改革与战略》1993年第2期。

收工作外，同时也要做好税法宣传、纳税知识辅导和其他与纳税有关的服务工作，处理好监督与服务的关系，把监督寓于服务之中，不能把监督与服务对立起来，特别是在进行征管改革，建立上门缴税机制后，更要做好为纳税人服务的工作。要从提高办事效率，改进工作方法和作风方面，为纳税人创造良好的纳税环境。要积极发展、建立社会纳税服务网络，形成社会纳税服务机制网络。这样，既可以进一步理顺税收的征纳关系，强化执法监督，完善征管制度，堵塞税款流失的漏洞，缓解税务机关力量不足的矛盾，又可以为纳税人提供优质、快捷的服务，适应市场经济发展的需要。

在 1993 年 12 月召开的全国税制改革工作会议上，首次提出了纳税服务的观念。学者从不同角度对纳税服务进行了理论探讨。

杨勇（2003）认为[1]，税务机关代表国家征税，这种权利是国家所赋予的，是人民所赋予的，税务工作人员与纳税人在法律上是平等的。所以，税务机关在行使权利的时候，不能存在特权思想，更不能以权谋私。同时，与这种权利平行的还有义务，税务工作人员要全心全意做好纳税服务工作，保护纳税人的合法权益。在《关于税收服务创新的思考》中，杨勇指出，纳税服务应该体现在税收工作的全过程，即包含税收的立法、执法和司法中。由于税务机关不具有立法和司法的职能，所以，我们一般所说的纳税服务是指税务机关贯彻政策和执法的过程。这个过程应该包括税务人员向纳税人征税和纳税人员向税务机关缴税的全过程。在此，有三个问题需要统一认识，以免产生误解。一是纳税服务应该包括纳税服务、为政府领导和有关部门决策服务等内容，不能简单地把纳税服务等同于纳税服务。二是纳税服务应该包括对纳税人纳税前、纳税中、纳税后的服务，不能把纳税服务误解为仅是在纳税服务大厅对纳税人的服务。三是纳税服务与税收执法是对立统一的，既不能过于强调纳税服务而不要严格执法，也不能只要严格执法而不要纳税服务。纳税服务应该寓于执法之中，执法与服务相得益彰，两者不可偏废。

邓力平（2004）也提出，要辩证地看待优化纳税服务和依法治

---

[1] 杨勇：《关于税收服务创新的思考》，《税务纵横》2003 年第 6 期。

税，认为两者是辩证统一的。在《辩证地看优化服务和依法治税》[①]一文中，他提到，作为现代市场经济的重要组成部分，税收应该强化服务意识，积极地为纳税人服务，创造条件为各类经济行为主体提供良好的税收软环境，变传统的管制型税收为现代的服务型税收，从而推动市场经济健康发展。

马国强（2005）指出[②]，目前人们探讨纳税服务问题所使用的术语主要是"为纳税人服务"，这是不正确的。在现代社会，纳税人与人民、公民、居民基本上只有内涵上的区别，没有外延上的区别。纳税人的范围基本上等于人民、公民、居民的范围。为纳税人服务基本上等于为人民、公民、居民服务。问题的关键在于，作为人民、公民、居民，纳税人的需要是全方位的，其中既有对吃的、穿的、住的、用的等私人物品的需要，也有对和平、秩序、便利等公共物品的需要。与此相对应，所有满足纳税人需要的活动都可以说是为纳税人服务。就政府的各个组成部分而言，行政机关的活动是为纳税人服务的，检察院、法院的活动是为纳税人服务的，军队和公安干警的活动也是为纳税人服务的。为了将税务机关为纳税人提供的税务方面的服务与其他部门为纳税人提供的其他方面的服务区别开来，不使用"为纳税人服务"一词，而使用"税务服务"一词。马国强认为，税务管理的核心是税务机关对纳税人的管理。纳税服务的重点是维护纳税人的权利，提高税收遵从度。有效地引导纳税遵从，也就成了构建纳税服务体系的题中应有之义，是需要引起各级税务机关高度重视的新命题。纳税服务不是税收管理中的一项职能，而是具有服务属性的各种职能的统称。马国强在总结国外相关理论的基础上将纳税遵从分为原生性遵从和转化性遵从。提出原生性遵从是在没有税收管理情况下的遵从，在分析税收管理的有效性时，需要研究转化性税收遵从；而在研究税收管理职能时，需要从研究原生性税收遵从入手。对原生性遵从需要提供税收结算服务，即提供结算场所，配置结算机构，设定

---

① 邓力平：《辩证地看优化服务和依法治税》，《中国税务》2004年第3期。
② 马国强：《正确认识与开展税务服务》，《涉外税务》2005年第3期。

结算程序，实施结算工作。而对原生性不遵从的税收管理，很多职能也都与纳税服务有关。例如，以税收宣传和税收咨询等方式开展税收辅导，促使无知性不遵从同样也转化为引导性遵从；通过税收监控（包括纳税人监控、税基监控、税额监控），促使自私性不遵从转化为胁持性遵从；采用税收处罚（包括税收稽查与税收处罚），促使自私性与故意性不遵从转化为威慑性遵从。

安体富等（2006）在《论为纳税人服务》[①]中从税收的性质、纳税人的法律主体地位和政府的职能转变三个角度，论述了为纳税人服务的理论依据，借鉴国外的纳税服务的理念和经验，对纳税服务工作从政策、制度和具体措施上提出了建议。

赵迎春（2006）在《现代管理理论在纳税服务中的应用》[②]一文中阐述了西方经济管理理论——契约理论、税收遵从理论、流程再造理论等的基本内容，现代公共管理理论为纳税服务提供了理论基础，税收遵从理论为个性化纳税服务提供了依据，流程再造理论等现代企业管理理论为提高纳税服务质量提供了新思路。

黄琼（2007）[③]从政府职能转变的社会背景入手，分析了纳税服务理念中蕴含的"公共观"；从公共财政框架的建设引发出纳税服务理念背后的"用税观"；从纳税人权利意识的提升看到树立纳税"平等观"的必要性。公共观、用税观和平等观是新时期纳税服务理念的重要内核。政府职能的转变、公共财政框架的建设、公众民主意识的提升既是纳税服务理念创新的政治经济文化背景，也是整个社会对纳税服务的理念更新的不同侧面的反映。顺应社会经济发展的趋势，引导公众树立公共财政框架下的纳税服务观，是新时期全体税务工作者义不容辞的责任。态度决定一切，接受这些新理念，使征纳双方对税收性质、用税程序、权利义务有正确的认识，才有可能建立和谐的征纳关系，共建文明的社会。

---

① 安体富、任强：《论为纳税人服务》，《财贸经济》2006年第4期。
② 赵迎春：《现代管理理论在纳税服务中的应用》，《税务与经济》2006年第2期。
③ 黄琼：《接受新理念：公共财政下的纳税服务观》，《扬州大学税务学院学报》2007年第2期。

第二章 纳税服务的理论框架

税收与国家同生共存,特别是在现代社会,税收承载着公民与国家之间最直接也是最主要的利益关系,关乎每个公民的自由权、财产权以及生存权等基本权利的保障,是国家和公民之间关系的核心范畴。正因为税收在执行中所表现出的强制性、无偿性和固定性特征,如果由于税收制度设计或执行导致民众既有利益受到重大损失,必然引发利益国家与民众间的冲突,轻则使税收的阻力剧增、政令难行、民众不满,重则发生社会危机。

在历史上,由此引发社会不满情绪甚至导致暴力革命的事例不胜枚举。历史上,英国革命、法国大革命就是从抗税开始的;在中国历史上,由于统治阶级过度地横征暴敛、贪污腐化和过于膨胀的财政负担所造成的苛捐杂税而导致民众普遍不满,并进而直接或间接地引发的革命更是数不胜数。美国历史学者查尔斯·亚当斯(Charles Adams)就在对赋税历史大量研究的基础上提出:"实际上,历史上绝大多数重大事件的背后——国家的繁荣、叛乱和革命、自由和奴役以及绝大多数战争——赋税都扮演着重要的角色,这几乎成为一个公理。"[1] 他对赋税所扮演的历史角色是这样描述的:政府的赋税总是逐渐扩张到人民不堪忍受的程度,接着是纳税人暴动、暴力和社会结构的剧变。如果查尔斯·亚当斯的公理成立,就意味着只要国家存在,国家所赖以生存的赋税永远是一个"必然的罪恶"。当然,在现代社会中,由于政治民主的不断推进、行政效率的提高、资讯的发达,绝

---

[1] Charles Adams, *For Good and Evil: The Impact of Tax on the Course of Civilization*, New York: Madison Books, 1993, p. 17.

大多数由于税收引发的社会矛盾都可以消弭于引发重大事件之前，但税收本身仍然是国家与民众之间利益关系的核心所在，现代国家税权的不断膨胀，已使税收成为公权力干预私人生活和侵犯基本权利的一个主要载体。如何避免税收堕入查尔斯·亚当斯所描述的恶性循环之中，或至少在一定程度上缓解国家与民众之间由于税收产生的利益争执，仍然是理论研究和税收实践中的一个重大课题。

第一节 纳税服务的政治学内涵

税收问题历来为西方国家理论中所重点关注的对象。长期以来，西方政治思想家围绕国家主权、正当性以及公民基本权利等问题，从各种不同的理论视角进行了广泛的阐释，形成了体系庞杂且充满争议的政治思想理论，其中一个贯穿始终的根本问题就是：如何在国家的建构和运行中，有效约束国家权力以免对公民权利造成侵犯。

一 社会契约论

社会契约论的兴起与西方的文化传统及其社会变革，特别是以契约为纽带的市场经济的发展和成熟有着密切联系。社会契约论者提出了关于税权正当性来源的一种假说：税收作为人民订立契约、组织国家所让渡的一种财产权利，是国家得以存续的物质基础；人民同意让渡自己的自然权利，其根本目的是使自己的自然权利的实现更有保障。国家基于社会契约的约定，承诺将人民所纳之税用于公共福利和权利保障，从而取得征税权。公民纳税尽管在社会契约中作出了让渡自然权利的承诺，但是，这种"让渡"的具体内容和方式仍然必须征得人民的同意，或者说还必须在税收契约中予以明确。正如洛克所说："政府没有巨大的经费就不能维持，凡享受保护的人都应该从他的产业中支出他的一份来维持政府。但是这仍须得到他自己的同意，即由他们自己或他们所选出的代表所表示的大多数的同意。因为，如果任何人凭着自己的权势，主张有权向人民征课赋税而无须取得人民的那种同意,他就侵犯了有关财产权的基本规定,破坏了政府的目的。"① 因此,近代资产阶级提出了"无代表不纳税"的革命口号。

同时,国家的存在决定了"课税的目的在于支付为提供该等服务所需之经费。"② "人民向国家纳税——让渡其自然的财产权利的一部分——是为了能够更好地享有他的其他的自然权利,以及在其自然权利一旦受到侵犯时可以寻求国家的公力救济;国家征税,也正是为了能够有效地、最大限度地满足上述人民对国家的要求。无论如何,纳税和征税两者在时间上的逻辑关系应当是人民先同意纳税并进行授权,然后国家才能征税;国家征税的意志以人民同意纳税的意志为前提。所以,人民之所以纳税无非是为了使国家得以具备提供'公共服务'或'公共需要'的能力;国家之所以征税,也正是为了满足其创造者——作为缔约主体的人民对公共服务的需要。"③ 人民与国家订立契约,同意纳税的前提,是国家首先承诺将税收用于维护公共利益。如果国家违背契约承诺,没有将税收使用在满足公共需要之上,则人民当然也有不履行契约的权利。从这个意义上说,征税是国家赖以存在的基础,但征税不是国家存在的目的。征税的目的在于支出,在于为保障人民的权利采取行动,国家的一切行为都应当是为保障本国人民的基本人权而发动。从另一个角度而言,人民权利的实现也需要付出相应的成本——税收,这也就是"权利的成本"。④

据此,国民权利中最重要的两项税收权利——国民纳税的同意权和国家税收支出的监督权得以确立。

---

① [英]洛克:《政府论》下篇,叶启芳、瞿菊农译,商务印书馆1964年版,第88页。
② 黄茂荣:《税法总论》第1册,(台北)植根法学丛书2002年版,第8页。
③ 李刚:《国家、税收与财产所有权》,载刘剑文主编《财税法论丛》第4卷,法律出版社2004年版,第130—131页。
④ 这是美国学者史蒂芬·霍尔姆斯和凯斯·R. 孙斯坦合著的《权利的成本——为什么自由依赖于税收》一书的主题。作者在书中说,所有的宪法权利都是税收支撑的,所有的宪法权利的实现都需要花钱。如果政府计划保护个人私有财产,它必须消耗资源以反对来自个人和公共的侵害;如果政府欲使人民免受无理的搜查和逮捕,那么它不得不消耗资源来监控和整肃警察力量;如果政府想保护言论自由,那么它至少需要采取措施来约束其工作人员,而这些措施的代价昂贵。

二 自由至上主义

自由至上主义，是极端强调个人自由权利、坚决反对政府干预的学说，是当代西方世界非常重要的一种政治思潮，对于 70 年代末以来的西方政府改革有着很大的影响，并成为 90 年代以来新公共管理思潮的一个最富有系统性的理论来源。它的代表人物有弗里德里希·哈耶克、弗里德曼夫妇、罗伯特·诺齐克、穆里·N. 罗斯巴特（Murray Rothbard）、米塞斯、戴维·弗里德曼等学者，以及其他一些研究公共选择的学者，如布坎南和图洛克等。[1]

自由至上主义强调个体自由，反对强制，赞颂个人主义，反对集体主义，主张有限的、最小化的政府（某些极端思想甚至主张无政府）。自由至上主义把政府视为一个公共经济部门，从市场失灵和公共产品的存在来解释政府征税的正当性理由：由于市场机制客观存在"市场失灵"的顽疾，某些公共需求不能通过市场机制解决，只能由政府来提供，而税收则是为提供最基本的公共品所必需的成本。如哈耶克就认为，税制"对个人日常决策的干预尽可能减少，应该让他们运用自己的资本和劳动做出投资和消费的决策"。[2] 罗伯特·诺齐克主张"最低限度"的国家，他在《无政府、国家和乌托邦》一书指出："可以得到证明的是一种最弱意义上的国家，即一种仅限于防止暴力、偷窃、欺骗和强制履行契约等有限功能的国家；而任何功能更多的国家，都将因其侵犯到个人不能被强制做某些事的权利而得不到证明；最弱意义上的国家是正确的，同样也是有吸引力和鼓舞人心的。……国家不可用它的强制手段来迫使一些公民帮助另一些公民；也不能用强制手段来禁止人们从事推进他们自己利益或自我保护的活动。"[3] 在诺齐克看来，自然状态中的财产所有者会自愿地创建一个保护性的国家即最弱意义的国家，他设想的这种国家是"通过一种看不见的手的过程

---

[1] 毛寿龙等：《西方政府的治道变革》，中国人民大学出版社 1998 年版，第 11 页。

[2] Richard Epstein, *Taxation in a Lockeam World*, Social Philosophy and Policy, 1986, 4: pp. 49–74.

[3] [美] 罗伯特·诺齐克：《无政府、国家和乌托邦》，何怀宏等译，中国社会科学出版社 1991 年版，第 1 页。

和道德上可允许的手段产生的,并且没有侵犯任何人的权利,也没有提出对一种其他人不具有的特殊权利的要求。"① "最弱意义的国家所拥有的权利都是个人让与的,除此之外,它本身并不拥有任何权利。"② "最弱意义国家是能够证明的功能最多的国家。任何比这功能更多的国家都要侵犯人们的权利。"③ 最弱意义国家功能必然涉及成本问题,因此必须征税,而且其税收在某种程度上仍具有再分配性质。但是,就像其他国家的功能那样,征税必须保持在最低的水平,因为"劳动所得税和强制劳动是等价的"。④

同时,布坎南认为,政府征税的权力是普通公民最熟知的政府强制力的表现。"征税的权力涉及强迫个人和私人机构交费的权力,这种收费只能通过向政府转移经济资源来进行,或涉及对这些资源的财政索取权——这种收费伴随有在严格的征税权意义上的有效实施权。"虽然政府也用税收提供公民——纳税人所欲求的公共产品或转移支付,但是,这仅仅是为政府拥有征税权提供理由,"征税权本身并不包含着使用这些以任何特定方式征集的收入的义务。征税权在逻辑上并不隐含着支出的性质"。⑤

三 整体主义理论

整体主义强调社会整体高于个体,把社会看作是外在于和超越于个体之上的实体,是一种以至上的国家权力为核心的观念体系。马克思和恩格斯曾多次强调要反对国家主义。恩格斯指出:"国家再好也不过是在争取阶级统治的斗争中获胜的无产阶级所继承下来的一个祸害;胜利了的无产阶级也将同公社一样,不得不立即尽量除去这个祸害的最坏方面,直到在新的自由的社会条件下成长起来

---

① [美]罗伯特·诺齐克:《无政府、国家与乌托邦》,何怀宏等译,中国社会科学出版社1991年版,第120页。
② 同上书,第123—124页。
③ 同上书,第155页。
④ 同上书,第172—177页。
⑤ [澳]布伦南、[美]布坎南:《征税权》,冯克利等译,载《宪政经济学》,中国社会科学出版社2004年版,第9页。

的一代有能力把这个国家废物全部抛掉"。①

（一）德国国家主义学说

德国国家主义理论将税收视为个人对国家的一种被动义务，因此，必须强制予以课征，从而赋予了税收强制性和无偿性的特征。德国国家主义代表人物瓦格纳认为，财政是"共同的经济组织中由权利共同体构成的强制共同经济"，并据此认为，国家的职能应有发展文化教育和增进社会福利的职能，国家应为"社会国家"。同时，他认为，国家的活动是生产性的，财政支出也是生产性的，主张扩大财政支出。他由此提出了"社会政策税收理论"，认为税收从财政意义上讲，就是国家为满足其财政上的需要，凭借其行政权力，依据一般原则和准则，强制地征个人的财物。

（二）马克思主义理论

马克思主义认为，国家起源于私有制所引发的阶级斗争，是阶级矛盾不可调和的产物，是阶级统治、阶级专政的工具。关于国家的起源，恩格斯在《家庭、私有制和国家的起源》第九章中论述道，"确切地说，国家是社会在一定发展阶段上的产物；国家是承认：这个社会陷入了不可解决的自我矛盾，分裂为不可调和的对立面而又无力摆脱这些对立面"②，"由于国家是从控制阶级对立的需要中产生的，由于它同时又是在这些阶级的冲突中产生的，所以，它照例是最强大的、在经济上占统治地位的阶级的国家"③，"实际上，国家无非是一个阶级镇压另一个阶级的机器"。④ 在国家权力的合法性来自人民这一观点上，马克思主义与西方大多数国家理论并没有根本性分歧，并且在肯定国家的阶级属性的同时，认识到了政府在全社会范围内的公共性，"一种表面上凌驾于社会之上的力量，这种力量应当缓和冲突，把冲突保持在'秩序'的范围以内；这种从社会中产生但又自居于社会之上并且日益同社会相异化的力量，就

---

① 《马克思恩格斯选集》第3卷，人民出版社2012年版，第55页。
② 《马克思恩格斯选集》第4卷，人民出版社2012版，第186—187页。
③ 同上书，第188页。
④ 同上书，第55页。

是国家。"① 为此，国家必须拥有权力，并取得物质支持。随后专门的征税机构得以产生，并行使国家权力去取得社会财富，将社会财富强制地转移到国家手中，以维持国家机器的正常运转。所以，马克思说："赋税是政府机器的经济的基础，而不是其他任何东西的经济的基础。"② 马克思主义认为，税收本质上是国家对社会成员的强制性课征，是对私人财产的剥夺；从纳税人方面来看，税收则是社会成员的义务或牺牲。由此出发，得出税收的三个主要特点，即无偿性、强制性和再分配功能。

四 本书的观点

第一，从社会契约理论的视角来看，公民个人经济主体经济自由权的让渡构成国家行使经济规制和经济调控权的基础。这种让渡有多种形式，在这些财产让渡的形式中，税收是最主要、最重要的形式，一个租税国家③是建立在纳税人履约纳税这一物质基础之上的。因此，租税国家对纳税人权利的承认，是其作为现实政治存在的正当性的伦理基础。

在传统计划经济体制下，国家拥有和控制着绝大部分社会资源，并不以税收作为主要的财政收入来源。以社会契约理论来阐释这一国家形态下的公民权利，可以理解为公民是以国有和集体财产所有者而不是纳税人的身份获得政治权利，因而谈不上公民个人意义上的纳税人权利。而随着社会主义市场经济体制在我国改革开放进程中的确立、发展和成熟，私有产权已经在我国所有制结构中占有了重要的比重，税收也逐渐成为国家财政收入的主体。在这一背景下，公民以私有产权所有者的身份向国家纳税并主张相应的纳税人权利就具备了政治伦理基础。

然而，在现实中，还存在很多因素阻碍纳税人权利的充分实现。

---

① 《马克思恩格斯选集》第4卷，人民出版社2012年版，第187页。
② 同上书，第375页。
③ 所谓租税国家，是指国家的财政收入几乎全部来自税收的一种体制。参见［日］北野弘久《和平、福利国家的发展与纳税者权利保护》，郭美松译，2000年3月24日在西南政法大学发表的同名演讲稿。

首先，因为纳税人权利与国家的义务直接对应，如果国家有关的制度安排没有为纳税人行使权利提供必要的支持，作为相对弱势的纳税人往往难以以一己之力去争取自身的合法权益。其次，现实的税收制度一般而言总是相当复杂、专业的，并时有变动，大多数纳税人很难全面、准确地掌握与自身利益相关的税收知识，也就难以充分了解自身权利及其行使方式、渠道，导致部分纳税人在不知道的情况下放弃了自身合法权利。最后，国家征税应以国民的同意为前提，并以国民的需要为使用去向，这也是达成社会契约的基本要件，但这一要求的实现机制在我国尚待逐步建立和完善。

因此，在社会契约论视角下，纳税人权利并非国家对公民的恩赐，而是国家与公民在相互平等的前提下订立的社会契约中，国家在有关税收方面的约定义务。而纳税服务就是国家通过必要的制度安排，帮助纳税人了解、行使自身合法权利，并监督和制约政府履行其相应义务的活动。

第二，自由至上主义认为，税收的正当性在于满足公民对于公共产品或公共服务的需要，由于消费或使用上的非竞争性和受益上的非排他性的产品的存在，为政府征税权提供了正当性基础。

同时，税收制度安排及其实现过程本身也应该被置于是否对全体或部分人民的个人自由的强制突破了某种最低限度的考量之中，因为税收本身就是对诸如纳税人支配财产、安排生产经营活动甚至消费方式等方面自由的部分限制。正如哈耶克所言，自由就是"人的这样一种状态，其中一些人对另一些人的强制被减少到社会所能达到的最低限度"。[1] 因此，站在自由至上主义的立场上考察税收，税收的制度安排及其实现过程也应该而且必须接受是否符合正当性的裁量，因为政府征税所依据的制度和手段对个人自由的限制始终是不可回避的实质性问题。以何种制度安排、选择何种路径和方式来实现税收，以保障对个人自由的强制被减少到社会所能达到的最低限度，就是站在自由

---

[1] Friedrich A. Hayek, *The Constitution of Liberty*, Chicago: University of Chicago Press, 1960, pp. 11–12, 19.

至上主义立场上对纳税服务内涵的诠释。

第三，在对国家性质和作用的看法方面，整体主义国家学说认为，国家的存在是以民众基本利益的共性和相互依存的需要为基础的，因此，国家的行为代表了民众基本利益的主要的、共性的方面，而双方的对立与冲突仅是其中个别或次要的方面，税收的正当性直接来源于政治权力。尽管这种基于"国家本位"对税收正当性的阐释与社会契约论和自由至上主义的出发点大相径庭，但后两种学说所描述的理想化的国家本质上也不过如此。也可以说，如果国家的存在确实是必要的，那么，无论从上述哪一种国家学说的立场出发，一个能够代表和实现大多数民众的根本利益的国家都是最理想的。整体主义国家学说并不仅仅体现或作用于以公有制经济为主体的社会主义国家，如当代美国在其"反恐"的国家行为中所表现出的某些特征就具有强烈的国家意志凌驾于个人自由之上的色彩。

在看待国家与个人之间的关系上，整体主义与社会契约论和自由至上主义存在根本的不同——社会契约论认为，国家与民众是平等的立约双方；自由至上主义将对个人自由的保障作为评价国家行为正当性的终极标准，这也就意味着个人在与国家的关系中居于主导地位；整体主义学说则认为，个人只是社会整体的构成部分，作为整体的国家当然是居于支配地位的。

但整体主义所指的国家并非一个抽象的、脱离民众的孤立个体，而是一个能够代表大多数民众意志和利益的政治实体，税收是大多数民众凭借政治权力干预社会产品再分配的手段，对于居于利益对立面的少数民众而言，在一定意义上是一种"剥夺"；对于它所代表的大多数民众而言，则是一种对整体的贡献或牺牲。税收负担的轻重取决于民众基本利益中存在共性并能够通过整体行为（国家行为）得以实现的部分之多寡。所以，马克思说："强有力的政府和繁重的赋税是同一个概念。"[①]

在追求整体利益的大前提下，由于国家分配论对国家职能作了宽

[①] 《马克思恩格斯选集》第1卷，人民出版社2012年版，第766页。

泛的理解，一切社会事业均由国家和集体承担，以致国家不仅仅是通过税收的再分配职能，更重要的是，国家直接掌握生产资料，并对整个社会的生产、交换、分配、消费等各个环节进行计划安排，以实现社会的统筹协调发展，最终导致税收收入职能的衰退。但是，税收不仅是参与国民收入初次分配的手段，同样可以用于社会收入的再分配。社会主义的国家理念追求社会公平和共同富裕，国家有必要以公共权力积极介入社会经济生活，而税收被认为是调节社会分配不公的最有效手段，即税收的宏观调控职能加强了。因此，税收不再局限于为政府的运转提供物质支持，而被赋予了更多的社会职能，成为一种有效的政策工具。那么，税收制度、政策、措施如何服从和服务于整体的利益？在其职能范围内如何有效地发挥政策工具的作用？在整体利益与个别利益发生冲突时如何协调？对如上问题的解答就构成了基于整体主义学说的纳税服务的基本内涵。

第二节　纳税服务的法学内涵

上文围绕着纳税人权利对纳税服务的政治学内涵进行了探讨，对于现代法制国家而言，包括纳税人权利在内的公民（法人）权利确认和保障，是体现于国家的法律制度安排之中的。因此，有必要以法学的视角，从税收法律关系的性质出发，对纳税服务的内涵作进一步探索。

一　税收法律关系学说

税收法律关系的性质长期以来是国外税法学界争论的重要课题，不可避免地要涉及税法学理论对国家何以取得征税权力这一根本性问题的基本态度。目前，国外税法理论就此问题主要形成了税收权力关系说和税收债务关系说两种不同的观点。

德国行政法学的创始人奥托·迈耶（Otto Mayer）首先提出了税收权力关系说。奥托认为，国家在租税法律关系中的地位优于人民，行政权起着主导作用；作为纳税人则处于行政法律关系中的行政客体位置，对于行政命令只有服从的义务。在税法领域，国家机关向其国民或居民课征税收所作出的征税决定，属于以单方面的意思形成法律关系，而不是以双方的共同意思形成法律关系，与私法上的债务关系完全不同。而且国家机关所下达的征税决定，除因国民或居民表示不服提起行政复议或行政诉讼，经有权机关依法撤销或变更之外，应受合法性推定，相对人不能否认其效力；即使相对人提起行政复议或行政诉讼，原则上也不停止其执行，这一点与私法上的债务关系中双方当事人之间有对等的意思，两者之争必以民事判决确定后，才能据以申请强制执行，也有相当差异。

尽管有学者认为奥托·迈耶的税收权力关系说体现了国家利益至上的国家主义理论①，但如果将该学说置于奥托所处的具体时代背景下分析，则不失其积极的时代意义。税收权力关系说的提出，是为了驳斥"警察国"时代民法的统治地位和以"国库论"为基础而产生的税收债务关系说，以赢得行政法的独立地位。因此，有学者推测："'税收债务关系说'实际上是当时强大的民法学者为反对新兴的行政法学而捍卫的一种更古老的理论。而奥托·迈耶主张的'税收权力关系说'则是一种'反抗'的学说，是反对法律领域中民法的独占地位，争取行政法的独立而提出的理论。"②

税收债务关系说是德国法学家阿尔伯特·亨泽尔以1919年《德国租税通则》的制定为契机，针对当时德国税法学界普遍流行的税收权力关系说理论，在实质法治国家观的基础上提出的。该学说认为，税收法律关系属于公法上的债权债务关系，国家与公民的地位对等，行政机关不享有优越地位。国家应以保障个人自由和平等为中心，强调约束国家权力尤其是行政权为内容的自由主义实质法治观。③

税收债务关系说对税法学的发展产生了极大的影响。日本学者金子宏认为，权力关系说和债务关系说两者之间的区别在于各自据理论

---

① 刘剑文：《税法学》，人民出版社2003年版，第90页。
② 史学成：《税收法律关系理论的国际比较研究与本土化建构》，载刘剑文主编《财税法论丛》第5卷，法律出版社2004年版，第328页。
③ 刘剑文主编：《税法学》，人民出版社2003年版，第91页。

争的着力点不同。税收权力关系说主要以税收的赋课、征收的程序为重点展开论述，而税收债务关系说则主要以纳税人对国家的税收债务为中心来论述问题。同时，金子宏也主张区分对待税收法律关系的性质，即把税收法律关系的性质从二元关系的角度予以把握，在税收实定法上，即税收的成立、继承、消灭等问题上主要体现为"债务关系"；而涉及税收的确定和征收程序方面则主要表现为"权力关系"。二元论的观点是日本税法学界的通说。

上述两种学说在有关纳税人与国家在税收法律关系中的地位问题上，显然持相反的态度。然而，从历史的、发展的眼光来看，两者相互否定、相互借鉴，并在某种程度上实现融合的发展进程，正是税收的法理内涵逐渐得以明确、清晰的历程，从而也使纳税人相对于国家的法律地位和法定权利日渐明晰，为纳税服务的产生和发展提供了较为坚实的法理依据。

二 税收法定主义

税收法定主义是推动近代法治的先驱，它是民主和法治等现代宪法原则在税法中的体现，对保护纳税人权利，维护国家利益和社会公众利益具有十分重要的意义。它的产生和发展，对民主和宪政在资本主义国家的确立，起到了极大的推动作用。

税收法定主义发端于中世纪的英国。1215年，诺曼王朝统治下的领主、教士和城市市民对约翰王干涉议会选举、侵占附庸土地、滥征苛捐杂税等表示强烈不满，联合并迫使约翰王签署了《大宪章》。其中对国王课税权作出了明确的限制，其规定"一切盾金及援助金，如不基于朕之王国的一般评议会的决定，则在朕之王国内不许课税"[①]，一般认为，这就是税收法定主义的初始形态。1225年《大宪章》重新颁布时又补充了御前大会议有权批准赋税的条款，从而明确了批税权的归属。1297年，英王爱德华一世制定了《无代表则无纳税法》，承认"国民同意"即是议会批准，从而标志着议会批税权得以正式确

---

① 朱荣贵主编、雷敦和编：《英国大宪章》（中译本），辅仁大学，2001年，第331—343页。

立，批准赋税成为议会的主要职能。税收与议会联系在了一起，"未经臣民同意不得对其征税，议会是征求和给予这种同意的唯一有效的处所"。① 1628 年，英国议会通过了《权利请愿书》，列举了《大宪章》颁布之后查理一世违反法律未经议会同意便开征关税及船舶税的行为，重申了"无代表则无纳税"原则。由于在税收问题上议会的限制反抗立场与国王的强行征收立场间的冲突直接导致了 1642 年的宪政革命。1688 年，继任英国国王的荷兰执政者威廉接受国会的要求，制定了《权利法案》，再一次明确地阐述了未经国会同意的税收应当被禁止。《权利法案》明确议会的地位优于国王，为英国君主立宪制奠定了法律基础。可以说，英国正是对税收法定主义的追求中实现了近代宪政历程。1773 年，英国议会颁布意在通过向殖民地征收进口茶税的《茶叶法》，激怒了波士顿市民，引发了"波士顿倾茶事件"，激起了殖民地人民更为激烈的反抗。② 1775 年 3 月 19 日，北美独立战争正式爆发。1776 年，《独立宣言》正式发表，明文规定"政府的正当权力，则系得自被统治者的同意"。鉴于历史的教训，1787 年《美国宪法》第 1 条第 8 项、第 9 项、第 10 项，以及《宪法修正案》第 16 条明确将税收立法权赋予国会，并界定了各州税收立法权限，从而确立了税收法定主义的宪法地位。

　　随着资本主义革命在欧洲和其他国家的兴起，以限制公权力、保护纳税人财产权为宗旨的税收法定主义逐渐被许多国家所接受。现代法制国家基本都将税收法定主义作为一项宪法原则加以确认。据翟继光对 111 个国家的现行宪法的考察，其中明确规定税收法定原则的有 85 个，占 81%。如果再加上其他暗含这一原则或实际上贯彻这一原则的国家，那么所占比例就更高了。③ 如《美国宪法》第 1 条第 7 款规定，"一切征税议案应首先在众议院提出"，第 8 款规定，国会有权

---

① 蒋劲松：《议会之母》，中国民主法制出版社 1998 年版，第 19 页。
② 王希：《原则与妥协：美国宪法的精神与实践》，北京大学出版社 2000 年版，第 55 页。
③ 翟继光：《税收法定原则比较研究——税收立宪的角度》，中国财税法网，http://www.cntl.cn/，2005 年 5 月。

"赋课并征收直接税、间接税、关税与国产税，以偿付国债和规划合众国共同防务与公共福利，但所征收各种税收、关税与国产税应全国统一"。《法国宪法》第 34 条规定："各种性质的赋税的征税基础、税率和征收方式必须以法律规定。"《日本宪法》第 84 条规定："课征新税及变更现行的税收，必须依法律或依法律确定的条件。"

税收法定主义作为一项法律原则，从诞生之日起就蕴含着民主、法治、人权等宪政精神，它是民主与法治等现代宪法原则在税法上的体现。[①] 将税收法定主义定位为税法的基本原则时，即国家整个税收活动必须依据法律进行，包括征税主体依法律征税和纳税主体依法律纳税两方面，并以此指导作用于税收的立法、执法、司法和守法的全过程。[②] "法定"所指的，不仅包括法的制定，还涵盖法的认可、修改、补充、废止、解释的全过程。[③]

正如张文显教授对"法治"的概括："社会应主要由法律来治理；社会整合应通过法律实施和实现；立法政策和法律必须经由民主程序制定；法律必须建立在尊重和保障人权的基础之上；法律必须具有极大的权威性；法律必须具有稳定性；法律必须有连续性和一致性；法律必须以平等地保护和促进一切正当利益为其价值目标；法律应能有效地制约国家权力，防止国家权力的失控与异变；法律应为求社会价值的平衡与互补。"[④] 而法治原则在税收领域的集中体现就是税收法定主义，它规定了税收从宪法到立法、执法、司法全过程的完整的制度要素和实施机制。

三 法律援助

法律援助制度发源于英国。1424 年，苏格兰的一项法规规定，穷人登记册在册者提出诉讼可免费得到法律顾问或代理人帮助。1495年，亨利七世颁布的一个法案规定："……正义……应当同样给予贫困的人以及那些根据他们自己的自由裁量权行事的人……律师应同样

---

① 张守文：《论税收法定主义》，《法学研究》1996 年第 6 期。
② 覃有土、刘乃忠、李刚：《论税收法定主义》，《现代法学》2000 年第 6 期。
③ 安晶秋：《论税收法定主义》，硕士学位论文，吉林大学，2007 年。
④ 张文显：《法哲学范畴研究》，中国政法大学出版社 2001 年版，第 161—166 页。

的为穷人服务。"①

　　此后，法律援助制度随着西方社会的发展，经历了由最初律师自发地对穷人提供免费服务的小范围的道义行为或社会团体的慈善行为，向国家保障公民实现合法权益的国家义务和政府责任行为演变的历史过程。可以说，法律援助制度成为世界上许多国家所普遍采用的一种司法救济制度，是法制观念、人权观念和社会法制发展的必然结果。②

　　目前，学术界对近现代法律援助制度的发展历程存在不同的观点。比如，以肖扬、张耕等为代表的学者将其分为三个阶段，即慈善事业阶段、个人权利阶段和福利国家体系阶段；③以严军兴等为代表的学者将其分为四个阶段：自发的慈善行为阶段、根据宪法诉诸法院的政治权利阶段、以福利国家思想为指导阶段和以强调"法律面前人人平等"思想为核心的实现社会正义阶段；④宫晓冰、郑自文等则将其分为两个阶段，即以慈善为出发点的阶段和以个人权利为本的阶段。⑤笔者较为赞同第三种观点，即近现代法律援助制度的产生与发展，大致可以分为以下两个阶段：

（一）以慈善为出发点的法律援助

　　17—18世纪，随着资产阶级民主革命的胜利和近代资产阶级律师制度在各主要资本主义国家的产生，以"公设辩护人"为最初形式的近代法律援助制度开始出现。法国于1887年颁布了世界上第一部法律援助法，随后，这些国家也相继制定了法律援助制度。法律援助制度在一定程度上缓和了资本主义原始积累阶段的残酷剥削带来的两极分化所导致的矛盾。

　　直到19世纪末以前，法律援助还具有很大的随意性，它常常被

---

　　① 宫晓冰：《美国法律援助制度简介》，《中国司法》2005年第10期。
　　② 顾全：《论中国法律援助制度的改进》，硕士学位论文，苏州大学，2006年。
　　③ 肖扬等主编：《探索有中国特色的法律援助制度》，法律出版社1996年版，第20—30页；张耕：《法律援助制度比较研究》，法律出版社1997年版，第7—16页。
　　④ 严军兴等：《法律援助制度理论与实务》，法律出版社1998年版，第4—9页。
　　⑤ 宫晓冰等：《中国法律援助制度简介》，中国检察出版社2003年版，第260—285页。

认为是律师为了公共利益并应其职业道德义务的新要求而自发地向穷人提供援助的一项慈善行为。当时对援助对象的一般界定，不是指经济上存在困难的个人，而是法律规定的、不具有统治阶层权利的一个贫穷的社会阶层。穷人没有权利要求任何形式的法律援助，而只能被动地接受法律的保护。这就是当时所谓的"穷人法"。到19世纪，许多国家试图将法律援助的慈善性质与穷人得到法律援助的基本权利相结合，提出"基于慈善而应有的，就是基于法律而应得到的"思想。[①] 但这毕竟是一种自发而非法定的行为，民众对司法公正的要求并未得到法律的保障。

（二）以个人权利为本的法律援助制度

19世纪末20世纪初，法律社会化思想推动了各国司法行政的改革。根据这一思想，司法机关应对较为弱势的诉讼当事人提供帮助，消除当事人之间的不平等，以利于司法公平。该理论首先在1895年奥地利的民事诉讼法改革中付诸实践，并对欧洲其他各国的改革产生了深远的影响。在此期间，随着人权观念的确立和丰富，传统上以"穷人"阶层为施舍对象的法律援助的理论基础和社会基础都不复存在，法律援助作为人人都享有的一项政治权利，在各国被公认为是国家法律制度的责任。法律援助逐渐成为与律师职业地位密切相关的一项职责，开始进入政府积极干预的有组织的发展阶段，由地方行政机关提供的法律援助开始占据主导地位。至20世纪60年代末，这一观念又推动了"获得司法程序上的公正"的运动。目前，一般认为，获得司法程序上的公正意味着有效地接近法律，不仅要得到法律咨询和法庭上的代理，而且要得到法律的信息、受到法律教育、进行法律改革以及确认穷人未满足的需要。进而要求立法机构和政府运用各种可能的政策手段以实现其目标，包括实体法、程序、教育、信息和法律服务的改革。其目标是达到实质性的平等，而非形式上的平等。[②] 1978年3月2日，欧洲部长会议发表的《法律援助和咨询》将获得

[①] 王新环：《刑事法律援助制度的几个问题》，《中国政法大学学报》1997年第5期。
[②] 王进喜、赵眠：《美国刑事法律援助模式简介》，《河北法学》1998年第1期。

司法程序上的公正的权利视为任何民主社会的一个基本特征，并郑重宣布：法律援助不应再被看作是一种慈善行为，而应是整个社会的一项义务。时至今日，几乎所有设立了法律援助制度的国家，不仅都在为刑事案件提供法律援助，而且为民事案件提供法律援助也已成为其法律援助制度的一项重要内容。

当然，各国对法律援助也存在某些差异。比如，日本《法律援助纲要（草案）》规定："本法所称法律援助，是指就有关法律纠纷、法律事务对被援助者提供法律服务以及费用的援助。"[①] 韩国《法律援助法》规定："本法中的'法律援助'指为了达到第三条规定的宗旨，由律师或《公设律师法案》规定的公设律师提供法律咨询、诉讼代理和所有与法律事务有关的其他形式的支持。"[②] 美国《法律援助公司法》规定："法律帮助是指与本法和条款相符合的任何有关法律服务的规定。"[③] 加拿大安大略省《法律援助法》规定："法律援助是指根据本法和有关条例提供的专门职业上的服务。"[④] 由此可见，现代意义上的法律援助已经成为国家对公民的一项司法救济和权利保障义务。总之，国外法律援助的定义可以概括为：法律援助是国家向公民提供帮助以保障其合法权益得以实现的一项司法救济制度。

四　本书的观点

有关税收法律关系性质的讨论，涉及法学理论对税收法律关系本质的认识，为国家征税活动的法治规范和公民履行义务提供了理论基础。税收权力关系说的提出，其积极意义在于在"法治国家"的原则和理念下，将国家的征税行为纳入法治的约束，避免不受束缚的行政权力对公民可能造成的侵害。而税收债务关系说则从社会契约论出发，强调国家与公民的地位对等，行政机关在税收法律关系中不享有优越地位，是现代民主、人权理念在税法理论领域的体现，成为今天

[①] 司法部法律援助中心编译：《各国法律援助法规选编》，中国方正出版社1999年版，第272页。
[②] 同上书，第288页。
[③] 同上书，第36页。
[④] 同上书，第10页。

的主流观点。两者在不同层面、不同的历史阶段,为纳税人在税收法律关系中的地位和权利奠定了法理基础,就具体的法技术层面而言,上述两种学说的作用都在于将国家征税行为中行政权力的要素"退居幕后"①,并限制行政权力的不合理扩张。也就为纳税人要求和接受纳税服务提供了必要的法理依据,即"排除国家权力在征税活动中的优势地位,以民主的价值理念重塑国家征税权的正当性基础,从而建构以纳税人基本权利保障为中心的现代税法体系"。②

税收法定主义作为法治原则在税收领域的集中体现,笔者认为,与其说它是法学理论界思辨、争鸣的某种理论成果,毋宁说是从"税"与"法"的关系这一视角对人类社会近、现代历史的客观归纳和总结。正如金子宏所言,税收法定主义"不但构成了法治主义的重要组成部分,是法治主义规范和限制国家权力以保障公民财产权利的基本要求和重要体现;而且从渊源上说,还是现代法治主义的发端与源泉之一,对法治主义的确立'起到了先导和核心的作用'"。③ 税收法定主义通过对税收法定的形式要件的要求和约束,来追求在实质上实现税收公平这一根本目标,以解决国家征税的正当性问题。在这一点上,李刚提出了系统的论述:"税收公平价值是由三个层次组成,第一层次是税法的形式正义,表现为税法的平等适用,是'法律面前人人平等'的平等价值观在税法中的体现,它包括'平等保护、平等遵守、平等适用和平等制裁'四个方面内容。第二层次的公平是税法的实质正义,即税法的征税公平,包括横向公平与纵向公平两个层次。横向公平是指经济情况相同、纳税能力相等的纳税人,其税收负担也应相等;纵向公平是指经济情况不同、纳税能力不等的纳税人,其税收负担不同。第三层次的公平是本质公平,是指国家征税的合法性问题,解决的则是国家与纳税人之间的税收公平问题,即国家为什

---

① 刘剑文主编:《税法学》,人民出版社2003年版,第94页。
② 钱俊文:《国家征税权的合宪性控制》,法律出版社2007年版,第111页。
③ [日]金子宏:《日本税法原理》,刘多田等译,中国财政经济出版社1989年版,第48—49页。

么要向纳税人征税,国家征税是否合理及国家用税是否合法的问题。"[1] 税收法定主义的形成,本质上就是将纳税人的契约权利、道德权利上升为法律权利,以法的形式和位阶予以确认与保障的历史过程。

根据税收法定主义的原则,国家征税行为的各个方面理应纳入法治体系之中。然而,纳税服务在税收法治体系中应该如何定位?这不仅是一个法学理论问题,更是在纳税服务的实践中所无法回避的一个现实问题。虽然目前国内学术界对诸如"服务与管理""服务与执法"之类的争论不绝于耳,但尚未取得一致意见。而这一问题如果不能解决,纳税服务就没有坚实的法律基础可以依托。笔者认为,主要由税务机关提供的纳税服务,就其实质而言,应属于税收领域的法律援助行为。理由如下:首先,就权利属性而言,法律援助的法理基础是承认和保障公民在法律关系中的权利,是连接公民的实体性权利与程序性权利的纽带。在税收法律领域,纳税服务正是以纳税人的法定权利为依托,为纳税人的实体性权利在税收法律关系中获得程序性保障提供必要的条件。其次,就经济属性而言,法律援助是一种服务性产品,由于它是一种国家责任,所以它具有公共品的属性;又因为人们对它的需求的多层次、多样化,不可能完全由政府满足,所以部分需求要由市场提供。现实中,纳税服务的经济属性完全符合上述特征。最后,就社会属性而论,法律援助的正当性来源于受援对象面临司法障碍的原因是受到社会价值观的同情的,如贫困、残疾等。而纳税人要求纳税服务的主要原因,是因为征、纳双方在税收制度方面的信息不对称造成的在履行法律义务方面的障碍,这显然不是纳税人自身的主观故意造成的,政府采取必要措施予以援助是社会价值观所肯定的,具有其正当性基础。

---

[1] 李刚:《税法公平价值论》,《财税法论丛》第1卷,法律出版社2002年版,第501页。

第三节 纳税服务的经济学内涵

一 从公共财政理论视角看纳税服务

在西方,国家与市场的关系是经济学的一个十分古老但又永新的话题。公共财政是市场经济下的财政,但公共财政并不是市场经济出现的那一天产生、与市场经济严格同步的。市场经济是一个漫长的发展过程,有了商品的交换就有了市场,但是,具体哪一天算是进入了市场经济,并没有一个明确的界限。同样,财政是何时进入了公共财政这个形态,也不明确。

(一)亚当·斯密的"廉价政府"理论

亚当·斯密于1776年发表了西方经济学的奠基之作《国民财富的性质和原因的研究》。恩格斯曾指出:"他在1776年发表了自己关于国家财富的本质和成因的著作,从而创立了财政学。"斯密对国家的作用和政府的动机表示极大的怀疑,在其"自私的动机、私有的企业、竞争的市场"这个自由制度的三要素基本之上,他规定了国家的三项任务:提高分工程度;增加资本数量;改善资本用途。因此,斯密认为,有一只"看不见的手"在暗中操控着经济的运行,使人认为自己的经济活动最终产生一个大家都获利的社会结果,市场经济既然有如此神妙的作用,对它的任何干预都是不可取的,不断增加国民财富的最好办法就是给经济以完全的自由。进而对政府的义务做了三点限制:保护社会,使之不受侵犯;保护社会上的每个人,使之不受其他人侵犯;建设并维持某些公共事业及设施。政府只要能像"守夜人"那样,防止外来侵略和维持国内治安就行了。基于此,他提出了至今仍然是公共财政理论指导国家制定和实施税收制度的基本理论依据的以下四个原则:

1. 公平原则

亚当·斯密认为:"一国国民,都须在可能范围内,按照各自能力的比例,即各自在国家保护下享有收入的比例,缴纳国赋,维持政府。"亚当·斯密所说的税收公平，包括以下含义：第一，反对按身份定税以及富者轻税平民重税的不公平情况，主张所有公民应平等纳税。第二，亚当·斯密认为："个人的私收入，最终总是出于三个不同的源泉，即地租、利润和工资。每种赋税，归根结底，必定是由这三个收入源泉的这一种或那一种或无区别的由这三种收入源泉共同支付的。"因此，税收应均衡地分担到地租、利润和工资上，否则就是不公平的。第三，按照自然形成的社会财富分配情况，按比例税率征税，税收不要干预社会财富的分配，这一点具有税收中性的含义。

2. 确定原则

公民应缴纳的税收，必须是明确规定的不得随意变更。如纳税日期、纳税方法、缴纳数额等，都应当让所有的纳税人及其他人了解清楚明白，否则纳税人将不免要受税吏权力的任意左右。这一原则是为了杜绝征税人的任意专断征税，加重税收负担，以及恐吓、勒索等行为的。斯密认为，税收不确定比税收不公平对人民的危害更为严重。

3. 便利原则

纳税日期和纳税方法，应该给纳税人以最大的方便。如纳税时期，应该规定在纳税人收入丰裕的时期；征收方法，应力求简便易行；征收地点，应该设立在交通便利的场所；征收形式，应该尽量采取货币征收，以避免因运输事物增加纳税人的负担等。

4. 经济原则

即最少征收费用的原则。在征税时，要尽量节约征收费用，使纳税人付出的，应该尽可能等于国家所收入的。这一原则是针对当时税收制度致使征收费用过高的弊端提出的。一是税吏过多，不仅耗去相当部分税收作为税吏的薪俸，而且还在正税之外，苛索人民，增加负担；二是税收妨碍人民的勤劳和产业的经营，减少或破坏了可供纳税的基金；三是不适当的税收可能成为逃税的诱因，严惩逃税，又将引起倾家荡产违反了一般的正义原则；四是税吏的频繁访问和检查，这些虽然不会给纳税人带来金钱上的损失，但将会给纳税人带来不必要的烦忧。

斯密所处的年代，是资本主义自由经济时代，反映自由经济的经济自由主义思想在斯密的经济理论中也得到充分的体现。亚当·斯密以"人的本性"研究为出发点，认为社会经济只有充分的自由，资本才能得以有效的使用，社会利益才会最大。他提出的课税原则是这一思想在税收领域的集中反映，对西方经济学课税原则理论有重要的影响，至今仍然是现代国家制定税收政策和税收制度的基本理论依据。这四个税收原则基于有利于自由经济发展的角度，从四个不同的层面提出了对国家征税的原则性的约束条件和要求，也构成了纳税服务的经济学理论依据的基本框架。

（二）政府干预论

19 世纪末 20 世纪初，资本主义经济发展到垄断资本主义阶段，社会出现了严重的两极分化，相应的矛盾日益激化，国家的职能发生了重要转变，这一宏观背景推动财政学从经济学母体中正式分离出来，形成了独立的学科体系。这个时期的西方财政学家沿着公共需求分析思路，重点对国家资源的供应和运用、个人的集中性或社会性需要的存在、社会公共福利、矫正社会收入分配不公等问题进行了研究。

20 世纪 30 年代，资本主义国家爆发了严重的经济大萧条，导致了占西方经济学说统治地位一百多年的经济自由主义学说让位于凯恩斯的经济干预主义，财政学也因此在西方经济学体系中占据了显赫的位置。虽然凯恩斯在总体上认为自由市场制度是一个有效的机制，它能保证个人自由并激发个人释放其创造性，但他认为市场本身存在缺点，只有扩大政府功能才能改正市场的缺点，以引导市场经济的健康发展。因此，凯恩斯认为，如果政府对经济运行不加干预就等于听任有效需求不足的继续存在，也就等于听任失业与经济危机的继续存在。他认为，财政支出可以直接形成社会有效需求，弥补自由市场的有效需求不足。凯恩斯首次系统地论证了财政赤字的经济合理性，冲击了古典的"量入为出"原则。凯恩斯还在卡恩的"乘数理论"基础上，论证了政府投资具有"乘数"扩张社会总需求的效果，据此极力主张政府进行直接投资。

20 世纪 50 年代，理查德·马斯格雷夫在其著作《公共财政理论》中把政府的经济职能分为稳定经济（维护充分就业条件下的经济）、收入分配和（资源）再配置三种。马斯格雷夫强调从对市场机制进行指导、修正、补充的角度界定公共财政活动的范围，他认为，市场机制需要政府公共政策的指导、修正和补充。至此，现代公共财政理论的框架基本形成。

政府干预理论为税收职能从为"廉价政府"提供所必需的财政收入向主动干预经济活动扩张提供了理论依据，然而，随着税收对经济干预的深入，也使国家与经济之间的关系在税收这一核心问题上产生了更多的冲突和矛盾，其关键在于：政府利用税收工具干预经济对于资源配置、收入分配和经济稳定是否为一种帕累托改进？干预理论所提出的这三项政府职能本身的评价标准是什么？对于这些问题，理论界也存在不同的答案。因此，如何对税收在服务于政府资源配置、收入分配和经济稳定这三项职能中所发挥的作用进行客观的评价，并以此指导税收制度的设计、税收工具的运用，分析和处理税收与经济之间的各种矛盾与冲突，就是税收作为政府干预经济的工具时所必须考虑的问题，也是纳税服务在这一理论架构下被赋予的新的内涵。

（三）公共选择学派理论

20世纪70年代，西方国家经济出现了"滞胀"局面。以米尔顿·弗里德曼为代表的一批经济学家借此发动了一场对凯恩斯主义的"革命"，其中主要有货币主义、供给学派和理性预期学派。但这些反对者并未建立起一套足以与凯恩斯主义相抗衡的财政学说，区别只是，他们力图在这个框架内恢复古典学派的传统。他们认为，正是国家干预窒息了市场经济的活力，造成了70年代的"滞胀"局面。"财政最重要"的政策主张也受到攻击，代之以"货币最重要"的政策结论。当人们围绕着凯恩斯理论争论不休时，公共选择学派乘势而起，以詹姆斯·麦吉尔·布坎南和戈登·图洛克为首的一批经济学家在财政学的一个重要领域中取得了重大的理论进展。他们将财政作为公共部门经济，并从市场失灵理论角度，集中研究社会公共需要及满足这一需要的产品——公共物品问题，分析了决定公共物品的生产及分配的过程，以及生产公共物品的机器——国家的组织和机构。他们认为，自由市场制度是建立在交换的等价原则之上的，只有那些具有排斥性质的可交换的财产权利的私人产品才能进行市场交易。而公共物品不具有这些性质，所以，公共物品的交换行为难以产生，消费者与供给者之间的联系由此中断，虽然存在市场需求，但却没有市场供给，这时政府应及时介入，提供这种产品，弥补市场的这个局限性。

同时，公共支出具有不断膨胀的趋势，这是由于公共物品具有两个内在特性：首先，公共物品需求的收入弹性大于1。基于恩格尔定律，当个人收入超过一定水平时，越是非必需品就变得越来越重要，人们就需要越来越多的政府服务，公共物品的社会需求不断增加，成为推动公共支出不断膨胀的原始动力。其次，公共资本存量与私人资本存量之间有一种密切的内在函数关系。

公共选择学派关于公共物品的研究，明确了市场经济背景下的财政支出方向，但是，由此引起的关于公共支出将不断膨胀的结论从来源的角度就等价于税收规模将随之不断扩大。而随着税收规模的扩大，税收活动对经济的影响势必进一步加深，税收制度安排、路径选择、措施采取等方面与社会公平、经济发展发生冲突的可能性也在增加。政府如何在为满足不断膨胀的公共需要而扩大税收规模的同时，尽量避免和化解税收与社会、经济可能产生的矛盾，就成为这一理论体系中有关纳税服务的重要内涵。更进一步地，由于政府部门提供的纳税服务原则上应该具备非排他性和非竞争性的特征，属于公共物品的范畴，那么纳税服务的提供当然也应该遵循公共物品的生产、分配的相应原则，并以此指导其组织和机构的建立和运行。

二 最优税收理论视角下的纳税服务

最优税收理论是以福利经济学为基础的一种税制选择理论。该理论在个人效用能够加总、可供选择的税收工具（税种）既定、政府税收收入水平既定的约束下，研究如何选择税收工具，确定税制，实现社会福利的最大化。该理论是对税收原则理论（特别是税收效率原则和公平原则）的细化和综合，具体包括最优商品税理论、最优所得税理论和最优税制结构理论等，这些理论分别从税制结构、税率结构、个人效用等角度建立了最优税收的分析框架。而纳税服务需要解决的，就是税收制度在其确立、运行、变更等活动中对社会、政治、经济等各方面所造成的问题。最优税收理论通过对税收公平与效率的衡量、取舍等问题的深入研究，为在税收现实存在的前提下，在税收制度和税收工具选择的层面上，如何实现社会福利最大化提供了理论依据，丰富和完善了纳税服务在制度安排层面的理论内涵及分析工具。

三 税收成本理论

税收成本很早以前就引起了西方学者的重视。17世纪中期，威廉·配第在《赋税论》和《政治算术》中就比较详细地探讨了税收问题，提出了"公平、简便、节省"税收三原则。之后，攸士第在其名著《财政学体系》和《租税及岁出论》中更明确地提出了包括"最少征税费用"在内的税收六原则理论等关注税收成本的思想。此外，意大利人费里也提出了包括"征税费用最小"在内的税收五原则。亚当·斯密在其著名的《国民财富的性质和原因的研究》中提出了赋税四大原则，都与税收成本直接或者间接相关。19世纪后期，德国政策学派的代表人物瓦格纳对亚当·斯密的赋税理论进行了继承和发展，提出了征收费用节约的税务行政原则。他指出，征收费用不单纯指税务稽征的费用，还应包括因征税而直接负担和间接负担的费用。马斯格雷夫在《财政理论与实践》一书中提出了"合适的"税制需求，其中有三项也与税收成本密切相关：①征税的行政管理费用不应铺张浪费；②对纳税人的从属费用也不能毫无必要地加以增加；③税收的额外负担必须要小。

具体而言，税收成本有广义和狭义之分。广义的税收成本是指征纳双方在征税和纳税过程（该过程开始于税收政策的制定，结束于税款的全额入库）中所付出的一切代价（包括有形的和无形的）的总和，由税收征收成本、税收遵从成本以及税收超额负担共同构成。狭义的税收成本仅指税收征收成本。

由于税收的替代效应，会扭曲劳动力供给、储蓄和投资等行为，对经济运行和社会公平造成一定的扭曲，使社会承担税收超额负担，即税收经济成本。在税收制度的执行层面，税收征管法是税法的实行法，它的经济性虽然更多的是对税制设计的延续，但是，也有其自身的经济性问题。税收制度作用于纳税人，使之在依法履行纳税义务的过程中，还要承担税收遵从成本。政府征税还需要支付税收征收成本，包括税收制度的制定和宣传支出、税务部门的各项支出、其他相关政府部门和社会为税收制度的执行而承担的各项费用。

现实中，如何减轻税收制度、税收工具和征税措施给社会、纳税人和政府所带来的各种经济负担一直是税收理论研究和实践中需要考虑的重要问题，也是纳税服务的主要经济学内涵。税收成本理论为区分各种与税收相关的成本的来源、去向并进行度量提供了较为完备的理论工具，使较为精确地从成本角度评价税收的制度效率、政治效应和社会效益成为可能。

四　交易费用理论

交易费用理论是用比较制度分析方法研究经济组织制度的理论。它是英国经济学家罗纳德·哈里·科斯1937年在《论企业的性质》一文中提出来的。

交易费用理论对于公共政策学说的发展产生了重大影响。它从制度创设、运行、修改所产生的费用角度研究制度的发展规律，得出政策或制度的产生缘于交易费用的降低这一重要结论。在此基础上形成的制度分析学派，对于公共政策的研究和分析发挥着越来越重要的作用。但是，由于某些制度成本难以观察和测算，所以，往往也使其实用性受到怀疑。

如果说税收成本理论为准确量化各种税收成本提供了理论工具，那么交易费用理论就从制度安排与税收成本的关系角度，为从本质上解释税收成本的来源、分析各种成本对税收制度的影响及其变迁规律提供了理论指导。因此，站在新制度经济学角度，纳税服务的内在动力就是在既定的税收目标和现实条件的约束之下，降低税收制度安排中存在的各种交易费用。

五　本书的观点

"经济学是解释人类行为的科学"[①]，它对人类行为的解释以理性

---

① 张五常：《经济解释》卷一，载《科学说需求》，花千树出版有限公司2001年版，第1页。

经济人的假设为逻辑出发点,即人类行为的动机在于追求自身利益最大化。所谓"利益",从经济学角度看,是以稀缺资源来衡量的。因此,经济学同时也是一门研究如何将有限或者稀缺资源进行合理配置的社会科学。本书就以资源配置方式与税收的关系作为分析纳税服务经济学内涵的起点。

在社会化大生产条件下,资源的配置有两种方式:市场配置方式和计划配置方式。这里所说的计划配置方式,是指国家基于政治利益最大化的目的,根据自身职能需要,以法律形式强制管理和分配资源的资源配置模式,并非特指计划经济体制。市场配置方式则与之相反,没有一个中央协调的体制来指引其运作,是众多产权主体基于各自利益最大化的目的,根据价格信号进行分散决策的资源配置模式,也并不特指市场经济体制。

显而易见,资源的计划配置方式和市场配置方式在利益主体、利益驱动机制、决策机制、运行模式、实现路径等方面存在巨大的差异。因此,当两者同时运行于同一个经济体系之内,并在配置资源的对象、方向、方式等方面发生直接或间接的交叉、重合或相互影响时,就可能产生摩擦、矛盾甚至冲突。当然,这并不是说两者绝对不能共存。事实上,计划与市场分别在同一经济体的不同部分发挥作用,相互取长补短、相得益彰的实例并不罕见。如我国改革开放30多年来经济持续高速发展的背后,计划和市场的作用都是不可抹杀的。

税收是国家为满足社会公共需要,凭借公共权力,按照法律规定的标准和程序,参与国民收入分配,强制地、无偿地取得并支配财政收入的一种方式。在资源配置的方式上,税收属于计划配置的范畴,当税收运行于市场经济条件下时,就可能对市场的资源配置产生干扰。围绕资源配置中计划方式与市场方式的主从关系问题,在不同的历史时期、不同的经济体系内,税收的职能、地位也有很大的不同,由此带来的税收与经济的关系及其需要处理的问题也经历了阶段性变化。

在自由市场经济蓬勃发展的阶段,市场这只"看不见的手"正是自由市场经济得以保持活力并使"资产阶级在它的不到一百年的阶级统治中所创造的生产力,比过去一切世代创造的全部生产力还要多,还要大"[1]的关键。要确保市场的资源配置效率能够最大化,任何干扰因素都是应该避免的,亚当·斯密据此提出了"廉价政府"理论,强调让市场不受束缚地发挥其作用,而政府的职能应该仅限于市场"守夜人"的角色,政府的征税行为当然也不例外。因此,就必须通过对税收制度及其执行方式的约束,尽量避免或减轻税收对市场的资源配置效率造成负面的影响,并尽量降低税收成本,提高税收效率。本书认为,这些体现于斯密的税收四原则中的思想至今仍然是市场经济条件下纳税服务的基本内涵和根本追求。

随着市场自身存在的一些问题在20世纪20年代末开始的经济危机中发展到对经济产生破坏性后果的程度,市场这只"看不见的手"无所不能的神话被打破了,人们转而乞灵于"看得见的手",凯恩斯主义应运而生。以承认"市场失灵"的现实存在作为逻辑起点,凯恩斯的经济政策观点的核心是反对自由放任,主张国家干预。这意味着,计划方式在资源配置中的主导地位的确立,税收与经济之间的关系更为深入和密切了,其中包括主动和被动两个方面。

在主动方面,税收被越来越多地作为一种政策工具,介入社会的资源配置中,取代或介入了市场的部分资源配置职能,以达到积极干预经济运行的政策目的。税收对经济的干预主要通过对市场资源配置的某些特定环节施加影响的方式来完成,是一种对市场机制的介入而非完全以计划方式取代,因此,面对各种不同的政策目标,如何在复杂多变的市场环境下选择恰当的作用对象、作用方式和作用时机,尽量以较少的政策成本达成政策目标就成为这一背景下税收制度安排及其执行中所需要考虑和解决的主要问题。

在被动方面,国家主动干预经济意味着财政目标的扩张,从而需要更多的财政收入去满足,这就要求税收必须从比以往更加深入和广泛地介入经济的各个层面,通过加强对经济活动的税务监管、拓展税

---

[1] 《马克思恩格斯选集》第1卷,人民出版社2012年版,第405页。

基等手段来获得更多的财政收入。与强调市场在资源配置中的主导地位不同的是，在这一背景下，税收收入的规模不仅受到现实税基和征管手段的局限，还要承受来自财政需求扩张所导致的被动扩大收入规模的压力。这就意味着税收制度与财政需求之间的矛盾，反映到现实中就体现为依据收入计划组织收入、收"过头税"等现象的发生，并使税收与市场之间固有的矛盾和冲突可能进一步加剧。因此，如何在法制的框架下协调国家干预经济对财政的需求与税收法制之间的关系，采取适当措施来缓解被动扩大的税收规模对市场造成的负面影响就是在以政府主导的资源配置机制下纳税服务的基本内涵之一。

20世纪80年代以来，公共经济学打破了原有的学科边界，同政治科学的关系日益密切，政治学成为公共经济学的内在部分，公共经济学越来越成为一门综合性科学。安东尼·B. 阿特金森、约瑟夫·E. 斯蒂格利茨、詹姆斯·M. 布坎南是当代财政学家的主要代表，他们以经济机制为核心，寻找政府干预与市场机制的结合点，将政府财政职能问题的探讨推向深入。这一时期，西方财政学界十分关注重构政府资源配置功能，把焦点放在政府资源配置效率的分析上。以布坎南为代表的公共选择学派对政府效率进行研究，斯蒂格利茨和阿特金森从效率和公平两个角度研究公共产品的最优供应问题。当代西方学者在建构政府财政模型时把效率和公平结合起来，试图寻找两者的最佳均衡。他们认为，效率和公平是一个问题的两个方面，是一个统一的整体。政府资源配置效率主要体现为公共预算决策效率和执行效率。新凯恩斯主义的代表斯蒂格利茨从一种新的"政府—市场观"出发，致力于重新、全面认识政府的经济职能，希望在政府干预与市场机制之间寻找一种不同于以往的平衡与结合点。布坎南揭示了政府失灵的深层原因，指出政府行为同样要受制度约束。政府干预与市场机制平衡的关键是公共部门和私人部门适度平衡。

笔者认为，以同时接受"市场失灵"和"政府失灵"为逻辑起点、以公平和效率的均衡为目标的理论研究，在某种意义上意味着不再将计划和市场这两种方式在资源配置中的对立关系作为隐含的前提。在这一视角下，政府的职能既不再局限于市场的"守夜人"，也不完全是市场的指导者或管理者,而是市场众多经济部门中提供公共品的一个特殊成员,那么政府在税收制度安排和工具选择方面就应该充分利用市场机制,尊重和服从市场的规则,这就是"服务型政府"的理论基础,并为西方一些国家采取市场化的模式开展纳税服务提供了理论支持。

追求政府干预和市场机制之间最佳均衡的思想摆脱了两者的主次之争,但"均衡"二字蕴涵深广,如果没有确定的局限条件和价值取向,讨论两者之间的均衡难免有空泛之嫌。在这个问题上,以社会福利最大化为目标,以个人效用能够加总、可供选择的税收工具(税种)既定、政府税收收入水平既定为约束条件的最优税收理论就建立了一个更为确定的研究基础。站在该理论的视角,纳税服务无论作为税收制度安排中的一个部分,还是税收工具的某种选择,或者是税制执行中的某些措施,均以实现社会福利最大化为目标,这至少为纳税服务设立了一个可取的终极目标。同时,在理论前提得到满足或近似满足的前提下,该理论还为衡量纳税服务的质量或效果提供了分析框架和工具。当然,关于社会福利最大化这一目标本身是否存在一个规范统一的、可以准确计量的、获得人们普遍接受的衡量标准仍然是一个理论障碍,最优税收理论所要求的各项理论前提在现实中也很难得到满足。

如果避开有关价值判断的讨论,仅从经济学意义上对税收制度的存在、运行、变更所发生的成本进行度量是否更有现实意义呢?税收成本理论为此提供了较为完备的理论框架和分析工具。首先,税收制度不会自动运行,税收收入的实现需要社会、纳税人和政府在相关制度安排下付出相应的代价,这些代价的总和构成了广义的税收成本。在税收成本之中,相当一部分是由于税收制度的设计、税收工具的选择和税收措施的运用与经济运行自身规律不协调所导致的无谓损失。因此,降低税收制度所带来的社会总无谓损失符合社会公众的共同利益,从而成为一种公共需要,为满足这种公共需要而提供相应的产品和服务,属于公共品范畴,又与税收制度的存在和运行直接相关,即为纳税服务。随着税收成本理论的不断发展和完善,各类税收成本及其在社会、纳税人和政府之间的分配关系逐渐得以明晰，为量化地评价税收与现实经济环境的谐调程度，并据以选择较为适宜的税收制度、工具和措施提供了有效的分析框架和途径，也将是开展纳税服务的重要依据和内容。

更进一步地，在新制度经济学的交易费用理论框架下，从制度安排的角度，可以对税收成本的产生及其与税收制度的相互关系做出解释：原则上说，政府征税可以有无数的工具及其组合，但采取任何工具都必须支付相应的成本，例如，收集有关信息的成本、确定谁应该纳税和每一个纳税人应该缴纳的数额的成本、征税工作的运行成本等，即税收制度的交易费用。不同的税收制度运行于不同的社会环境中会产生不同的交易费用，这就需要在具体的、现实的条件下，在各种可行的收入分配方案及其执行层面做出有效率的选择，从能够获得同等收益的制度安排中选择交易费用最低者。因此，税收制度是为了降低政府获取财政收入的交易费用而设立的，但它本身的确立和运行仍然存在交易费用。所以，从政府和社会的共同利益出发，必须通过一套交易成本较低的、有限的税收工具体系来筹措既定的收入。税收制度的交易费用最终要由社会公众承担，它的存在事实上增加了税收价格，也就是在税收制度所规定的公共品价格的基础上增加了税制执行的交易费用，降低该项交易费用也就成为经济体系内推动税收制度变革的内在动力。现实中，税收制度的交易费用不可能消失为零，否则税制本身就不必要了，但通过采取某些措施降低其交易费用的可能性是存在的，此即纳税服务存在和发展的必要性。税制交易费用的产生原因和构成相当复杂，需要在不同的制度层面针对不同的交易费用成因采取相应措施，这些不同制度层面上的措施就构成了税收服务体系。

第四节 纳税服务的管理学内涵

传统的管理学说，如德国社会学家马克斯·韦伯所提出的官僚组织理论，强调理想的组织应以合法权利为其基础，才能有效地维系组织的连续和目标的达成。这样的组织是根据合法程序制定的，有其明确目标，并依靠一套完整的法规制度来组织与规范成员的行为，以期达到管理目标。组织结构是一个层级控制的体系，在组织内，按照地位的高低规定成员间命令与服从的关系。韦伯的官僚组织理论自出现以来得到了广泛的应用，已经成为各类社会组织的主要形式，印证了行政组织化是人类社会不可避免的进程。

随着当代科技革命和经济全球化浪潮的出现，人类社会正逐步进入后工业化时代，发端于工业化社会的僵化刻板的传统公共行政模式越来越不适应当代社会，而其赖以建立的理论基础也已无法解决政府所面对的日益严重的内部问题。20世纪70年代末80年代初，一场声势浩大的公共部门管理变革运动在世界范围内兴起，目前一般称为"新公共管理运动"，其理论基础主要有新公共管理理论和新公共服务理论，其精髓在于将现代经济学和私营企业管理理论及方法引入公共部门的管理之中。新公共管理理论和新公共服务理论以理性经济人假设前提，并由此出发，提出利用人的经济性特征，通过市场机制引导个人做出有利于个人利益与公共利益相一致的选择。这一思想既为纳税服务体系的作用原理和机制提供了理论依据，也为理解纳税服务与税收管理的关系提供了有益的思路。

纳税服务和税收管理的根本目的都是促进纳税人的税收遵从度，保障纳税人的合法权利，确保税收法律、法规、政策的有效执行。所不同的是，传统的税收管理模式以法规制度及其赋予税收管理机构的权力为基础，以严格的法定征税程序为规范，与纳税人追求自身利益的经济活动的行为模式并不一致，从而可能与纳税人的利益发生冲突或要求纳税人非自觉地满足某些管理要求，付出额外的遵从成本。而基于新公共管理理论和新公共服务理论的纳税服务则强调税收制度安排应从纳税人利益角度出发，充分利用纳税人的经济特性，依靠人们对新的制度安排的一致同意和自觉遵守，而不是依靠强制力使他人无条件地服从，把在传统征管制度安排下不能得到的外部利益通过改变现有安排而实现内在化。纳税服务并非税收管理的对立面，而是在经济全球化、信息化的时代背景下，借助先进的技术手段和管理理念，对传统税收管理模式的创新。纳税服务也并不意味着对税收法规制度以及税收管理机构合法权威的否定或漠视,而是以提高税收效率为根本目的,对税收管理模式的现代化改造。

一 官僚制理论

德国社会学家马克斯·韦伯于 20 世纪初提出了官僚制理论。官僚制是指一种以分层、集权、服从等属性为特征的组织形态,是现代社会实施合法统治的行政组织制度。韦伯认为,在近代以来的资本主义社会中,官僚组织是对大规模社会群体进行有效管理的基本形态。

在韦伯的理想型官僚制理论中,"合法性"与"合理性"是两个最基本的概念,一切关于韦伯官僚理论的研究都需要从这两个概念出发,才能把握其思想的真谛。"合法性"概念与"合理性"概念是紧密联系在一起的,是一个问题的两个方面。"合理性"经常用于一种学理的解释,倾向于技术化、科学化和规范化。而"合法性"则经常用于政治学的解释,倾向于统治的合法性与正当性。

官僚组织建立在法理权威之上,在它的理想模型中,一切都从属于科学的合理性。这个科学的合理性也就是韦伯的形式合理性。韦伯认为,这种拥有科学结构的官僚制组织具有公正、科学、高效率的优点。当然,合理性的官僚制在很大程度上只是一种理想化或纯理论性的组织制度,在现实中有很多难以实现的条件。

二 公共管理理论

公共行政这一学科的体系和框架是在西方逐步产生和建立起来的,从 1887 年美国学者后来成为美国总统的威尔逊发表著名的《行政学研究》至今,公共行政理论经过了四次重大的理论改革,即从传统的公共行政理论到新公共行政理论,到新公共管理理论,再到新公共服务理论。

(一) 新公共管理理论

从 20 世纪 70 年代开始,西方各国普遍发生了经济"滞胀",社会问题不断加剧,政府效率低下,公众对政府的信任度急剧下降,各国政府普遍笼罩在"失败"的阴影之下。在此背景下,一种新的公共行政理论——新公共管理在美国应运而生,并迅速波及西方各国。新公共管理理论的核心在于将现代经济学和私营企业管理理论及方法引入公共部门的管理之中。它的主要思想理念主要表现在：①以效益作为主要的价值取向；②建立企业型政府和以顾客为导向；③引入市场竞争机制。

（二）新公共服务理论

在新公共管理运动中，学者认为，新公共管理理论过分依赖经济学工具，忽视了政治过程与市场过程的本质差别；过分强调用私人部门管理的模式，忽视了公共部门与私人部门之间存在的重要差别。另外，把作为公共服务接受者的纳税人比喻成顾客也不恰当。因此，以美国学者登哈特为代表的新公共服务学派，在民主社会的公民权理论、社区与公民社会理论、组织人本主义和组织对话的基础上提出了新公共服务理论，其主要原则有：①服务于公民而不是服务于顾客；②追求公共利益；③重视公民权胜过企业家精神；④战略的思考，民主的行动；⑤责任的非单一性；⑥服务，而不是掌舵；⑦重视人而不只是效率。

三 纳税遵从理论

税收体系要有效地运行，大多数纳税人必须表现出遵从的意愿和行为，这样就可以将更多的资源用于帮助纳税人履行纳税义务而不是用于寻找那些不遵从的少数人，增加整个社会的福利。税收遵从研究的一个启示是：应该像重视精心策划的偷逃税一样，更多地采取措施鼓励纳税人的自愿遵从。这也为纳税服务存在的必要性和可能性提供了一个基础。

税收遵从研究不只是一个执法的问题，它和许多问题是相关的，如纳税人的行为与社会义务的关系。税收遵从可以从不同角度进行研究，如财政、法律实施、制度组织设计、劳动力供给或者伦理，还可以是以上角度的综合研究。[①] 国外关于税收遵从的研究主要体现为以下四个方面：①期望理论；②威慑理论；③认知结构理论；④代理

---

① James Andreoni, Brian Erard and Jonathan Feinstein, "Tax Compliance", *Journal of Economic Literature* 36, 1998, p. 818.

理论。

四 本书的观点

税收服务和税收管理的根本目的都是促进纳税人的税收遵从度，保障纳税人的合法权利，确保税收法律、法规、政策的有效执行。所不同的是，传统的税收管理模式以法规制度及其赋予税收管理机构的权力为基础，以严格的法定征税程序为规范，与纳税人追求自身利益的经济活动的行为模式并不一致，从而可能与纳税人的利益发生冲突或要求纳税人非自觉地满足某些管理要求，付出额外的遵从成本。而基于新公共管理理论和新公共服务理论的税收服务则强调税收制度安排应从纳税人利益角度出发，充分利用纳税人的经济特性，依靠人们对新的制度安排的一致同意和自觉遵守，而不是依靠强制力量使他人无条件地服从，把在传统征管制度安排下不能得到的外部利益通过改变现有安排而实现内在化。税收服务并非税收管理的对立面，而是在经济全球化、信息化的时代背景下，借助先进的技术手段和管理理念，对传统税收管理模式的创新。税收服务也并不意味着对税收法规制度以及税收管理机构合法权威的否定或漠视，而是以提高税收效率为根本目的，对税收管理模式的现代化改造。

第三章 国外纳税服务体系

第一节 制度体系

西方国家纳税服务的特色首先表现在它的法制化。由于这些国家市场经济的运作已有相当长的时期,与市场经济相适应的税收制度,经历了漫长的发育、成熟和发展阶段,基本上形成一个完善、透明的税收法律体系。以下就分别对西方主要国家税收立法、司法和执法三个方面的体系做一概述。

一 纳税人权利的立法保护

(一) 美国[①]

世界上许多国家,税收立法或许是最受国民关注的立法事项。为了增强税收立法的科学性和公平性,一些国家规定了复杂和谨慎的税收立法程序。正如美国学者维克多·瑟仁伊所说:"在大多数经济合作与发展组织成员国里,税收立法程序已发展成为一个非常复杂的运作模式。"[②]

在西方国家的税收立法程序中,美国的税收立法程序比较成熟,具有代表性。正是由于税收立法、税收司法对税收行政的有力约束,纳税人权利在制衡的机制中得到了保障。

---

① 安晶秋:《论税收法定主义》,硕士学位论文,吉林大学,2006年。
② Victor Thuronyi, *Tax Law Design and Drafting*, Vol. 1, International Monetary Fund, 1996, p. 1.

1. 美国税收立法程序的概况

(1) 美国国会税收立法程序。具体包括:

第一,税收立法的建议和方案通常由财政部起草,总统向国会送交咨文作为正式提出的立法建议。

第二,众议院税收委员会负责税收法律立法议案的前期审议工作。该委员配有法律和经济方面的专家及学者组成的工作班子。对于税收立法建议,税收委员会要安排听证。听证结束后,税收委员会召开,会议作出决定,会议向社会公开。税法草案形成后,经众议院会议表决通过的,提交参议院审议。

第三,参议院财政委员会负责税收草案的审议。财政委员会以与众议院同样的程序举行听证会。听证会结束后参议院形成决定,并送交参议院全体审议。如果参议院通过议案,就会直接送交总统签署。如果众议院对参议院的修改有异议,还需要协调委员会进行协调。

第四,参众两院协调委员会协调。协调委员会配有一个由律师、会计师、经济学家等专家组成经济班子。联合委员会将经过协调后的税法议案改写成一份新的税法议案,经两院多数同意后,送交总统签署。

第五,总统签署。如果总统签署同意后,议案就成为法律;如果总统决定否决议案,参众两院有2/3的议员表决通过,还可以使议案强行成为法律。

(2) 美国行政立法程序。美国行政立法程序创建了较为完备的公众参与机制,被认为是"现代政府最伟大的发明之一"[1],其税收行政法规分为两种:一种是经国会授权制定的"立法性法规",即税收授权立法;另一种是根据《国内收入法典》的规定,财政部就《国内收入法典》所做的解释性规定,其法律效力低于立法性法规。财政部制定立法性法规必须要遵守《联邦行政程序法》规定的程序,要将草案向社会公布,征集公众意见。但在某些情况下例外:一是当需要对一个新近制定的税收法律进行解释时,财政部可以发布临时性法

---

[1] 应松年:《四国行政法》,中国政法大学出版社2005年版,第127页。

规，临时性法规的最长有效期不得超过 3 年；二是当改动现有法规对纳税人有利时。①

美国制定税收立法性行政法规要符合《联邦行政程序法》的非正式程序，又称"通知—评议"程序的要求。这个程序包括通告、评论、公布和生效"等几个主要环节。该程序规定了行政机关必须把它所建议制定的法规草案或主要内容，在联邦登记上公布，供公众了解和评论，应当通告而没有通告所制定的法规，由于程序违法而不能生效。评议是该程序赋予公众或利害关系人的程序参与权，利害关系人既可以采取书面意见、书面资料方式，也可以口头提供意见、非正式磋商、会议、咨询等方式表达自己对通告的法律草案的意见，但利害关系人对法律草案的评论意见对行政立法主体并没有拘束力。② 非正式程序简单且高效，在保证听取公众意见的同时，程序又不烦琐，有效地保证了纳税人权利。

2. 美国税收立法程序的特点

（1）立法程序强调对立法权的制衡。美国税收立法程序比较复杂，并且很重视对税收立法权的制约，主要体现为以下三个方面：一是议会内的制衡；二是立法与行政之间的制衡；三是公众对立法决策主体的制约。因此，尽管美国税收立法程序因为复杂而较为费时，但高度理性化的程序设置最大限度地避免了立法中的人为因素的干扰，促进了税收立法的正义性。

（2）立法民主程度较高。美国国会议员及总统均由选举产生，他们本身是民意的代表，并且只有始终关注民意才能有继续为公众服务的机会。同时，公民可以个人或结成组织影响政府官员的行为。他们可以通过书信或走访所在州的议员的办公室反映自己的主张。他们也可以花费时间和金钱去参加候选人运动，在竞选中投票，以及参加一些组织来表达自己的观点。在税收行政法规制定过程中，公众参与机制成熟完备且有法律保障，如公布税法草案并对让公众对其评议是

---

① *America Internal Revenue Code*，Section 7805（e）.
② 王名扬：《美国行政法》，中国法制出版社 2005 年版，第 357—35 页。

《联邦行政程序法》规定的必经程序，未经此程序的立法是无效的。

（3）立法过程透明度高。美国税收立法程序虽然复杂，但这些复杂的立法过程是向社会公开的，具有很高的透明度。国会议员对于所有问题的立场和态度都在国民的监督之下。国会听证，除国防和外交机密之外，都是公开举行的；议员对于每个问题的投票情况、在国会发表的看法等，也是公开的。而且美国还有一个专门的电视频道，用于转播整个立法过程。① 法案的提出到通过的全部过程都将记录在国会立法资料中，这些资料都是公开的，公众可以通过适当途径查阅。

（4）专家在立法过程中发挥重要作用。税收制度涉及经济、法律等不同领域的专业知识。为了保证税收立法成果的科学性与合理性，使其与客观现实密切衔接，就需要有来自相关领域的专家参与。关于专家在税法起草中的作用，美国学者维克多·瑟仁伊总结为："设计一系列税制改革方案，必须充分吸纳各个领域的专业知识。经济学家应当分析不同政策取向的经济效果及收入结果。税法专家应当依靠其掌握的不同国家税收规定的详尽知识推敲草案的具体设计。具有起草经验的税务律师应当用真正的立法语言风格起草税法。律师也应确保所提出的税收规定与法律体系（商法、宪法等）的其他方面的统一性。会计师应当建议所提出的税收规定与会计规则和实践的兼容性。有经验的税务官员应能评估议案制度可能产生的管理问题，并能根据相关经验（有关不同国家实践知识的比较）提出取向建议。"② "一项重要的税收法案的出台，要牵涉数千名游说家、政策分析家、律师、会计师、经济学家甚至普通公民的参与。"③

尽管我国的法律制度体系与美国等西方国家存在巨大的现实差异，我国不可能也没有必要照搬照抄西方国家的税收立法制度，但其中一些有益、有效的经验和做法，仍然值得我们在深入研究的基础上充分借鉴或参考。

---

① 林达：《历史深处的忧虑》，生活·读书·新知三联书店1997年版，第92页。
② Victor Thuronyi, *Tax Law Design and Drafting*, Vol. 1, International Monetary Fund, 1996, p. 4.
③ Ibid., p. 1.

（二）加拿大

加拿大于 1983 年颁布了《情报自由查询和隐私权法案》，1985 年颁布了《纳税人权利宣言》，赋予了纳税人广泛的权利[①]，其税收法规中对涉税行为的有关程序性问题作了详细的规定，充分保证了纳税人权利的实现，并通过各类税收宣传渠道向纳税人广泛宣传。

1. 获得税务服务权

加拿大的税收征管强调税收监管与纳税服务相结合，在管理的同时向纳税人提供各种便利，在全国范围内设立健全的税收宣传咨询系统，该系统通过税收中心和各地税务局为纳税人提供各种服务，纳税人既可以在征税地点进行咨询，也可以进行电话咨询，全国设有专门的电话咨询系统，免费提供咨询服务，解答纳税人提出的问题。

2. 知情权与平等权

纳税人可以要求税务机关提供如何纳税、提起复议和诉讼的信息资料。在每年一度的纳税申报期以前，各地税务部门在向纳税人寄送纳税申报表的同时要寄送一份《纳税指南》。在这个指南中，要告诉纳税人如何进行申报，如何填写申报表，如何计算扣除各种费用（项目）和应纳税额；同时，该《纳税指南》中还必须印有《纳税人权利宣言》。

3. 保密权

纳税人在纳税申报过程中，享有保护自己的私人秘密和金融信息不被他人知晓的权利。

4. 依法纳税权

纳税人有获得税务机关依据法律和事实作出公正的征税决定的权利。纳税人在法律允许的范围内，有权安排自己的纳税事务，可以按照法律要求的最低限额缴纳税款。

5. 税收咨询权和税务委托代理权

纳税人有权咨询律师、注册会计师或注册代理机构以及其他人。

[①] 刘学峰、冯绍伍：《国外保护纳税人权利的基本做法及借鉴》，《涉外税务》1999 年第 8 期。

同时纳税人有权委托会计师、律师等为其办理纳税事务，代理参加税务行政复议和税务诉讼。

6. 申请税收复议权

纳税人如果对税务部门核定的税额有异议，可以在没有缴纳税款的前提下申请复议或提起诉讼。

（三）欧洲国家

在欧洲，主要发达国家均对纳税人权利予以应有的关注和保护，特别是德国作为大陆法系的代表性国家，其对纳税人的保护与美国相比具有鲜明特色。

欧洲主要发达国家在其宪法中通常都明确了税收法定主义原则，以限制政府任意征税，保护纳税人权利。税收法定主义起源于英国。1215 年《英国大宪章》得到英王批准，英国议会取得对国王征税的否决权，确立"无代表则无税"的原则，1627 年《权利请愿书》规定，"没有议会的一致同意，任何人不得被迫给予或出让礼品、贷款、捐助、税金或类似的负担"，从而在早期的不成文宪法中确立了税收法定主义原则。1689 年，英国国会制定《权利法案》，重申"国王不经国会同意而任意征税，即为非法"，正式通过法律条文确立了近代意义的税收法定主义原则。法国 1789 年发布的《人权宣言》中，虽未直接规定征税问题，但规定人民财产不得任意侵犯。以后，《法兰西共和国宪法》第三十四条规定，"征税必须以法律规定"。《意大利宪法》第二十三条规定，"不根据法律，不得规定任何个人税或财产税"。《西班牙宪法》第一百三十三条规定，"税赋之原始权利为国家所专有，通过法律行使之。自治区和地方机关可根据宪法及法律规定和征收税赋"。

二 税收司法体系

税收司法体系的建立和完善是税收征管法制建设臻于完备的一个重要标志。它的良好运行不仅可以监督纳税人及时履行纳税义务，有效地防止税务机关滥用职权，督促其准确地贯彻执行国家税收的各项法律法规，而且能够有效地维护纳税人的合法权益和税务机关执法的严肃性，避免国家税款的流失。为了及时有效地处理日益增多和复杂的税务诉讼案件，西方主要国家诸如美国、英国、法国、德国、荷兰等国家，大多设有专门的税务司法机构。具体来说，主要有：

其一，税收武装部队。美国、英国、意大利和俄罗斯等国均建立了税收武装部队，这些护税部队的建立反映了该国税收法治和文明发展的水平。税务警察设立与否并非税收法治的必要标志，而要根据各国的国情、立法状况、历史沿革的需要来确定。

其二，税务法院。美国政府为审理税务案件专门设立了税务法院，独立于国税局，税务法院的法官由总统任命。税务法院设有一个小额索赔部门，专门处理不超过1万美元的有争议税款案件。另外，美国还在主要城市设有退税法院，独立于税务法院，是专为纳税人要求政府退税而设立的。

其三，税务检察机构。许多国家将司法检察权赋予税务征管人员。在美国，对税法的自愿服从在某种程度上依赖于刑事犯罪诉讼的威慑作用，这即是指国税局的税务刑事调查，目的是向法院提供刑事检控证据。

其四，税务中介。为了对税务部门执法进行民主监督，日本在全国各地有税务机构的地方设立税理士会。税理士是税务方面的专家，他们依据税法，站在独立、公正的立场上，在纳税人的委托下，协助或代理纳税人向国家履行纳税义务。

其五，税务律师。美国有两套税务律师组织：一套在税务局，归国税局顾问办公室管理，负责协调、督察基层办事处的法律工作以及审理税务法院的涉税案件；另一套在司法部，负责审理地区法院和特别法院的涉税案件。

（一）美国

美国作为世界上税收司法体系最完备的国家之一，它的税务诉讼制度有相当长的历史，目前有税务法庭、地区法庭和索赔法庭可供纳税人选择以解决税务纠纷。税务法庭专门审理涉税案件，其审理程序类似于我国的行政法庭，通常由纳税人作为原告对被告国家税务机关提起诉讼。由于税务法庭完全独立于联邦国内税收署，从而使之能够站在较为客观的立场对税务争议做出公正的裁决。纳税人也可以选择地区法庭或索赔法庭提起诉讼，但纳税人必须首先支付税务部门要求补增的税款后，才可以向税务部门要求退回认为是多缴的税款。如果索赔要求遭到税务部门拒绝，或在 6 个月后仍未见该部门有任何的答复，纳税人才有权向地区法庭或索赔法庭对税务部门提起诉讼。

1. 一审法院

如果纳税人和政府不能就他们之间的争议通过复议达成解决方案的话，纳税人可以起诉至法院寻求司法裁决。因为争议事端不同，最适合的法院当然也不同。税务法院只受理联邦所得税、赠与税和遗产税案，它的法官都是税法专家。相反，地区法院和联邦索赔法院的法官一般要处理多种法律问题，因此也就不能在税法方面有特别的专长。如果纳税人想要寻求陪审团裁决纠纷，他就应到地区法院起诉。在税务法院和联邦索赔法院，是由法官裁断案件。如果争议是事实问题而不是税法的技术操作问题，律师就偏向建议当事人找陪审团审判，当然是寄希望于博得这些同是纳税人的陪审员的同情。

2. 上诉法院和最高法院

在一审法院得到败诉裁决的一方（政府或纳税人）可以在规定期限内将一审判决上诉至美国巡回上诉法院，如未上诉，则一审判决生效。上诉法院一般情况下不再审查下级法院的事实判断，它们关心的是下级法院的法律适用是否正确。当上诉法院做出判决后，败诉方还可以在规定期限内将案件上诉至联邦最高法院，如未上诉，则上诉法院判决生效。最高法院对这类上诉可以接受也可以拒绝。当最高法院拒绝受理后，上诉法院的判决即为最终判决。每年最高法院审理的税案不到十几起，该类案件之所以受理是因为联邦最高法院认为该类案件有创制规则的价值，或者因为有两个或多个上诉法院在此类税法问题的解决上立场不一，出现法律理解上的分歧。

3. 小额税务法庭

为了使司法系统更易为普通人所接近，美国国会颁布法律，在税务法院建立了小额税务法庭。[①] 每一个纳税人对 5 万美元或以下的欠税决定有异议都可以要求得到小额税务法庭的裁决。类似案件的诉讼费被限定为 60 美元。纳税人可以不请律师而自己应诉。法官听了征纳双方陈述后即可做出裁决，纠纷就此了结，当事人双方均不得上诉。小额税务法庭的存在反映了国会的立场。

（二）加拿大

加拿大联邦税务法院成立于 1983 年，在保护国家和纳税人的权益、维护税法的严肃性和有效性上发挥了极其重要的作用。其设置及运作方式对于我国发展税务诉讼有很大的借鉴意义。

加拿大税务法院由 26 位法官组成，法官由司法部推荐，内阁提名，总督任命，实行终身制。税务法院最高首脑为大法官，他负责处理法院的全局性工作。税务法院的法官每年都要到全国各地去巡回听证，代表法院行使审判权。法院除了正式的税务法官外，还根据需要，聘用兼职法官，兼职法官由大法官任命，享有与正式法官同等的权力。

税务法院在处理税务诉讼案时，可以按照非正式程序和正式程序进行审理。非正式程序不需要通过各种严格的法律步骤就可以解决税务争端，一般适用于：案件争议金额不大、解决争议的时间比较短的情况。申诉人可不请律师，举证方面没有严格的要求，但以非正式程序审结的案件不得上诉。正式程序包括召开听证会、进行法庭调查、确定开庭时间、聘请辩护律师、提出大量举证材料等各种严格的法律步骤，适用诉讼金额较大、解决争议需要较长时间的案件。原告方出庭的既可以是纳税人本人，也可以是纳税人的辩护律师，但一定要有辩护律师参考辩护，被告方税务部门出庭应诉的是由加拿大司法部税务诉讼处直接派出的税务律师。

纳税人具体选择何种程序应根据两种程序的不同特点，视自己的实际情况而定。目前，在加拿大有 80% 的税务诉讼都采用非正式程

[①] 财政部税收制度国际比较课题组：《美国税制》，中国财政经济出版社 2004 年版，第 353 页。

序，而只有20%的诉讼案采用正式程序。

纳税人可以在6个月内对税务法院按正式程序审理的案件判决向联邦上诉法院上诉，联邦上诉法院一般可以在6个月内做出判决；纳税人若对联邦上诉法院的审判结果仍不服，还可以上诉至联邦最高法院，但联邦最高法院一般只受理具有代表性的、在全国具有广泛影响的、其结果对全国有普遍指导意义的案件。[①] 加拿大的税务诉讼案实行税务法院、联邦上诉法院和联邦最高法院三审制。最高法院的判决是案件的最终判决，过了上诉期的联邦上诉法院或税务法院判决也是最终判决。

（三）欧洲国家

与美国、加拿大税务法院只负责案件的一审相比，德国建立的税务法院系统负责案件的所有审级，这是其税务司法系统的特殊之处。根据德国《税务法院法》，涉税案件只能由税务法院管辖，由设在各州的税务法院负责税务案件的一审，二审和终审则由设在慕尼黑的联邦税务法院负责。纳税人对税务局评定的应缴税款或其他税务处理决定如有不服，可申请行政复议。税务局内部设有法律纠纷处理机构，专门负责处理征纳双方有关税务纠纷的问题。如纳税人对复议决定不服，则可以在接到通知书后1个月内自行或委托代理人向所在地的税务法院申诉。税务法院根据纳税人的申诉，全面考虑纳税人的实际情况及税务局定税的依据，然后做出判决。但一般情况下，税务法院在收到纳税人的申诉书后，首先会进行听证，法官根据听证会上征纳双方的辩词进行讨论，然后对案情做出判决，以判决书的形式发给纳税人及税务局。此外，法院也可以根据听证情况提示征纳双方对问题自行达成共识，在庭外和解。当然，如果纳税人或税务局对税务法院的判决不服，还可以在1个月内上诉到联邦高级税务法院，由高级税务法院调查后做出相应的判决。但从实际情况看，纳税人或税务局上诉到高级税务法院的极少，一般都会服从当地税务法院的判决。如果纳

---

① 财政部税收制度国际比较课题组：《加拿大税制》，中国财政经济出版社2004年版，第6页。

税人对税务局核定的税款有异议而申请缓缴,而税务法院最终判决税务局核定的税款正确或超出最初核定的税款时,纳税人在 15 个月的宽限期后,须每月按税款额的 0.5% 交利息。相应地,纳税人支付的税款多于应缴税款,税务局也付给其相应利息。[①]

大多数国家都允许纳税人对税金的违法支出和不公平税制提起诉讼,请求法院做出判决要求政府纠正。在法国,市镇纳税人或省的纳税人可以对市镇议会和省议会通过的影响市镇和省的财政或财产的违法决定提起诉讼,请求法院否决或变更议会的决定。

利用司法违宪审查功能为纳税人权利提供救济。德国是利用司法违宪审查功能为纳税人权利提供保护的典范,其宪法上几乎所有的条款无论是直接规定个人权利的还是规定一般宪法原则的条款均能被法院直接援引来适用于税收领域的纳税人权利保护。1995 年 6 月,德国法院援引《宪法》第十四条"公民的财产权"所做出的判决将司法违宪审查对纳税人权利的保护功能发挥到了极致。在该判决中,法院认为宪法保障公民的财产权,除负担一定的社会义务外,公民有自由处置财产的权利,因此,对纳税人征税的整体税负超出纳税人财产收入的 50% 是违反宪法规定的财产自由处置权的。[②]

三 税收执法体系

严密的法律制度,必须有一套健全的执法体系来保证其正常的运作。西方国家税收执法体系虽然存在中央集权型、地方分权型和中央地方混合型等不同的形式,但它们的共同之处在于都基本形成了一个组织严密、行之有效的全国征管网络。

(一)美国

美国国内收入署是联邦政府的税务机构,其宗旨是向美国纳税人提供服务,忠实、公正地履行税法,并协助纳税人理解和履行其纳税义务。向纳税人提供服务的方式(或渠道)包括面对面服务、电话服

---

① 国家税务总局纳税服务培训团:《德国纳税服务的经验与启示》,《税务研究》,2004 年第 5 期。

② 财政部税收制度国际比较课题组:《德国税制》,中国财政经济出版社 2004 年版,第 180 页。

务、电子服务、通信服务、出版物、广告、纳税人研讨会、第三方服务（如会计师、律师、行业组织）等。为保证《纳税人权利法案》的各项规定在税收活动中得到全面准确的贯彻，切实保护好纳税人权利，国内收入局制定了完备的规章制度，并通过各种形式向社会广泛公开。这些规定包括：

（1）国内收入局的有关人员，必须全面接受《纳税人权利法案》条款的培训。

（2）有关官员在接受咨询时要受到常规的监督。

（3）税务机关对纳税人进行稽核时，首先要送给纳税人一本《纳税人权利手册》，确保纳税人了解自己的权利。

（4）严格禁止使用执法的结果和相应统计数字来评价所有执法官员、上诉官员和复审委员会委员，此项规定在1988年制定的《纳税人权利法案》中得以明确。

（5）有困难的纳税人可以获得国内收入局问题解决办公室的帮助。

（6）建立了纳税人援助制度，对那些因国内收入局的执法行动而可能陷入困境的纳税人提供救济。

（7）国内收入局执法负责人每个季度要向各分区税务局长提交一份税务官员违反有关法规行为的报告，该份证明将提交给大区税务局备案。

（8）税务官员和税务中介人员要用"礼貌、热情、专业"的态度为纳税人服务，同时，税务官员和代理人员必须能够充分地向纳税人解释其应享有的权利。

（9）程序性权利的强化。高度重视纳税人行政复议权和诉讼权，纳税人有权要求国内收入局的行政复议办公室对税收争议进行复议，也有权将争议诉诸法院。《国内收入法典》规定，税务机关工作人员在第一次查询之时或之前，应向纳税人说明有关税收的征收调查程序及其程序上的权利。

（二）加拿大

加拿大税务管理机构把纳税人作为自己的"客户"，以"客户"

为中心,提供高效、优质、便捷的纳税服务,建立起良好的征纳关系,确保税款及时、足额征收入库。除税收行政管理系统、税收立法及税收法庭外,其他部门统称为纳税服务部门,其基层执行部门主要包括税收中心、纳税服务中心以及呼叫中心,负责代表联邦、省和地区政府行使纳税服务的征管、评估和征收等权力。

税收中心不仅负责处理和储存报表,也提供一定的客户服务,比如,负责发出评估通知、退税支票的查询和关于税收评估的书面解释。每个税收中心都有一个咨询柜台,提供与纳税服务中心相近似的服务项目。值得一提的是,每个部门都下辖一个或多个呼叫中心,具体负责税收业务咨询工作。可见,加拿大税务机关的纳税服务系统打破了固有的部门之间的限制,把服务寓于整个税收征管稽查过程之中,不再是纳税服务单一部门的垂直领导关系,而形成了整体职能向纳税服务倾斜的局面。

加拿大的税收制度是建立在彻底的、完善的纳税人自核自缴的基础之上的。在每年的10—12月,税务部门向纳税人寄出一份《纳税辅导材料》,由纳税人自我鉴别、核算、填报,并于第二年4月末前寄至税务部门。

(三) 欧洲国家

在德国,如果纳税人对税务机关的税务管理决定不服,可以要求做出该决定的原税务机关进行异议审查。如果原税务机关认为异议成立,即应作更正;如果认为异议不成立,则将它提交上一级机关进行复议。[1]

在英国,当纳税人对税务局做出的所得税估税或处罚决定有不同意见时,可以提出书面申诉,申诉首先由税务稽查员受理。大多数情况下,稽查员会尽力与纳税人协商,如协商成功,双方可以形成书面协议,申诉结束;如不能达成协议,稽查员将把纳税人的申诉材料转递给税务专员(类似于地方行政官),由其进行审理。税务专员分为普通专员和特别专员两类,普通专员由本地普通公民兼职担任,且不由政府支付薪金,凭借通常的判断力而不是具体的税法知识来审理案

---

[1] 李石山、杨桦:《税务行政复议》,武汉大学出版社2002年版,第1页。

件，通常与有关当事人坐在一起协商，处理程序是非正式的；特别专员是专职的政府官员，这些人曾担当过律师，至少有10年的工作经历，具有丰富的税法实践经验。特别专员总部设在伦敦，但专员必须到各地巡察，其处理程序是正式的，而且仅有一名专员出席。纳税人可以自由选择是由普通专员还是由特别专员来受理申诉。专员审理时，纳税人和税务局均需提交证据并进行辩论。之后，由专员做出减少、维持或者增加税款额的决定。纳税人或者税务局如对专员决定不服，都可以向法院起诉。

在为纳税人服务的机构和机制方面，法国国家财政部设有部调解员和共和国调解员，主要调解下级各省调解员在对话调解中解决不了的问题。另外，法国各省设有税务委员会，其成员一半来自税务机关，一半来自纳税人。税务委员会接受纳税人的申诉，并对案件进行独立评议，提出意见，供税务当局及纳税人参考。法国设有全国性的电话咨询系统，免费提供服务，解答纳税人提出的各类问题。此外，政府还通过广播、电视、报纸、辅导材料、培训班等形式，对纳税人进行广泛的税收知识宣传。[①]

英国税务局坚持制定统一量化的适用于全国的服务标准，为纳税人提供迅速高效和礼貌的服务，要求所有打给税务局的电话，20秒内接通率90%；80%的邮件在15个工作日内回复；对没有预约来咨询中心的，95%的人在15分钟内得到接待；错扣缴的税款20个工作日内予以退还。量化标准的推行使纳税人能够对税务机关的服务给予客观准确的评价，也促进税务机关不断提高工作质量和效率。

第二节 管理模式

一 管理模式变迁

西方各国的税务管理模式，大致经历了税种模式、功能模式和分

[①] 财政部税收制度国际比较课题组：《法国税制》，中国财政经济出版社2004年版，第191页。

类管理模式三个阶段。

最初，各国税务机关基本上依照模式组建管理体系，这种模式以税种分类为基本标准，分设各个业务部门，综合负责各项税收的征管，各业务部门基本上相互独立。虽然这种模式也能实现税收征管的目的，但存在缺陷也很明显：部门功能有重叠，效率不高，对于涉及多种税收的纳税人不方便，加大了不同税种之间纳税人不公平对待的可能性，不必要地将税务行政的整体管理过程复杂化，使组织计划和协调很复杂等。认识到上述不足，许多国家对其税务机关进行了改组，逐步向功能模式演进。

功能模式是按照业务的功能分类（如登记、申报、征收、审计、会计和上诉等）来组织人员和内部职能部门的管理模式。与税种模式相比，这种模式具有更多优点：它能使跨税种的工作程序更为专业化，方便纳税人办税，也有利于税务行政绩效的管理和改善。税务人员根据业务职能开展工作，一般不受税种局限，从而也有利于节省纳税人办理涉税事务的成本。

对纳税人涉税行为的分析研究表明，在某种程度上或某些方面，纳税人群体具有不同的群体特征与纳税遵从行为，从而表现出不同的逃避税风险。而按照业务功能分类组织的税务管理模式由于功能的分化可能导致交叉或服务不一致，因为标准化可能对某些税务行政工作不适宜，对于纳税人的混合型行为以及不同的税收遵从态度缺乏灵活的应对策略。要有效地管理这些风险，税务机关有必要制定适合于不同纳税人群体的战略方案如法律释疑、纳税人教育、改进服务、更有针对性的审计等。

为此，一些西方国家近年来发展了一种分类管理模式，该模式主要根据纳税人的不同群体（如纳税规模、行业等）组织税务机关的服务和执行功能。支持者认为："将主要的功能放在一个统一和专门的管理结构中，有利于提高整体遵从水平。"① 目前，纳税人分类管理模式仍在其初期应用阶段，除美国外，爱尔兰也采用了此种组织模式，

---

① Box 2. How the Organisational Structures of Revenue Bodies Haveevol Ved, p. 17.

其他如奥地利、芬兰、德国、南非等许多国家则部分地引进了该方法。

实践中，许多国家采取的并非某种单一的结构模式，而是两种甚至三种模式的混合，显示出某种折中和注重实效。从总体上看，按税种分设机构的组织模式，已经让位于功能模式、纳税人类型模式或者混合模式。① 自 20 世纪 80 年代开始，由加拿大、美国、荷兰等国家发起的第三次税制改革浪潮席卷全球，其中一项很重要的内容是税务管理模式从强制到服务的重大变迁。伴随管理模式的变迁，各国税务机关对内纷纷进行组织结构的重组，对外致力于纳税人服务的改善和加强。很多国家的税务机关，一方面呈现出职责扩大化趋势，另一方面则增设管理或顾问委员会强化对其的指导和监督。现代信息技术的发展，为税务机关利用新技术改善纳税人服务和行政绩效提供了新的平台和手段，各国税务管理开始借助电子化服务平台开拓新的管理服务模式。

二 管理理念变迁

传统的税务管理模式以强制为核心特征，即税务机关在税收征管中以行政命令和处分通知等方式强制纳税人遵从其纳税义务。这种管理模式与传统的核定征收方式（应纳税额完全依据征税机关的课税处分加以核定）和申报核定方式（征税机关依据纳税人的申报表作成课税处分核发纳税通知单后，纳税人再据以缴纳税款的方式）相适应，纳税人的遵从在很大程度上依赖于税务机关的执法强度和惩处的严厉性。当行政机关不堪行政重负而促使申报核定方式进一步向纳税人自行申报纳税演进时，传统的管理管理就不再适应形势发展的需要。"如果税务机关真想要实现减少避税，提高纳税人自愿遵从的目标，就应该摒弃传统的高压强制策略。研究显示，纳税人更乐于接受和回应税务机关积极的、提供帮助型的行政方式。"② 现实征纳关系矛盾的

---

① OECD, 2006, Tax Administration in OECD and Selected Non‑OECD Countries: Comparative Information Series, http://www.oecd.org/dat aoec d/37/5 6/3809 3382.pdf.

② James, S. and Wall Schut, Zky I. G., 1959, The Shape of Future Tax Administration, Bulletin for International Fiscal Documentation, 49.

激化促使管理理论和实践寻求新的税收征管模式,推动了西方国家税务行政理念从强制向服务的全面变革。

美国国内收入署署长每年代表整个税务机关向纳税人致以公开信,承诺不断完善纳税人服务、打击避税、公平高效行政等。① 加拿大税务局在最近推出的"未来发展计划"中,表示将着力打造"以顾客为中心的行政理念和文化"。② 荷兰将企业现代化管理理念与方法融入税务行政管理,宣称其经营理念为"服务本位的态度,目标群体方法,综合顾客管理和即时服务",其基本价值观为"诚信、责任和谨慎",其战略目标是以服务和帮助、保持和不断提高纳税人自愿遵从。③ 这些变化表明,服务已经成为现代税务管理的核心目标和任务。

三 税务机构重组

过去20多年来,各国税务管理模式的一个明显变化就是税务机构的重组,这种重组直接以为纳税人服务为根本导向,总的趋势是由过去按税种分设职能机构转变为按服务功能,或者纳税人类型,或者两者的混合设置机构,分配职能。

荷兰是较早(20世纪80年代末期)进行机构重组的国家。荷兰税收和关税局在重组之前按照税种进行内部机构设置,首先分设直接税和间接税两个独立的部门,然后两部门内部继续按照具体税种进行职能科室划分,每个职能科室负责一种税。如此一来,交易涉及多个税种的纳税人要和一个以上的部门和官员打交道。重组之后,部门及其下属的职能科室按照业务功能进行合并,在不适合合并的领域,为每个企业纳税人指定一名协调官员负责处理该纳税人的全部涉税事项,如果有问题不属该官员的专业领域,由他与相关领域的官员协商解决,以保证

---

① 1982年,美国国内收入署署长首次对1亿美国个人纳税人致以公开信。原因是当年国会制定了许多严厉的强制遵从的规定,为了缓和安抚纳税人的紧张和不满情绪,于是开始了致公开信的历程。如今,这已成为美国国内收入署的惯例。每年年度纳税申报期间,局长都会在《1040号指导手册》中发表公开信。Holmles, F. C., 1996, Your Taxpayer Rights.

② Brain, J. A., 2004, Canada, in Hugh J. Ault et al., Comparative Income Taxation, 2004 Kluwer Law International.

③ Ibid., Preface, pp. 14 – 16.

纳税人只与一个部门、一名官员联系即可办理所有涉税事项，这样，大大提高了纳税人办理涉税事务的效率，同时也提高了税务机关的行政效率。①荷兰的机构重组相当成功，当20世纪90年代其他国家陆续进行税务机构改革时，荷兰走在最前面，目前正在向"以征管程序为基础、减少管理层次、更为扁平化的方向发展"。②

1998年，美国国会批准了《税务机构改组革新法案》，为实现保障纳税人权利、提供高质服务、高效公平税收的战略目标，实施了组织变革和业务重组。经科学应用国际公司策划，由分区域进行税收管理的框架组织结构，改革成直接面向纳税人的税收管理框架组织结构。目前，税务机构下属的业务征管单位按照纳税人类型分为工资和投资收入司、小企业和自我经营企业司、大中型企业司、免税组织和政府实体司四个部门，分别负责不同类别纳税人的征收管理。职能单位有犯罪调查司、复议司、纳税人辩护支持服务司等部门。此外，还有纳税服务中心、信息服务中心、法律顾问办公室、新闻办公室、人力资源管理司、综合财务司、税收计会和研究司等部门。③

四 税务行政系统管理模式

税务机关的独立性对于税务行政的有效性和效率有着非常重要的影响。为保证税务机关有效地履行其职责，很多国家赋予税务机关相当大的自主权，包括内部机构设置、预算经费安排、预算裁量权、人事权、组织和管理、处罚和加收利息、信息技术发展等。④此外，很多国家还在税务机关和相关的部长或者政府部门之间安插一个管理或者顾问委员会（成员包括外部任命的官员），以便对税务机关的总体运作和一般行政事务提供某些独立建议。在加拿大、新加坡和南非等

---

① See Kees Van Raad, *Netherlands*, in Hugh J. Ault et al., *Comparative Income Taxation*, at 54.
② See the Dutch Approach, Preface.
③ 李平：《美国的税收信息化建设》，《中国税务》2004年第4期。
④ OECD, 2006, Tax Administration in OECD and Selected Non – OECD Countries: Comparative Information Series, http://www.oecd.org/dataoecd/37/5 6/38093382.pdf.

国家，这种管理委员会的引进与其税务行政体制革新是同步进行的。其设置目的，一是为税务机关的长期发展和战略计划提供指导性意见；二是通过对税务机关执行税法和业务运作情况的调查及监督，促使税务机关更好地依法行政，不断地完善纳税人服务，提高行政绩效。

加拿大税务局管委会组建于1998年，伴随新的更为独立的加拿大税务局的创设而成立（以前的机构称为加拿大关税和税务局）。该委员会由15名参议院任命的成员以及11名省和地方提名的成员组成。委员会负责监督税务局的组织和管理，包括公司经营计划以及与资源、服务、财产、人事和合同有关的政策管理。税务局局长也是委员会成员，负责税务局日常运作。与其他皇家公司委员会不同的是，税务局委员会不参与税务局的业务活动，也无权获悉顾客的机密信息，尤其没有权力干涉法律的实施和强制执行。在行政执法方面，税务局单独对国家财政部长负责。①

法国各省设有税务委员会，这是一个独立机构，其成员一半来自税务机关，一半来自纳税人。委员会主席由普通法院院长或院长指定的法官担任。委员会接受纳税人的申诉，并对案件进行独立评议，提出意见，供税务当局及纳税人参考。法国各级税务部门都设有一名调解员，专门负责和纳税人对话，国家财政部也设有部调解员和共和国调解员。如果在下级的对话调解中解决不了问题，纳税人可以向他们申请救济。

芬兰的税务机关是国家税收委员会。2002年政府颁布法令组建了国家税收委员会顾问委员会，2003年正式开始运作。顾问委员会由财政部的一名高级官员、国家税收委员会委员长、6名其他来自地方政府、工会、纳税人和商业团体的成员组成。顾问委员会的任务是对税务机关的战略计划、重要问题以及业务规程提供指导或建议。委员会

---

① OECD, 2006, Tax Administration in OECD and Selected Non – OECD Countries: Comparative Information Series, http://www.oecd.org/dat aoecd/37/5 6/3809 3382.pdf.

每年召开4次会议。①

新加坡的税务机关是国内税务局，其管委会组建于1992年，由主席、税务局局长、5名其他成员（包括现任和以前公共部门和私营部门的代表）组成，负责确保国内税务局适当履行其职能，一般每年两次会晤，以审查主要的经营政策、批准财政决算、年度预算和主要的开支计划。为了更好地履行职责，管委会设立两个委员会——人事委员会和审计委员会。人事委员会的任务是审查重要的人事政策，它也负责批准税务高级管理人员的任免和晋升。审计委员会审查IRAS的会计和财务政策是否适当，以确保有合理的会计政策和内部控制，它也批准年度内部审计计划。②

美国国会根据1998年《国内收入署重建和改革法案》创设了一个由9名成员组成的国内收入署监督委员会，负责监督国内收入署的执法活动及其行政、管理、行动、发展方向，向国内收入署提供长期战略指导以及专门经验，使之更好地服务于公众，满足纳税人的需求。成员中有7名由总统任命，参议院批准，任期为5年。委员会不能干涉国内收入署执行法律的具体行为，包括审计、征收或者刑事调查，不能参与具体的采购活动或者一般人事管理，也不能对现行税法或者税法议案提出税收政策建议。但是，委员会密切关注国内收入署的运作及管理，了解与国内收入署一起工作的人的意见和看法，因为这些意见有助于了解国内收入署在实施其长期计划方面所取得的进展。③

五 纳税人服务宪章和标准

纳税人权利要落到实处，就必须有相对完善、细致的服务标准。这一点，各国是通过服务宪章的引进来实现的。服务宪章的基本理念是将消费者主权的市场逻辑推广适用于公共服务领域。这种适用主要采取两种方式：一种是通过沟通机制使公共服务的提供者对消费者的

---

① OECD, 2006, Tax Administration in OECD and Selected Non‑OECD Countries: Comparative Information Series, http：//www.oecd.org/dat aoecd/37/5 6/3809 3382.pdf.
② Ibid..
③ Ibid., pp.13 – 14.

意见反应更为迅速，通过绩效管理使服务提供者对政府和社会更负责任；另一种是通过公共服务提供者之间的竞争为消费者提供选择权，从而使提供者更为重视消费者的评价。

根据2004年经济合作与发展组织对30个成员国的调查，大约有80%的税务机关对部分或者大部分纳税服务规定了服务标准，其中有些国家确立了全套服务标准并公布服务结果。调查也显示，大约2/3的税务机关对纳税服务品质的评价实行定期调查，除少数国家外，一般将调查结果对外公布。① 总体而言，各国纳税服务的目标基本上都可以概括为保障纳税人合法权利、提高纳税遵从度和降低税收成本三个方面，而纳税服务的规范则体现出科学化、体系化、精确化和量化的特点。

美国税务机构通过实施跟踪监测"机会缺陷率"办法对纳税服务的质量进行衡量，其作用是区分错误答复和程序性误差，后者不影响所提供服务的准确性。并采用了平衡兼顾的方式进行业绩管理，既采用业务成果和质量衡量尺度，也采用顾客和雇员满意程度衡量尺度。

加拿大税务部门建立了科学的纳税服务水平评估机制。在每个税收工作年度结束后，对全年的纳税服务工作水平结合年初制定的总体目标和量化的分项服务工作目标进行科学评价，并结合有关统计数据进行合理分析，同时通过多种渠道收集纳税人对各项服务满意度的评价和建议，据此提出下一年度纳税服务工作要达到纳税人满意度的各项指标参数并向国会进行年度工作汇报。税务部门还制定了每个环节纳税服务工作的具体标准，如回答90%—95%的个人和企业提出的咨询问题；柜台等待服务时间不超过20分钟（高峰期除外）；对于问题解决程序，可当场回答的在24—48小时内予以回答，当场不能回答的在15个工作日内予以解决；电话咨询的工作标准是在两分钟之内对纳税人的咨询予以回答。

---

① OECD, 2006, Tax Administration in OECD and Selected Non – OECD Countries: Comparative Information Series, http://www.oecd.org/dat aoecd/37/5 6/3809 3382. pdf.

澳大利亚①维多利亚州税务局对纳税服务进行ISO9001质量认证。维多利亚州税务局通过了ISO9001质量认证，所有工作程序、工作步骤、工作标准都有规范的标准体系，对于纳税服务工作也有详细的规定和量化的考核。每年维多利亚州税务局采取电话调查、网上调查和问卷调查的方式进行社会满意度的测评，将该项考核指标的下限定为75%。最近两年该局的社会满意度达到了82%和83%。

第三节　社会服务体系

一　税务中介制度

西方国家税收征管模式的一个重要特征是普遍引入了税务中介制度。该制度最早于1895年在日本产生，不久即为其他国家仿效。目前，大多数发达国家和地区如日本、美国、德国、法国和中国台湾、中国香港等都实行税务中介制度，并构成税收征管体系中一个不可缺少的重要环节。税务中介可以为纳税人提供专业的涉税服务，有效地减轻纳税人自身的税收遵从成本，并避免由于纳税人自身素质等因素导致的涉税损失的发生；对于税务部门而言，税务中介可以满足纳税人多样化、个性化的纳税服务需求，从而减轻税务部门的服务压力；对于社会来说，税务中介以市场模式开展涉税服务，可以灵活地处理许多由规范统一的税收制度、措施与多样化的经济社会因素发生冲突所带来的问题。

近一个世纪以来，西方发达国家已建立起较为健全的税务中介管理体制和税务中介人资格认定制度。如美国设有税务中介总局，其职责是管理和指导税务中介行业，包括组织非注册会计师和律师的税务中介申请人员的执业资格全国统考，对通过考试人员资格的认定并发放执业证书；处罚违反有关规定的税务中介从业人员，直至吊销其资

---

① 吴茜：《澳大利亚维多利亚州税务局纳税服务经验及借鉴》，《涉外税务》2005年第4期。

格证书；对于已取得税务中介资格的人员，定期（每三年一次）进行重新审核认定工作，在此限期间，该人员应主动到税务学院或有关部门组织的进修班学习税收业务 72 课时以上，否则须重新参加全国资格考试。

日本的税理士制度于 1911 年确立，历经 80 多年的发展，现已有税理士 6.15 万人，雇员 20 多万人，两者合计超过该国税务人员 1 倍以上。目前，日本个人所得税的 1/3、财产继承税的 2/3、85% 以上的企业都是由税理士代理申报纳税事务的。在美国，有 50% 的工商企业和几乎 100% 的个人所得税都是通过税务中介人承办纳税的。推行税务中介制度，有助于进一步理顺征纳双方的权利和义务关系。税务中介机构为纳税人提供的专业代理服务，可以有效地提高纳税事务的办理效率和质量，避免由于纳税人素质方面的差异给税收征管带来的各种问题，在很大程度上减轻了日常税收征管工作量的压力，使税务机关把主要精力放到税制建设和税务稽查上来，降低征管成本，提高征管质量，堵塞征管漏洞。纳税人通过税务中介机构办理纳税事宜，可以把主要精力放在生产经营活动上。通过税务中介，既可以帮助纳税人正确执行纳税义务，又可抑制税务人员执法不严，滥用职权的弊端，督促税务机关正确执行税法，维护税法的公平性、严肃性以及纳税人的合法权益。

英国税务海关总署内部成立了税务中介与咨询指导小组，成员有 11 人，其主要职责有三：一是通过加强与专业团体合作，指导税务中介与咨询工作；二是在战略层面上研究处理税务中介机构与税务机关交往出现的问题，并将解决方案下传到基层税务机关；三是改善税务机关与税务中介之间的关系，最大限度地发挥税务中介作用，为税收工作服务。目前，该国税务中介机构有 5 万多个，有特许税务师 1.4 万人，特许会计师 3 万—4 万人，此外还有大量未参加任何专业团体（行业协会）的人员在从事税务中介活动。业务范围主要是接受委托办理所得税、间接税、个人涉税服务的纳税申报、税务咨询、筹划，以及跨国业务合作中的涉税事宜等。英国税务海关总署对税务中介在税收征管中发挥的积极作用大致有三个方面：一是帮助纳税人正确计算、申报缴纳税款，从而提高了纳税人的税收遵从度；二是使纳税人在规定的期限内比较均匀地进行纳税申报，从而缓解了税务机关的工作压力；三是节约了税务机关的人力物力，使其更好地进行税收风险管理。

税务中介机构并不只是向纳税人提供服务，事实上，许多国家的税务部门也与税务中介机构建立了良好的合作机制，例如，委托税务中介机构进行税收专题研究，合作进行税制专题论坛；税务中介机构派人到税务机关实习，帮助税务机关与大企业建立联系制度等。英国税务海关总署与特许税务师协会每年10月举办一次联席会议，参加人员是税务机关官员和协会高级会员。主要议题是对当前税收的重要事项进行沟通情况、交流意见，会议对税法的修订与完善会产生重大影响。

对于税务中介行业的业务，各国一般通过行业协会和税务机关进行管理和规范。

英国税务中介行业管理以特许税务师协会管理为主。协会设会长一名，任期为一年；理事会由高级会员组成，每三年换一届；下设技术委员会、教育委员会、会员资格委员会、标准委员会、财政委员会和低收入税收改革组。协会的主要工作是：提供高标准的税务咨询服务；向政府提出税收政策等方面的建议，积极促进和改革英国的税收立法；开展会员教育培训与服务活动以及会员违规行为的查处工作；通过媒体，公告重大涉税事宜。

2006年9月，在韩国首尔举行的税收管理论坛第三次会议上，与会各国一致通过了《首尔宣言》。经济合作与发展组织税务中介机构根据此宣言制订的工作计划确定了有关税务中介的研究项目。此项研究由英国税务海关总署和经济合作与发展组织秘书处的官员领导和组织实施。该项目研究的首要目标是加强税务机关与税务中介机构之间的联系，达到税务机关、税务中介和纳税人三方共赢的目的。主要内容包括研究税务中介机构在税收征管中的重要性、分析中介服务的提供与需求、研究中介机构对税收遵从与风险的影响以及税务机关为控制税收风险而采取的措施等。研究表明，它们之间存在许多共同点，税务中介对有效控制税收风险具有积极作用。①

二 非营利性社会服务组织

除营利性税务中介机构外,许多西方国家还存在和活跃着大量的非营利性社会服务组织,为纳税人提供各种服务,帮助其履行纳税义务,政府对此也采取了积极的鼓励措施。

为保护低收入者尤其是老年人等脆弱群体,美国、英国、加拿大、澳大利亚等国已有由政府资助的税收志愿者组织,旨在为无力承担税务咨询费的低收入者免费提供税收咨询,尤其是以老年纳税人为重点,并不断发展壮大。如美国的助老税收咨询委员会;英国的低收入者税制改革委员会;加拿大、澳大利亚两国援助个人所得税中低收入纳税人的组织,普遍受到各国纳税人的欢迎。

美国有庞大的税务顾问队伍,税务顾问主要有注册会计师、注册代理人和律师,他们取得相关资格后,为纳税人提供所需的服务,主要有税收遵从、审计支持、税收筹划、税务分析和提供投资建议等,将纳税人由于不熟悉税法或计算失误而少缴或多缴税款的风险降到最低。

加拿大奉行纳税服务志愿者和免费辅导政策。鼓励纳税人自觉按时填写纳税申报表和办理各项纳税事项,同时鼓励从事税收、会计等相关行业的人参与纳税服务志愿者辅导计划,又称社区志愿者所得税计划。纳税服务志愿者自行向税务部门申请,并接受专业指导,由税务部门教其如何为低收入并且需要进行简单纳税申报的纳税个人提供代填基本税收申报表的服务工作。此外,在申报高峰期,税务部门会在不同的社区建立纳税人税收咨询会,以便纳税人获得关于报表的信息咨询和建议,报表由纳税服务志愿者现场帮纳税人填写,税务部门的官员负责监督。同时,咨询会还提供客户需要的报表和出版物。

欧洲各国均成立了纳税人协会,协会作为非营利性机构,不隶属于任何政治党派或团体,协会的目的是通过新闻媒体、教育出版物和

---

① 国家税务总局税务中介行业考察团:《英国、埃及税务中介行业考察报告》,《税务研究》2007 年第 9 期。

研讨会等形式对纳税人进行有关税收和养老金知识的普及，其工作目标是通过交流、教育和代议等形式使税负公平、公正和公共支出合理。德国的纳税人协会称为"纳税人联盟"，成立的目的在于通过联盟的活动对政府的财政税收行为施加影响，从而维护纳税人的自身权益。联盟努力的目标有改革税制、限制税额、简化手续、节约财政、拒绝浪费、限制政府开支范围和提高政府机关工作效率七项。联盟工作的主要手段是利用舆论工具，发表各种统计数字和材料以引起广大纳税人的注意或同政府机构和议会进行直接对话，提出批评和建议，以对政府政策施加影响。[1]

第四节 技术体系

一 国外纳税服务技术体系概述

现代信息技术的发展和税收征管的外部环境中信息化程度的迅速提高，为税收管理提供了前所未有的可选择的现代化手段，并使各国借此建立起全新的税收管理模式和服务体系成为可能。几乎所有西方国家都在全国范围内建立了计算机税务管理系统，借助网络技术，大幅度地提高了税收服务的质量和效率。依据美国学者诺兰（R. L. Nolan）的研究[2]，税收信息化具体分为三个阶段：一是办公自动化，它意味着电子文档的出现和积累；二是税收征收和行政管理信息系统的建立，它意味着数据库和网络的应用；三是业务流程重组的实施，它意味着税收业务流程的重组和自动化。与其他行业相比，税收信息化要先行实施；业务重组是税收信息化集中阶段的前提，信息技术的深入运用是税收信息化集中阶段的保证。

---

[1] 刘学峰、冯绍伍：《国外保护纳税人权利的基本做法及借鉴》，《涉外税务》1999年第8期。

[2] 谭荣华、蔡金荣等：《中国电子商务税收问题研究》，中国人民大学金融与财税电子化研究所，2005年。

20世纪60年代，美国国内收入署就开始了税收信息化建设。税收信息化在国内收入署发挥了举足轻重的作用。在国内收入署的领导层中设置了首席信息官职位，专职领导有关税务信息化的工作。国内收入署设有两个专门负责信息化建设的工作部门，分别负责业务需求和技术开发管理。国内收入署制定了耗资100亿美元的信息化建设15年规划，旨在建立一个面向纳税人的高效公平的综合信息管理系统。其中，10个核心信息管理子系统分别是纳税人服务系统、电子申报系统（近期目标）、大型数据库管理系统、图像识别处理系统、小企业征管系统、大中企业征管系统、综合电子服务系统（远期目标）、综合人力资源管理系统、税收统计信息系统和综合财务管理系统。美国国税局于2001年正式推出一个税收网站，工商企业和个人纳税者均可登录网站，直接向税务局纳税申报。纳税人可以365天全天候地通过该系统查看纳税信息，办理纳税手续，查看历史记录。截至2001年9月，美国工商企业通过电子税收支付系统缴纳的税款总额已超过6万亿美元，从而成为世界上最大和最有效的电子支付系统。如今，美国约有30%的税收收入是通过网络征收的，有效地降低了税收成本。[①]

加拿大税务部门非常重视网上在线服务对电子服务传递的促进作用，认为它在促进加拿大政府成为世界领先的电子政府方面扮演了非常重要的角色。因此，税务部门向纳税人大力推广网上申报、电话申报和电子申报三种方式。目前，联邦税务部利用贯通全国的计算机网络，建立了一套完整的居民报税自我评估和审核系统，税务部门通过为纳税人提供税收信息咨询服务，指导和帮助纳税人进行自我评估和填写纳税申报表，以及对这些申报表进行严格审核并加以分户储备，有效地保证纳税人自觉依法申报纳税。借助电子科技手段，方便纳税人进行纳税申报。除周全、便捷的服务措施外，税务部门还采取了一些有特色的服务措施：①税收信息电话咨询系统（CTIPS）和 TIPS 在线，（www.ccra.gc.ca/tips）服务，帮助纳税人及时获悉个人纳税申报和

---

① 沈刚编译：《税收信息化在美国》，《中国电子商务》2004年第5期。

减免是否有效以及申报存在问题和约谈日期等。②"我的账户"申报服务，为每个纳税人设置一个用户名和密码来接入税务部门的在线申报服务，税务部门将在线提供给纳税人更多的关于税收优惠政策的个性化信息以及纳税人申报的历史记录。③为残疾人客户提供的服务。残疾客户可拨打服务电话，要求税务部门提供用盲文或大号印刷的出版物、录像带或软盘，也可以去任何一家纳税服务机构的咨询柜台，让工作人员为其阅读和解释相关的所得税税收政策。2003—2004年，加拿大纳税人个人所得税的电子申报率为48%，在全球排名第二，仅次于新加坡。税务部门将一切发行的宣传材料和报表都在网站上公布，方便纳税人查询和下载，并积极推行网上申报方式，使纳税人足不出户，就能完成日常纳税申报。目前，税务部门正在逐年推广各种纳税报表的网上填写申报工作，预计未来几年内，所有报表可全部实现在网上申报。同时，税银联网也为网上申报的划款、对账以及税源监控、税务评估、检查的实施提供了便利。

20世纪90年代以来，欧盟的税收信息化建设发展也十分迅速。欧盟实施电子政务强调三个要素：①易用性，方便企业、公众的日常使用；②安全性：保证信息的安全、保密和保护私人信息；③开放性：服务对所有公民开放，特别是对弱势群体和低收入阶层。欧盟总结的电子政务必经的四阶段是：①利用互联网提供信息；②单向互动式服务；③双向互动式服务；④交易阶段等。

意大利的税收信息化建设是整个欧洲最晚的一个国家。但是却拥有欧洲国家最成功和最大税收管理系统。ITIS数据处理中心设在罗马，财政部通过ITIS对整个意大利的税收工作进行管理，并通过意大利的公用数据网和欧洲公用数据网，实现了税收数据共享，与纳税人、政府其他部门和欧洲其他国家的信息部门实现了联通。ITIS拥有16个子系统，意大利的ITIS以税务登记代码为各系统的输入点和连接点，进行各个子系统、税务系统和其他系统之间的信息交换与共享。意大利的ITIS系统的各种资料集中存放，为地区之间、部门之间、系统之间的信息交换提供强大的支持，每天的联网业务超过 200 万次。①

德国十分注重运用现代科技手段进行税收管理与服务。经过不断发展和完善，已经逐渐将税收管理的基本业务全部使用计算机通过网络与信息技术进行集成处理，为纳税人提供规范、透明的管理和服务。纳税人可以通过互联网非常方便、快捷地办理涉税的相关事宜，税务部门也能使用计算机在互联网上进行各种税收业务。目前，德国税收信息化覆盖面已达到百分之百。通过计算机在税收征管过程中的广泛应用，可以随时查询每个纳税人的各种收入情况，将其与个人申报进行核对，对欠缴税款还可以通过与银行的联网查询存款账户，必要时可调阅所在公司的信息、申报保险等资料，追缴税款。德国的税收信息化有如下特点：①统一的信息化架构，杜绝了政出多门、软件不兼容、数据不统一、不共享的问题；②为中介组织提供服务，为此设立了专门的会计（税收）师信息数据处理中心。

澳大利亚税务机关与政府有关部门如海关、保险、金融以及大型企业实现了计算机互联，为有效地实施各项税收管理打下了坚实的基础。目前，澳大利亚约有 80% 纳税人采用电子申报方式报税。对于提供电子服务中的安全问题，澳大利亚税务采取了有效的安全措施：建立数据拷贝运行系统、安装计算机杀毒保护软件、启用口令或密码屏障功能权限保护功能电子通行证追踪查询功能等，有效地保障了税收工作信息和纳税人个人信息的安全。

新加坡 1994 年采用电话申报纳税，1998 年实行互联网申报纳税。电子报税系统取代了大量的纸质申报表单，加快了办税过程，降低了纳税人遵从成本。新加坡税务局估计，相对于采用纸质表单报税，纳税人每次进行电子申报可节约 2.7 新加坡元。

韩国国家税务厅将以前分散的咨询归口管理，设立国家税务呼叫服务中心，依托国家电信网络，由国家预算拨款，免费为纳税人提供网上顾问、信函传真顾问、电话顾问、纳税申报介绍、重要案例调整、

---

① 曾飞、葛开珍：《税收信息化管理的国际比较和借鉴》，《涉外税务》2001 年第 1 期。

FAQ 站点、热点新闻窗口等服务,纳税人可以免费得到快速准确的答复。借助于先进的税收信息化网络平台,纳税人可以跨辖区纳税。

二 美国国税局的信息化经验借鉴

美国国内收入署的计算机业务系统发展至今,已经历了 30 多年。在国内收入署的信息系统建设过程中,纳税服务(国内收入署称为客户服务)作为其核心任务和主要的外在表现形式而受到重点关注。因此,美国国内收入署的信息化经验,对于我国纳税服务体系的信息化平台建设具有重要而现实的借鉴意义。

(一)业务角度整合策略

美国国内收入署 1998 年将传统的国内收入署地理分布式的组织架构转变成了基于服务四种相似需求纳税人的业务单元组织架构,国内收入署组织蓝图定义了现代化的组织结构、业务处理、管理人员的角色与职责。

(1)现代化的组织架构:新的组织架构包括四个业务运作部门、两个后勤保障部门和全国总部。关于这一方面的详细情况,前面已有论述,此处就不再赘述。

(2)现代化的业务处理模式:支持所有业务运作部门的高层次业务流程被划分为申报前、申报中、申报后和内部管理四个阶段。

(3)业务信息和数据:国内收入署的业务处理涉及信息和数据的收集、处理和使用。国内收入署的数据被划分为 6 个种类,如图 3-1 所示。

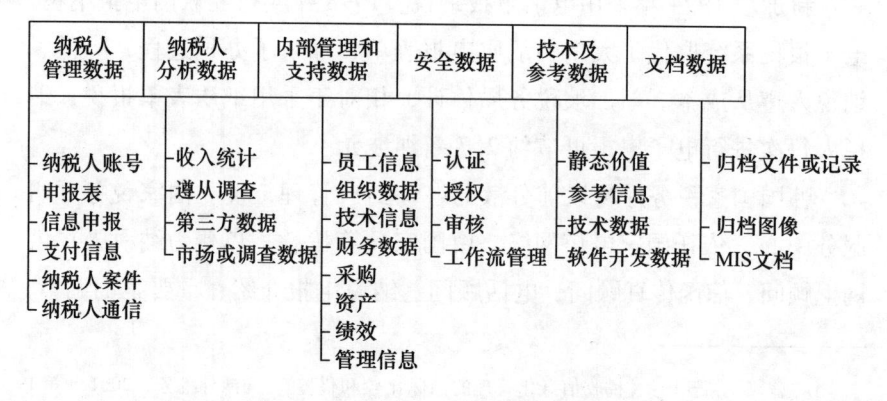

纳税人管理数据	纳税人分析数据	内部管理和支持数据	安全数据	技术及参考数据	文档数据
-纳税人账号 -申报表 -信息申报 -支付信息 -纳税人案件 -纳税人通信	-收入统计 -遵从调查 -第三方数据 -市场或调查数据	-员工信息 -组织数据 -技术信息 -财务信息 -采购 -资产 -绩效 -管理信息	-认证 -授权 -审核 -工作流管理	-静态价值 -参考信息 -技术数据 -软件开发数据	-归档文件或记录 -归档图像 -MIS 文档

图 3-1 美国国内收入署的数据种类

(二) 架构角度整合策略

现代化的国内收入署税务管理使用现代化的企业架构观点来定义信息技术如何支持整个部门的业务,向纳税人(客户)提供服务。国内收入署正在建立一个企业架构、一套企业需求、一个企业转换策略,以指导开发者。企业架构、需求和转换战略也有利于以服务为导向对所有现代化业务和技术模块进行整合。

国内收入署将应用企业生命周期法和其他相关的模型方法,对架构需求、转换战略进行建模及记录。企业架构的概念模型将业务应用与相应的业务流程相匹配,并且从逻辑上将应用和数据源分开。数据的组织方式可以有效地支持多项应用,数据结构、硬件平台和软件平台也可以不断改进,而不影响业务应用系统及其支撑的业务流程。

企业架构同时也描述了整个业务系统中信息技术组成部分的整合工作。它描述了数据、应用和技术三个主要方面。架构的主要目标是允许有效地整合商业软件,并且可以进行升级和修改。总之,技术架构将是松散耦合的,在应用之间使用异步通信作为消息传递方式,应用将是基于网络方式的,而不必受到特定客户端应用平台的限制,数据操作将不依赖于底层的数据结构。

(三) 数据管理的原则和前提

在数据管理中,国内收入署相应地设计了若干原则和前提,将其中比较重要的归纳如下:

(1) 从企业资产的高度来考虑、管理和保护国内收入署的数据;

(2) 以最有效和最可用的形式向国内收入署员提供数据;

(3) 保护纳税人数据的隐私(数据安全的最重要的准则);

(4) 设计灵活的数据结构以适应国内收入署管理方面不断变化的需求;

(5) 企业层次管理和控制元数据以取得企业范围的数据整合;

(6) 集中控制、存储和管理所有纳税人管理数据;

(7) 在计算中心出现故障时提供备份中心,以支持在业务需求允许范围内的运作连续;

(8) OLTP 和 OLAP 的数据分别实现物理隔离的平台和数据库;

(9) 在所有在线应用中，对数据的访问应使用数据访问组件；

(10) 建立有意义的数据标准，以有利于不同项目之间的数据共享。

(四) 客户服务的两个关键技术模块

有两个关键的技术模块对理解服务体系架构意义重大，纳税人账号数据引擎（CADE）将为所有的应用提供完整的、准确的和及时的纳税人信息和数据。客户管理（CRM）核心工程模块除提供管理案件和案件工作量的机制之外，还将给国内收入署员工提供完整的、准确的和及时的案件历史。

1. 纳税人账号数据引擎

该工程将使用新技术、新应用及新数据库替代现有主文件和数据采集系统（IDRS）。CADE 工程将允许税务人员从他们桌面直接发送纳税数据，更新纳税人账户和申报数据，更新将迅速被任何拥有数据查看权利的人使用，并将提供全部的、及时的和准确的纳税人信息。纳税人数据将逐步从主文件中移入新系统中，在几年后，主文件和数据获取系统（IDRS）将会消失，而 CADE 将取而代之。

2. 客户管理核心工程

客户管理（CRM）核心工程将提供一个集中的、共享电子案例文件库，用于案例管理。建立一个集中的、可得到的案例库用于保存案例信息，对于在任何案例活动中涉及的纳税人和税务人员都有益。CRM 核心工程将建立国税局与它的客户之间端对端的交互。纳税人希望国税局在接到电话将要讨论有关于他们的纳税账户时，具备这种基本的能力。

美国现代化工程中对整合的理解和策略选择及其关注重点，有些做法值得我们学习和借鉴。例如，在整合中，不仅强调信息系统本身的整合，而且关注整个税务系统的业务与技术之间的整合，甚至于进一步的组织结构重组和业务流程再造。认真考察分析美国国税局现代化工程中的整合策略，可以给我国的税收信息化工作提供以下两点启示：

第一，全面统筹，总体规划。美国国内收入署现代化工程经过深思熟虑，考虑各方面的情况，并且确立了从起始到最终目标的每一步行动。税收信息化是一场对现有税务管理的革命性改进，会涉及业务、组织和技术各个方面，需要全面统筹，总体规划。

第二，明确责任。在税收信息化工程中，涉及的领域比较广，既有业务问题、技术问题，还有组织问题，更有各种混合在一起的问题，美国国内收入署设立各种委员会，并且有最高领导，以负责各个领域的各种问题，例如，核心业务系统的建立，由首席信息官负责。在电子税务局建设中，这种具有明确责任划分的方法，可以避免互相推诿现象的发生，有利于工作的顺利推进。当然，分工明确并不是意味着各立山头，而是要在分工明确的前提下互相配合。

第四章 我国纳税服务发展现状分析

第一节 我国纳税服务发展概述

一 宏观经济环境变迁与纳税服务的产生和发展

新中国成立后,随着社会主义改造的完成,由于生产资料所有制的基本改变,税收事实上成为国有经济内部的一种资源配置形式,而不是收入分配。因为所谓"分配"是在至少两方利益主体之间才有可能进行,而在单一的公有制经济结构下的税收经济关系中不存在这样的利益分立与对立的情况。

随着高度集中的计划经济体制的确立,国家财政建立在国营企业财务的基础上,国营企业的经营利润直接构成了国家财政收入,而且形成国家财政收入的主要组成部分,税收则不是财政收入的主要渠道和主要形式。在高度集中的资源计划配置制度和没有自主经营权的微观经营机制为特点的计划经济体制下,国家的经济运行完全服从于由政府统一制订和管理的经济计划之中,整个经济体系内的资源完全以计划方式进行配置。因此,税收作为一种资源的计划配置方式,与经济体系的资源配置方式之间并不存在矛盾,其实,税收本身也是这个经济计划中的一个部分。

在只有唯一产权主体(国家)的经济体中,税收法律关系也不能从多个独立的利益主体之间的债权或债务关系去看待,而只能理解为执行国家税收计划的部门与执行国家生产计划的部门之间的行政法律关系。而在行政法律关系主体在行政管理活动过程中的地位是不平等的，行政机关是以国家的名义行使职权，参加法律关系的，当行政相对人不履行行政法规定的义务时，行政机关可以强制其履行。正因如此，我国的税收制度在内容、执行方式甚至税制的形成机制方面至今仍表现出浓厚的行政管理的色彩。同时，对于生产经营活动完全被纳入国家计划的国营企业，税务部门显然无须像对待私营企业那样通过严密的税收制度安排和复杂的税收监管措施来对其进行税收监管，从而使税制简化、征管手段粗糙，新中国成立后至20世纪80年代初期我国逐步形成和完善的"一员进户，各税统管"的税收专管员制度就是以行政手段进行税收征管的直接体现。

由于上述种种原因，从20世纪50年代中期至80年代中期，在我国这一特定历史时期的特殊历史环境下，纳税服务产生和发展的必要条件及内在要求并不强烈和迫切。尽管如此，在传统税收征管中，纳税服务意识和措施事实上也有所体现，如专管员同时承担了税法宣传、纳税咨询辅导、办理税务登记以及收缴税款等职能，由此简化了征税对象的涉税事务，降低了征税对象的遵从成本，税收专管员制度在很长的一段时期内发挥了积极作用。

1978年12月，党的十一届三中全会做出实行改革开放的决策，开始了中国从"以阶级斗争为纲"到以经济建设为中心的历史性转变。1984年，《中共中央关于经济体制改革的决定》确认社会主义经济是有计划的商品经济，开始了中国市场化取向的改革之路。改革开放进程中的税收制度演进特征，首先体现在激活国营企业的活力与保证国家财政收入之间的动态化的调整过程。在改革开放之初，国营企业是中国经济的命脉，要维持计划体制的框架，就必须增强国营企业的活力，放权让利的改革，是维持这种体制的历史路径所决定的。在国家财政收入的两条主要渠道中，随着国家放权让利的推行，直接来自企业收入的比重将会逐步降低，为保证国家财政收入的稳定，就必须改革原来的财政模式，提高税收收入在整个财政收入中的贡献。

改革的推行是一个利益调整的过程：第一，由于私有产权（或部分的产权，例如，承包就是所有权与经营权的分离）的出现，税收不再是单纯的国有经济内部的资源配置活动。对于私有经济而言，税收就是国家凭借政治权力参与其收入分配的行为。然而，国家在治税观念上，仍然是依托传统计划经济时期内在于经济过程之中的分配观念，比如"国家得大头、集体得中头、个人得小头"，因而在相应的税收制度设计、执行上仍然保留了大量计划和行政命令的痕迹，与产权分立的市场经济所要求的依法治税还有相当的距离。第二，市场机制在资源配置领域的出现和发展，与带有明显计划经济时代特征的税收制度、税务系统的组织体系、税收工具、税收管理手段等方面发生矛盾和冲突的可能性出现了。第三，由于国家继承了计划经济体制下的那种包揽性，无法对公共产品置之不顾，因此，寻求替代收入机制的内在要求也就十分迫切。然而，受历史认识的局限性，由于国家财政还内在于经济过程之中，还没有认识到和有效区分凭借所有权的形式获得企业利润收入和凭借政治权利获得税收收入这两种收入方式的边界，因此，当强调利用税收制度来调整国家与企业之间的分配关系的时，试图利用税收收入的方式来完全取代利润收入，设置了较高的税率导致企业的普遍不满。第四，在税收征管模式方面，由于在税收经济关系中出现了个人利益、部门利益、地方利益与国家利益的竞争，使掌握税收执法权力的税务人员进行权力"寻租"成为妨碍税收公平与效率的现实威胁，改革传统征管制度安排、设计有效的执法监督机制的必要性日渐突出。改革的主线就是分解专管员的权力，实行不同形式的分责制约，这是我国税收管理模式发展上的一大进步。由开始实行管户交流、岗位轮换，到后来实行征收管理与检查两分离或者征收、管理与检查三分离的管理模式。

利益的冲突推动了税收制度改革的进程，税收与经济改革、发展的矛盾需要从经济、政治、法律、管理模式等多个层面采取缓解措施。由此可见，纳税服务的必要性得以显现，国内理论界提出了"为纳税人服务"的概念，各地税务部门针对税收征管工作中出现的各种矛盾，积极探索适宜的服务措施和服务机制，取得了一定的成效。

1992年，党的十四大正式确定我国经济体制改革的目标是建立社会主义市场经济体制，以此为导向，我国的国家收入机制改革也进入了新的阶段。在计划经济体制下，国家通过将社会资源控制在自己手中而能够直接控制着社会剩余，国家发起和推动的改革，就是对这种资源配置方式的扬弃。在放松对社会资源的管制后，社会资源配置是由分散化和多元化的微观主体来完成的，国家不再完全直接控制社会资源的配置，这就意味着，国家必须重建收入机制以适应这种变化。重建国家收入机制就是通过逐步建立和完善税收制度来实现的。因此，建设和完善税收制度的种种努力，就一直伴随着经济体制改革过程的始终。在这个过程中，由于国家的生产建设职能还没有完全退出，有着内在的财政支出冲动、改革过程中的利益冲突也需要国家协调等多种原因，进一步增加了财政支出的压力。尽管从长期来看，通过改革会形成经济和财政之间的良性循环，但是，在改革的过渡期内，财政压力表现得更直接、更明显，也迫使国家倚重于强调收入的制度安排。因而，在现有技术水平下，将会选择那些能筹集收入最大化的制度安排。

1994年的税制改革，就是在上述宏观背景下发生的。税制结构的变化必然对税收征管模式提出新的要求，这一时期税收征管改革的主线，就是"以纳税申报和优化服务为基础，以计算机网络为依托，集中征收，重点稽查"的新征管模式的提出和完善。纳税申报制度的全面推行，专管员由管户向管事的转变，在完善和发展了分责制约的积极成果的同时，将人与人之间的制约上升为机构制约和程序制约的制度安排，使这种分责制约更加规范有力。并且在坚持分责制约、分解权力的同时，还注意了对管理权限的逐步集中统一。这一阶段的税收征管改革在技术手段上把计算机技术由主要环节引入了税收管理的各个环节，使我国税收管理开始由传统的手工操作向现代管理转变。随着所有制结构在改革进程中的变迁，纳税人作为独立或相对独立的产权主体，出于在税收法律、经济关系中维护自身权益的需要，要求政府提供纳税服务的呼声日渐强烈，成为纳税服务在我国税收领域的发展和成熟的外部动力。与此同时，在新的所有制结构下，税务部门不再是受唯一产权主体（国家）和整个经济社会的管理者（政府）的指派执行税收计划的一个机构，而是受法律授权负责具体执行税收法律制度的一个行政执法部门，从执法的立场开展税收工作。这就要求税务部门摆脱计划经济时代那种行政体系内部的管理模式，在税收法律关系中充分保障和尊重纳税人的合法权益，从而为纳税服务从一种理念转化为税收制度安排及其管理模式中的重要内容提供了内在的动力。1994年，我国在一些地方试行"纳税申报，税务中介，税务稽查"三位一体的税收征管模式，旨在取消专管员固定管户制度。1996年，我国推行新的税收征管改革，建立"以申报纳税和优化服务为基础，以计算机网络为依托，集中征收，重点稽查，强化管理"的新征管模式。1997年，国务院办公厅转发《国家税务总局深化税收征管改革方案》，国家税务总局全面推行征管体制改革。经过多年的实践，新税收征管模式已逐渐完善。各地建立办税服务厅，完善窗口设置，拓展窗口服务功能，由税务人员上门催缴转变为纳税人主动申报。1998年，金税二期推广运行，标志全国信息化建设全面步入管理服务一体化轨道，纳税服务从分散服务向征纳参与、信息数据化方向发展。

二 我国纳税服务工作的发展和现状

（一）我国纳税服务工作发展简述

1993年12月召开的全国税制改革工作会议首次提出了纳税服务的观念。

在1996年全国税收征管改革工作会议上，国家税务总局提出了"以纳税申报和优化纳税服务为基础，以计算机网络为依托，集中征收，重点稽查"的税收征管模式。为纳税人提供服务成为税收征管的一项重要内容。

进入21世纪，我国纳税服务跨入了一个全新的发展时期，服务经济建设、服务社会发展、服务纳税人的"三服务"理念成为纳税服务内涵的综合表述，纳税服务逐步步入法制化、规范化轨道。

2000年8月，广东省珠海市地税局试点成立了"纳税人服务中心"，开创了我国城市纳税服务的先河。北京、江西、山东、福建等省市也陆续开展了纳税服务的实践。

2001年4月28日，全国人大常委会审议通过并颁布了修订以后的新《中华人民共和税收征收管理法》，第一次将纳税服务确定为税务机关的法定职责。新《中华人民共和国税收征法》第七条规定：税务机关应当广泛宣传税收法律、行政法规，普及纳税知识，无偿地为纳税人提供纳税咨询服务。

2003年，国家税务总局在《关于加强纳税服务工作的通知》（国税发〔2003〕38号）中对纳税服务的定义是："纳税服务是税务机关根据税收法律、行政法规的规定，在纳税人依法履行纳税义务和行使权利的过程中，为纳税人提供的规范、全面、便捷、经济的各项服务措施的总称。"

2005年10月，国家税务总局在总结各地经验的基础上，出台了我国第一部纳税服务规范——《纳税服务工作规范（试行）》。

2006年12月，国家税务总局制定下发了《关于进一步推行办税公开工作的意见》，系统地规范了税务系统推行办税公开工作的具体事项和要求，有效地促进了纳税服务体系建设。

2008年9月，在由中国税务学会、内蒙古自治区国家税务局等举办的"纳税服务与依法纳税"论坛上，国家税务总局副局长解学智发言指出，我国当前和今后一个时期的纳税服务工作，将以纳税人为中心，改进和完善纳税服务，提出了"以纳税人为中心"的纳税服务新理念，并进一步阐明了纳税服务的重要意义。他指出，开展纳税服务是构建和谐税收征纳关系的内在要求，是加强税收法制建设的迫切需要，是完善税收征管体制的重要举措，同时也是国际税收征管发展的共同趋势。因此，税务机关要充分认识开展纳税服务的必要性和重要性。

2009年全国税务系统纳税服务工作会议以来，纳税服务部门基于征纳双方法律地位平等的服务理念，按照"始于纳税人需求、基于纳税人满意、终于纳税人遵从"的要求，以法律法规为依据，以纳税人正当需求为导向，以信息化为依托，以提高税法遵从度为目标，不断解决制约纳税服务效能提升的突出问题，全面加强纳税服务全局性、系统性、基础性建设，纳税服务工作取得了明显效果。目前，纳税服务已经与税收征管并列为我国税务部门的两大核心业务，目前已经形成了比较完整的纳税服务体系，常态化的纳税人需求响应机制正在形成。从国家税务总局到基层国税局、地税局，都建立了纳税服务职能部门；制定了《纳税服务规范》，对税务机关与纳税人接触的各个工作环节的服务规范进行了详细、具体、明确的规定；依托税务管理信息系统（主要是"金税三期"），建立了以办税服务厅、网站、服务热线为载体的、功能全面的纳税服务工作平台（在 2016 年 10 月完成的"金税三期"工程中，纳税服务功能已经嵌入该系统中）。

（二）我国纳税服务取得的成果

自纳税服务引入税收工作以来，历经 15 年的不断发展，已在当前税务工作中占有一席之地。近年来，税务部门在坚持"聚财为国、执法为民"的税务工作宗旨，始终把优化纳税服务贯穿于税收实践的全过程，更新税收管理理念，创新纳税服务方式，为提升服务水平和服务质量做了大量富有成效的工作，取得了明显成果，主要表现在以下六个方面：

1. 纳税服务步入法制化轨道

2001 年修订并重新颁布的《税收征管法》，第一次将纳税服务的内容确定为税务机关的法定职责。之后，国家税务总局陆续制定下发了《关于加强纳税服务工作的通知》《纳税服务工作规范（试行）》等纲领性文件，对纳税服务的内容进行了全面规范，对税务系统开展纳税服务工作提出了一系列具体而明确的要求，从而使纳税服务工作逐步由零散、随意走向规范、统一；2006 年之后，国家税务总局又在总结十年来开展办税公开和为基层、为纳税人减负工作经验的基础上，制定下发了《关于进一步推行办税公开工作的意见》和《关于落实"两个减负"优化纳税服务工作的意见》，系统地规范了税务系统推行办税公开工作的具体事项和要求，进一步完善了我国纳税服务机制，为优化纳税服务工作提供了制度保障。

2. 开展了形式多样的税收宣传和纳税辅导

以"税收宣传月"为载体，通过组织开展形式多样的税收宣传活动，向社会各界普及税收法律知识；建立税法公告制度，在办税场所设立触摸式查询服务设备、电子显示屏等，供纳税人查询；利用电视、广播、报纸等多种媒体，广泛开展税收宣传，及时通报和宣讲税收政策与税收法律法规的变动与调整情况；同时，各级税务部门进一步强化了纳税辅导工作，多渠道为纳税人提供税收业务咨询和纳税辅导，积极探索和创新税收服务手段及方式，形成并完善了网上申报、银行网点申报、电话申报、邮寄申报等纳税申报方式，成功地推出了"一站式""一窗式""一城通"、全程服务、限时服务、延时服务、提醒服务、预约服务等服务项目和服务产品，从而基本满足了广大纳税人的服务需求。为减轻纳税人办税负担，各级税务部门对涉及纳税人的8大类218种办税事项进行了清理，简并、取消数十项业务报表及执法文书，而且创造条件，大力开展税收法律救济活动，积极推进税务行政复议等法律救济工作，及时撤销、变更或修改废止执法不当的行政行为。

3. 服务手段得到了进一步改进，服务平台趋于统一、规范

各地税务机关建立办税服务厅，合理设置申报受理点，实现了集中征收。按照统一规范的要求，税务部门自上而下建立起统一、规范的办税服务厅，将税务登记、发售发票、申报受理、税款征收等功能集于一体，成为税务系统内环境简洁大方、文化氛围浓厚、设施完善实用、服务细致周到、流程高效规范、管理严谨缜密的纳税服务载体；同时，利用互联网和系统内功能强大的广域网，构建了网络化的信息服务平台，建立起专门的税务网站，推出了"12366"纳税服务热线，运用现代信息网络技术和手段，接受纳税人网上申报和投诉举报，宣传税收政策法规，解答纳税人疑问。

4. 寓纳税服务于税收管理之中，增强纳税服务的时效性和针对性

多年来，税务部门在严格执法、强化管理的过程中，不断优化税收执法程序，认真贯彻落实税收优惠政策，切实维护和保障纳税人的合法权益；同时，在日常管理中，积极开展纳税评估活动，运用科学有效的税收指标体系、技术手段和评估方法，及时发现、矫正和处理纳税人在履行纳税义务中出现的差错和问题，以防止和化解税收损失，降低征纳成本。另外，为在全社会营造一个诚实守信的税收执法环境，税务部门创建了包括纳税信用、征税信用在内的税收信用体系，全面推行了纳税信用等级评定管理制度。通过广泛开展纳税信用等级评定活动，极大地鼓励了纳税人的诚信纳税行为，促进了征纳关

系的和谐。

5. 以"税银一体化"税收管理模式为重点，开启了多元化的纳税申报服务方式，纳税人办税需求得到保障

全国税务机关充分利用现代信息技术和金融支付结算工具，实行多种申报和缴款方式，推进税库银联网。如无锡市国税局于1997年推行了"税银一体化"税收管理新模式，其间由纳税人上门申报征收到采用银行自动代划税款模式发展到现行以计算机网络为依托、建立税银联网、推行多元化申报征收的新型"税银一体化"管理模式，将银行储蓄扣税、委托代理纳税申报、电话申报等多元化纳税申报方式有效地结合起来，其适用对象也由只对个体"双定"户扩展到全部纳税人的转变。不仅简化了办税手续，减少了办事环节，提高了办税效率，大大地方便了纳税人，而且加强了部门协作，降低了税收成本。

6. 以委托代征、代扣和代缴为手段，将纳税服务工作融入社会，利用社会力量强化纳税服务工作

近年来，一些税务机关在个体双定户的税收征收上实行"社会化"管理办法，依靠社会协护税网络，实行社会化委托代征、代扣代缴，对加强个体双定户的管理取得了重要的突破。在加强征管、堵塞漏洞的同时，注重规范委托代征、提高服务质量、优化纳税服务效果的工作，对代征人员进行了培训、考核，建立了有关台账，对票证实行了严格的管理，加强业务督查与指导，避免了委托代征工作中出现偏差，避免给纳税人带来不必要的麻烦和负担。通过国税局、地税局共同办理税务登记、共同开展税务检查，有效地降低了税收征纳成本。积极构建包括纳税信用、征税信用在内的税收信用体系，推进征纳关系进一步和谐。国税局、地税局联合开展纳税信用等级评定，积极完善分类管理与服务措施，倡导依法诚信纳税。各地税务与公安部门协作联合办公，共同打击涉税违法犯罪行为等，社会化纳税服务工作得到推进。

（三）我国纳税服务工作的几种主要模式

自国家税务总局在税收征管司内设立了具有纳税服务管理职能的行政机构——纳税服务处，负责指导全国的纳税服务工作以来。全国

税务系统的纳税服务执行机构主要采取了以下三种模式：

模式一，以广东为代表。其做法是：在全省各级税务机关内设立纳税人服务中心，受理纳税人咨询、举报、投诉和建议等基本纳税服务工作。纳税人服务中心属于事业编制，这就避开了行政执法部门从事有关服务工作时面临的管理矛盾。纳税人服务中心无疑是在税务机关内增设的一个专职管理部门。

模式二，以北京为代表。其做法是：在各区县设立纳税服务所，划分市局和区县局纳税服务职能。市局纳税服务中心整合"tax861"地税网站、"12366"地税热线、市局办税服务大厅等纳税服务资源，组织、协调和监督全市的纳税服务工作。在远郊县和部分街道，则与区县、街道密切配合，长驻税务干部办公。同时，对纳税服务满意度等调查则委托中介公司完成，保证考评的公正客观。

模式三，以厦门为代表。其做法介于上述模式之间，在各级税务机关成立纳税服务领导小组，并设立纳税服务工作办公室（设置在各级税务机关办公室内），通过协调稽查、征管、税政、监察等部门工作，促进纳税服务的实施。

上述模式主要为分级行政管理的方式，通过单设或者合并设立纳税服务管理机构，统筹税务机关纳税服务的相关事宜。

（四）纳税服务工作的主要方式

目前，给纳税人提供的纳税服务主要包括以下三个层次：一是从事纳税服务一线的税务机关和税务干部（主要是指纳税服务中心），为满足纳税人的正当需要而提供的各类直接服务；二是税务机关根据税收法律、行政法规的规定，在纳税人依法履行纳税义务和行使权利的过程中，为纳税人提供的规范、全面、便捷、经济的各项服务措施的总称，它存在于税收工作的各个环节之中；三是为确保纳税人依法纳税，指导和帮助纳税人正确履行纳税义务，维护其合法权益而提供的各种服务，提供这种服务的主体不仅包括政府机关，还包括社会中介机构、其他组织和个人。

三 我国纳税服务工作存在的问题和不足

在制度层面，纳税服务的制度体系及运行机制尚不健全，服务活动还缺乏全局性、系统性、持续性和保障性，服务规范刚性支撑体系缺失，缺乏具体明确的法律规范和要求，也没有建立健全纳税服务考核评价机制，机制的缺位制约了纳税服务质量的提高，服务能效受制于工作体制和强度难以完全释放。此外，大量的社会性纳税服务虽然正在兴起和发展中，由于缺乏税收法律、法规、制度的规范和引导，在某些方面，与税务部门的执法管理工作还没有协调起来，社会资源也未得到充分利用。由于缺少必要的纳税服务组织机构和相关制度的不健全，导致长期以来"重管理、轻服务"的税收工作理念没有得到根本的扭转，纳税服务观念较为淡薄，目前提供的服务多数还停留在被动服务的层面上。

在纳税服务的具体实施中，税务机关较为侧重的是职能性纳税服务，较为忽视的是，在纳税人方面，需要维护的权益性纳税服务和程序性纳税服务。即便如此，在职能性纳税服务中，更多关心的是执法服务、政策服务等内容。职能性纳税服务中有关公共信息提供等方面的服务工作仍然滞后。在权益性纳税服务、程序性纳税服务的提供中，侧重于有法律法规规定的权利和义务提供，如行政赔偿、行政复议、延期纳税等方面。对纳税人知情权、公正权利行使等纳税服务，由于无明确法律规定，其服务保障仍较为滞后。在我国，纳税服务是帮助实现税收监管的工具和手段，与西方发达国家的工作比较，我国的纳税服务目前仍是一项税收辅助工作，还没有实现纳税服务的执行理念从监管到服务为中心的转变。

在服务手段方面，由于服务制度、组织、平台的不健全，使目前纳税服务的手段落后于工作发展的需求，多元化办税服务方式还没有跟上适应当前社会生产、生活方式多元化的发展，纳税服务的信息化程度较低，纳税服务平台建设落后，管理不到位。

在服务内容和目标方面，目前尚未形成较为规范的体系。当前的纳税服务体系构建由于侧重于对纳税人的管理，忽略了简化征管程序的工作，导致各级税务机关将规范文明用语、建设环境设施齐全的纳税服务场所作为提高纳税服务水平的主要手段和目标。这些追求表象化服务的做法，背离了纳税人的期望和效率化的服务目标，同时，在此基础上建立的表象化的纳税服务体系，缺乏一整套简洁、高效的机构支撑，使纳税服务机构往往只能应付一般性涉税事项的办理，缺乏深层次的服务理念和方法。

此外，税务人员的素质参差不齐，也制约着纳税服务质量与效率的提高，税务部门部分人员综合素质未能适应现代新形势下纳税服务的要求。

第二节 从税收成本角度看我国现行税制

一 税收成本概述

税收是国家参与收入再分配和进行宏观调控的经济活动，与进行其他各类经济活动一样，国家也需要在充分考虑各种制约因素的前提下，在税收制度及其执行层面做出有效率的选择，即税收的发展变革应以提高效率为导向。

但是，度量税收的效率却极为不易。从收入方面看，税收的"收"不仅有直接的财政收入，还有政府通过税收进行宏观调控所获得的社会福利的提升，以及税收对社会产生的其他各种积极作用，后两类现象可以观察和比较，却难以准确量化和分解。从支出方面看，政府征税需要支付征收成本；税收制度扭曲了经济行为，使社会承担税收超额负担，即税收经济成本；在税收制度的执行层面，税收执法措施作用于纳税人，使之在依法履行纳税义务的过程中，还要承担税收遵从成本。以上三类成本之和，一般称为广义税收成本，除征收成本外，也都很难准确统计。此外，在不同的时间跨度内，税收的收益与成本也可能大不相同。

税收收入价值的实现取决于政府的效率，而这一点是税收制度无法左右的。

需要说明的是，广义税收成本，特别是税收经济成本的客观存在，为政府干预经济提供了便利手段，而且在某些具体情况下其作用无可替代，本书将此类经济调控行为视为税收制度之外的某种财政政策措施，从而避开关于税收应否承担经济调节的职能及其得失问题的讨论。

税收成本产生于税收制度的存在与执行，这项成本分别以上述三类形式施加于社会、纳税人和政府，成为法定税负之外的社会损失或负担。

二 部分工业行业商品税税收超额负担测算①

20世纪80年代，在西方大规模的税制改革中，各国的经济学家将理论研究与实践相结合，提出了一系列降低税收超额负担的具体措施。如"宽税基、低税率"政策、降低边际税率，甚至推行单一税率，这些都意在降低税收的超额负担，促进税收效率的提高，为80年代后世界各国经济的复苏和长期增长做出了贡献。我国于2004年启动的以结构性减税为特征的新一轮税制改革目前仍在进行之中。在此背景下，笔者通过对我国部分工业行业2006年度税收超额负担的测算分析，对有关税收效率及其对市场资源配置的影响进行了初步的研究。

（一）税收超额负担计算公式

目前，西方在对税收超额负担的理论和实证研究中，基于对消费者剩余受税收影响的分析来刻画税收超额负担的理论模型及其计算公式获得了广泛的认同，并被大量地用来测算税收的超额负担。本书采用的理论模型是哈维·S. 罗森通过对消费者剩余受税收影响的分析而推导出的商品税税收超额负担计算公式：②

$$C_t = \frac{1}{2}\eta P_b q_b t^2 \tag{4.1}$$

式中，C_t 为商品税的税收超额负担；η 为对象商品的需求价格弹性；P_b 为该商品的单位社会平均生产成本；q_b 为在不对其征税的假设前提下市场对该商品的需求量；t 为对该商品征税的税率。

此公式的推导过程已在哈维·S. 罗森的著作中详尽说明，本书不

---

① 楚文海：《我国部分工业行业商品税超额负担测算分析》，《广西大学学报》2009年第1期。
② [美]哈维·S. 罗森：《财政学》第六版，赵志耘译，中国人民大学出版社2003年版，第82页。

再赘述。

需要说明的是,本书仅从对商品(工业产品)课税的角度来看待和处理工业行业的全部税收,即在测算中粗略地将各工业行业的所有税收视为商品税。理由是:首先,我国工业行业目前所承担的主体税种是增值税,企业所得税、营业税和其他税种收入相对较少。其次,对生产要素课税产生超额负担的机理与商品税虽然不同,但关于商品课税的超额负担的理论同样适用于生产要素课税①,并且对不同行业的差别税率(如对一些行业或产品的企业所得税优惠政策)也会影响生产要素的配置并间接地影响到商品的相对价格,产生超额负担。当然,这种处理方式本身是不严谨的,笔者将继续研究其中存在的问题和解决的方法。

(二)测算数据说明

1. 关于测算对象行业和产品的选择说明

由于公式中涉及产品的产量、价格等指标,用于计算包括各类产品和服务的区域或产业经济需要进行复杂的技术处理,而通过公开渠道可以获得的数据资源十分有限,本书只能选取以下主要产品类别和计量单位较为一致且相关统计数据较为完备的部分工业行业(见表4-1)作为分析对象,分别计算现行税制作用于这些行业所造成的税收超额负担。

表4-1 行业范围

行　业	代表产品	备　注
采矿业		
煤炭开采和洗选业	原煤	
石油和天然气开采业	原油和天然气	折算为标准煤,标准:1.4286千克标煤/千克原油;12.143吨标煤/万立方米天然气
黑色金属矿采选业	铁矿石	

---

① [美]哈维·S. 罗森:《财政学》第六版,赵志耘译,中国人民大学出版社2003年版,第105页。

续表

行　业	代表产品	备　注
制造业		
纺织业	布	含出口，按13%计算增值税出口退税
黑色金属冶炼及压延加工业	钢材	
汽车制造业	汽车	含进出口，按17%计算增值税出口退税，按28%计算进口关税
汽车制造业		不含进出口
电力、燃气及水的供应业		
电力、热力的生产和供应业	发电	

2. 部分工业行业基本数据

由于到目前为止2007年度的有关工业行业的统计数据尚未公布，所以，本书只能基于2006年度的统计数据进行测算，表4-2是经过整理的对象行业的基本数据。

（三）变量的处理和计算

1. 计算产品的需求价格弹性

从表4-2中可知，各类产品在2006年的产量都比上年有所增加，而大部分产品的市场价格也比上年上升（价格指数大于1），如果仅以价格变化作为影响产量的唯一因素是不合适的，因为产品需求的变化还会受到价格以外的其他各种因素的影响。为此，本书假设产品当期需求（产量）的变化仅由两方面因素引起；一是由国内经济增长（用GDP的变化描述）引起。二是由价格变化引起。其计算过程如下：

假设各种产品的产量与当年GDP线性相关，对各种产品2001—2005年历年的产量与同期GDP指数（以1978年为100）进行线性回归，得出GDP与产品产量的回归系数a。

假设2006年a和产品价格都没有变化，则2006年的产量应为：

$$q_b = q_{2005} + a\Delta GDP \tag{4.2}$$

表4-2　　　　　　　　　部分工业行业基本数据

行　业	2006年税收收入 T（亿元）	2006年产值 Y（亿元）	国内市场需求量 Q			
^	^	^	2006年	2005年	单位	产品
采矿业	2887.38	19340.89				
煤炭开采和洗选业	816.79	7461.15	23.73	22.05	万吨	原煤
石油和天然气开采业	1590.23	7790.77	3.35	3.19	亿吨	油气折算标准煤
制造业	14807.66	270048.52				
纺织业	302.00	14965.63	489.77	386.77	亿米	布
黑色金属冶炼及压延加工业	1056.20	25768.21	4.69	3.78	亿吨	钢材
汽车制造业（含进出口）	673.65	14550.18	586.59	478.7	万辆	汽车
汽车制造业（不含进出口）	548.53	14881.91	727.89	570.49	万辆	汽车
电力、燃气及水的供应业	1957.01	23773.71				
电力、热力的生产和供应业	1712.22	22222.45	28657.26	25002.60	亿千瓦小时	发电

注：（1）"2006年税收收入"数据来源于"2006年全国分行业税收收入"表，《中国税务年鉴（2006年）》；

（2）全行业2006年产值用当年规模以上工业企业"主营业务收入"代替，数据来源于"2006年规模以上工业企业主要指标（分行业）"表，国家统计局网站；

（3）有关产品的国内市场需求量无法直接观察，用当年实际产量代替，数据来源于"1978—2006年历年全社会主要工业产品产量"表，国家统计局网站；

（4）汽车制造业进出口数据来源于"2006年出口主要货物数量和金额"和"2006年进口主要货物数量和金额"，国家统计局网站；

（5）汽车制造业2006年产值来源于"2006年1—12月汽车制造业累计工业总产值"，中国行业研究网。

2006年的实际产量为q_{2006}，则q_{2006}与q_b之间的差距Δq只能由价格变化来解释，由此可以计算出该产品2006年的需求价格弹性（η）：

$$\eta = \frac{\Delta q}{\Delta P} \times \frac{P_b}{q_b} \tag{4.3}$$

2. 关于行业税负的税基问题

增值税是我国目前的主体税种，第二产业的增值税税基与工业增加值大体相当,从这个角度看,本书使用各个行业的工业增加值来衡量行业税收负担,即税收收入与当期工业增加值的比值。2006年,我国工业增加值与工业总产值的比值为0.2877(工业增加值率),据此求得各行业2006年的工业增加值,代入:

$$t = T/(0.2877 \times Y) \qquad (4.4)$$

3. 其他变量的处理和计算

2006年产品的实际价格P由当期总产值Y与总产量q_{2006}计算得出:

$$P = Y/q_{2006} \qquad (4.5)$$

2006年产品的价格P扣除单位产品的税负t和相对上年的价格变化(2006年价格指数ω)幅度之后,就可以得到P_b:

$$P_b = P/\omega(1+t) \qquad (4.6)$$

(四)部分工业行业税收超额负担的计算

对部分工业行业2006年税收超额负担的计算过程和结果见表4-3。

(五)对理论分析结论的实证检验

本书采用的理论模型以消费者剩余的损失作为税收超额负担的度量,但是,消费者剩余在现实中无法准确计量,只能采取间接的方式进行验证。由于税收对产品市场的扭曲作用,消费者对产品的需求量在税收作用下减少,产品产量相应下降。但生产者在此产量上的边际收益可能大于边际成本(因为其生产能力本来是大于实际产量的)。因此,通过行业间利润率与税收超额负担率的比较,应该可以对以上计算结果进行检验。

以下选取税收数据调查资料中各个行业的调查统计数据,与以上税收超额负担的计算结论进行比较和分析,实证检验税收超额负担差异对行业经济效益的影响。需要说明的是,由于缺乏2007年度有关产品的产量数据,本书只能以根据2006年国内市场数据计算的部分行业税收超额负担率与这些行业2007年利润率调查数据进行对比分析(见表4-4)。

表4-3　　2006年度我国部分工业行业税收超额负担计算

行业	2006年税收收入T（亿元）	2006年产值Y（亿元）	ΔQ	$q=\Delta Q \div Q$	$\Delta q=Q-q$	2006年价格指数 ε	行业宏观税收负担率 $t=T/(Y\times 0.2877)$	现价 $P=Y/Q$	社会平均生产成本 $p=P/(1+t)$ ε（2005年）	需求的价格弹性系数 $\eta=\Delta qP/\Delta pq$（取绝对值）	税收超额负担 C_t（亿元）
煤炭开采和洗选业	816.79	7461.15	2.9049	24.95	-1.22	1.05	0.3805	314.42	216.91	0.9816678	384.68
石油和天然气开采业	1590.23	7790.77	0.1796	3.37	-0.02	1.22	0.7095	2325.6	1115.1	0.0264257	24.99
黑色金属矿采选业		1376.52	1.1299	5.33	0.55	0.968	0.5189	233.75	158.98	3.2451861	370.55
纺织业（含进出口）	302	14965.63	251.1205	637.89	-148.12	1.021	0.0701	30.56	27.97	11.057316	485.23
黑色金属冶炼及压延加工业	1056.2	25768.21	0.849	4.63	0.06	0.96	0.1425	5494.29	5009.51	0.3296136	77.57
汽车制造业（含进出口）	673.65	14881.91	83.8001	562.5	24.09	0.995	0.1573	25.37	22.03	8.5652963	1313.85
汽车制造业（不含出口）	548.53	14881.91	126.3297	696.82	31.07	0.995	0.1281	20.45	18.21	8.9177444	928.88
电力、热力的生产和供应业	1712.22	22222.45	3793.1087	28795.71	-138.45	1.028	0.2678	0.78	0.59	0.171713	105.50
合计（含汽车进出口）	6151.09	94466.64									2762.37
合计（不含汽车进出口）	6025.97	94466.64									2377.40

注：（1）"2006年价格指数"数据来源于"1980—2006年历年按行业分工业品出厂价格指数"表，国家统计局网站；

（2）黑色金属矿采选业没有相应口径的2006年税收统计数据，以所属行业的企业总税负担率代替。

表 4–4　　2007 年部分工业行业利润率调查数据与
2006 年税收超额负担率比较

行　业	利润（千元，2007 年）	增加值（千元，2007 年）	税收超额负担/增加值（2006 年）	利润/增加值（2007 年）
煤炭开采和洗选业	71286566	328276774	0.1792	0.2172
石油和天然气开采业	385521769	721036831	0.0111	0.5347
黑色金属矿采选业	25419426	66620546	0.9357	0.3816
纺织业	12018870	118195988	0.1127	0.1017
黑色金属冶炼及压延加工业	145525923	215854231	0.0105	0.6742
交通运输设备制造业	135788522	416869749	0.3069	0.3257
电力、热力的生产和供应业	481298112	1167108157	0.0165	0.4124

根据以上分析，各行业的利润率（利润/增加值）与其税收超额负担率（税收超额负担率/增加值）呈现出分离的状态，即税收超额负担率越高，利润率越低。以下是对利润率和税收超额负担率的倒数进行对比的折线图，为了便于在同一数量级上进行观察比较，将利润率的数值增加了 100 倍（见图 4–1）。

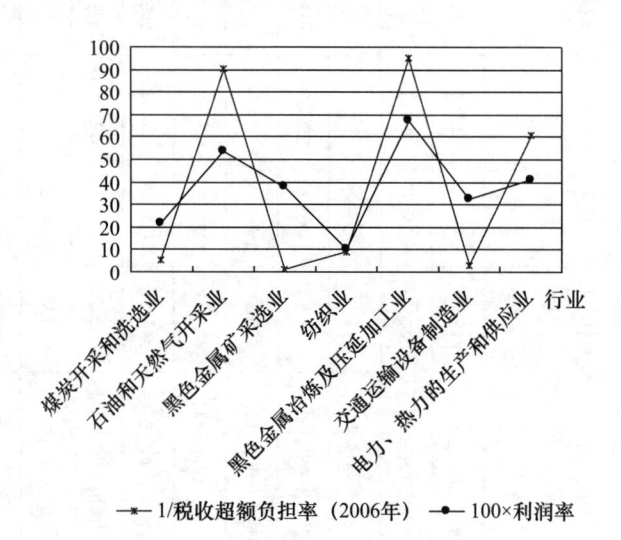

图 4–1　税收超额负担率与利润率比较

从图 4-1 中可知，7 个行业中，除黑色金属矿采选业和纺织业外，其他 5 个行业 2007 年的利润率均与其 2006 年的税收超额负担率的倒数基本保持了一致的走向，即验证了上文对税收超额负担对行业利润率的影响分析。

关于黑色金属矿采选业在税收超额负担率很高（2006 年）的背景下获得了不算低的利润率（2007 年）和纺织业的税收超额负担率和利润率都很低的现象，主要是国际市场的变动对国内市场造成了强烈冲击，导致价格大幅变化，国内生产能力难以在短期内调整适应需求的剧烈变化导致的。2006 年和 2007 年，对这两种产品市场影响较大的事件有：

2006 年，中国钢厂与国外铁矿石生产商达成 19% 涨价协议，国内相应涨价，利润率提高。

2007 年，纺织业出口退税率下调；欧盟全面实施 REACH 制度——出口退税率下调意味着税负和税收超额负担的提高，REACH 制度的实施则意味着利润率的降低（国外需求量减少，只有降价供应国内市场）。

（六）影响因素分析

影响行业间税收超额负担的首要因素是税收负担的差异，一些行业承担了别的行业所没有的税负，如汽车制造行业承担的消费税、采矿行业承担的资源税等，使部分行业的税收负担率高于其他行业。

其次，各类产品的需求价格弹性相差很大，如能源类的煤炭、原油和天然气以及钢材的需求价格弹性很小，而汽车、纺织品的需求价格弹性相对较大，需求价格弹性的差异也是造成税收超额负担在各个行业间分布不均的直接原因之一。

最后，在我国加入世界贸易组织的背景下，国际市场对产品需求的变化也会将价格信号迅速地传递到国内，并引起国内价格的相应变化。但是，各种产品对国际市场的依赖程度不同，因而产生了税收超额负担的差异。如汽车制造业，在计算因产品进出口而发生的国内市场需求变化以及相关税收因素与不计算这些因素的情况下，税收超额负担相差近 400 亿元。

此外，由于受数据资源和产品计量单位难以统一等因素的限制，我们在计算中采用单一产品代替行业各种产出的做法也会对计算结果产生一些影响。

三 我国税收遵从成本的现有研究成果

税收遵从是指纳税人依照税法规定自觉履行纳税义务的活动，其基本思想涵盖了公民的自我意识与国家意识提升，体现了现代公共财政体制下的税制优化目标。税收遵从问题伴随着税收的产生而出现，而对税收遵从成本的测量则缘于美国学者海格对税收的遵从成本进行的测量。1934年，他对美国联邦和州税收的税收遵从成本进行了研究，但是，没有明确地对税收遵从成本进行定义。直到20世纪80年代，面对税收流失现象，国外许多研究中才开始重视税收遵从成本问题的研究。从1985年开始，英国、爱尔兰、新西兰、澳大利亚等国家相继把税收的税收遵从成本提上议事日程，在政府报告、立法、税制改革等措施中，采取切实措施将税收遵从成本的考虑纳入税收政策制定的轨道。

税收遵从成本是指在某一具体的税制安排下，纳税义务人或扣缴义务人为遵循税法、税收规章制度以及税务机关的要求所支付的与纳税事宜相关的、除应纳税款之外的其他支出费用。税收遵从成本之构成要素主要包括：①时间成本，即个人纳税人或公司纳税人为履行其纳税义务，收集、保存必要的资料和收据，填写纳税申报表所耗费的时间价值。②货币成本，即纳税人在纳税过程中向税务顾问进行咨询所支付的咨询费用或者交由税务中介等中介机构办理纳税事宜所支付的中介费用等。③心理成本，即税收给纳税人带来的，通常表现为不满、焦虑、急躁，以致不知所措的心理、情绪变化及由此产生的精神损失。④其他成本，即因国家税务机关办事效率低下、官员腐败等问题，施加给纳税人的其他遵从成本。

由于税收遵从成本中包含许多难以用货币计量的因素，如时间成本、心理成本等，测量难度很大。迄今为止，绝大部分遵从成本估算都是基于对纳税人的调查进行的，研究者多用大规模的信函调查、对工作案例的研究、面对面或电话访谈以及对档案或文件资料分析等许多方法来完成这项工作。其中,大规模的信函调查是几乎所有研究中都采用的方法,通过问卷调查不仅能够详细获取纳税人在遵从税法上花费的时间,而且对于心理成本的测定也会提供信息支持。例如,斯莱姆罗德和索拉姆(Slemrod and Sorum,1984)于1982年在明尼苏达州对600多名美国居民的纳税申报表进行了调查。以这种相当小的样本为基础,他们得出美国联邦和州个人所得税的遵从成本总额每年为170亿—270亿美元。

同国外讲税收必谈遵从的情况相比,我国关于纳税遵从成本的研究起步较晚,至今理论界和实务界的研究工作大多处于信息收集、数据加工、试验分析阶段,短期内尚无可能拿出系统的研究成果。目前仅有少数基于对部分地区的少量企业的测算成果。如王琨从"四川省工商企业数据库"中按不同地区、不同行业、不同所有制、不同组织形式、连续两年(2005年和2006年)纳税额大小等标准随机抽取的100家样本企业(在发出的100份问卷中共收回46份,回收率为46%,其中有效答卷42份)进行问卷调查的结果进行的测算,在样本企业中,税收遵从总成本(包括办税时间成本、税务中介支出、强制性购置支出、税务交际接待支出和延迟退税的现金流量成本)的最大值为83946元,最小值为1324元,约占企业税额的5%。税收遵从总成本平均为27454元,占企业纳税金额的5%。[1] 在这项调查中,显然还没有把企业在生产、经营、管理等活动中为遵循税法规定而负担的一些直接和间接的成本考虑进去。

由于对税收遵从成本直接进行测量存在种种困难,也有学者基于遵从成本是不遵从行为的主要诱因的观点,通过对国内偷、逃税行为的统计数据间接地对税收遵从成本进行了考察。[2] 近年来,学术界有不少学者使用不同方法测算我国地下经济规模和税收流失规模。其中,梁朋的研究结果是:1994年和1997年,我国的地下经济规模分

---

[1] 王琨:《我国企业纳税人税收遵从成本研究》,硕士学位论文,西南财经大学,2007年。

[2] 李冬妍、倪志良:《我国税收遵从成本规模估计》,《内蒙古财经学院学报》2007年第6期。

别达到了8702.05亿元和6133.09亿元，相当于当年GDP的18.6%和8.2%；税收流失规模分别约为975.20亿元和675.25亿元，占当年税收收入的19.0%和8.2%。① 另有青年学者索伟通过回归模型测算，认为近年来我国每年税收流失规模已占实收税额的55%—60%。② 据有关研究材料，就各类涉及偷逃税问题的企业数占总企业数的比重（俗称"偷逃税面"）指标看，我国国有企业的偷逃税面约为50%，乡镇企业、外资企业约为60%，而个体企业则高达90%。1997年，税务稽查部门在全国共检查纳税人376.2万户，检查面约为19%，查出有问题的纳税人达到198.2万户，查补税款331.61亿元。③ 1998年上半年，检查纳税人167.4万户，检查面约为8%，发现有问题的纳税人89.1万户，占检查户数的53.3%。1995—1999年的5年间，各级税务机关共查出有偷税、逃税、骗税、抗税行为的纳税户分别为90.6万户、98.7万户、198.2万户、276万户和227万户。④ 就我国纳税人偷逃税行为面之广、税收流失税额之大而言，反映出我国税收遵从成本规模是巨大的。

2006年12月，世界银行与普华永道联合公布了一项全球税收遵从成本的调查报告。该报告称，中国内地由于每年872小时的纳税时间（增值税384个小时，社会保险和住房基金288个小时，企业所得税200个小时）、交税48次（比如增值税一年要交12次，土地使用税1次，财产税1次，印花税2次，教育税是13次等）、77.1%的总税率、烦琐的税务条目和落后的纳税手段，在175个受调查国家（地区）中，税收遵从成本高居第8位。虽然国家税务总局相关人士表示，这份调查报告在统计方法、计算和数据采集方面都有问题，有关部门正对其进行修正。但是，2007年1月22日的《中国经济周刊》报道说，有专家认为，中国税收遵从成本高是事实，存在费项太多和

---

① 梁朋：《税收流失经济分析》，中国人民大学出版社2000年版。
② 索伟：《逃税规模的几种测量方法》，《草原税务》1996年第9期。
③ 高树兰：《我国税收成本高的成因分析与改进措施》，《商业研究》2002年第12期。
④ 杨志安、韩娇：《降低我国税收遵从成本的途径选择》，《税务研究》2006年第1期。

隐性成本高等因素。

由于数据来源有限、调查范围相对狭窄以及统计方法等方面因素，上述调查的统计结论与事实可能有相当出入，但我国目前税收遵从成本的规模巨大这一事实是难以否认的。当然，这一问题在世界其他国家和地区也同样存在，以下是部分国家的有关统计数据。[①]

根据桑福德（1989）曾对1986—1987年大不列颠及北爱尔兰联合王国税收体系的遵从成本进行了估算，认为遵从成本占总税收的3.91%，遵从成本的数额超过GDP的1%。从其他研究者的估算结果看，1994—1995年度，澳大利亚的税收遵从成本约104.17亿澳元，占该国全部税收收入的11.86%，接近GDP的2.29%。1986—1987年度，英国的税收遵从成本约占GDP的1%。1995年度，发生在美国联邦政府和州政府所得课税上的遵从成本约为676亿美元，相当于这两级政府总税收收入的9%，占同期美国GDP的0.93%；而Blumenthal和Slemrod（1996）对美国个人所得税遵从成本的估算显示，联邦和州政府个人所得税每年的遵从成本要比税收管理机构的预算高出好几倍，达到350亿美元，而国家税务局的预算总额为60亿美元。2002年，印度国家财政部的有关研究表明，2000—2001年度，印度个人所得税的遵从成本（还只是纳税人所承受的"合法"成本）占该项税收的45%。

四 我国税收征收成本分析

税收征收成本指的是税务机关的征税费用，也称为征税成本。包括税务机关工作人员的工资、津贴、奖金与福利费用支出；税务机关办公场所、办公设施及交通、通信设备的经费；税务机关为筹备税收立法、实施税制改革而付出的费用；对纳税人的辅导费用、税法宣传普及费、税务人员培训费用、协税护税费用、委托代征、代扣费用等。征税成本的高低一般受到税务当局工作人员数目、工作效率、纳税人的纳税观念和税制设计等多种因素的影响。

[①] 李冬妍、倪志良：《我国税收遵从成本规模估计》，《内蒙古财经学院学报》2007年第6期。

根据有关资料统计，发达国家的税收成本比较低，税收征收成本率一般在1%左右。根据美国国内收入署1992年年报统计，当年税收征收成本65亿美元，占税收收入总额11207亿美元的0.58%，新加坡的征收成本率为0.95%，澳大利亚为1.07%，日本为1.13%，英国为1.76%。[①]

伴随中国经济的发展，税收收入的高速增长构成了我国税收一个显著特征。1994—2008年，我国税收收入每年均保持了两位数的增长速度。在税收收入快速增长的同时，为取得税收收入付出的各类费用上升也很快。"高成本、低效益"已成为我国税收工作潜在的问题，税收征税成本已引起了人们的普遍关注。

目前，我国因对税收成本缺乏一个科学、规范、系统的核算体系，社会上对我国税收成本率的高低说法不一，国内统计部门或税务部门也没有发布过权威、完整、系统的征税成本统计资料。一些研究者根据国家税务总局公布的数据测算，1994年税制改革前，我国税收征收成本率为3.12%，1994年税制改革和税务机构分设后，征收成本有所上升，到1996年约为4.73%。[②]在人均征税额方面，我国则较西方发达国家偏低。学者根据1998—2003年《中国税务年鉴》中每年国家税收收入、税务系统人员情况等资料，通过人均征税额指标进行计算后发现：[③]人均征税额全国平均数1997—2002年分别为83万元、90万元、101万元、125万元、162万元、197万元，6年平均为126万元，总体征税成本一定程度上呈下降趋势。但与其他国家或地区相比，我国目前人均征税额处于明显劣势。如美国联邦税务系统只有税务人员12万人，每年完成税收收入1万多亿美元，人均征税近1000万美元；日本国税人员约9万人，而每年的税收总收入相当于我国的10倍，人均征税额为11.1亿日元；中国香港仅薪俸税一项共有79.6万个纳税人，办税人员仅1200人，人均征税9860万港元。

[①] 郭烈民：《提高我国税收征管效率的思考》，《税务研究》1999年第6期。
[②] 张相海：《1997年全国税收研讨会本书集》，中国税务出版社1998年版。
[③] 张秀莲：《对控制我国税收成本的研究》，《税务与经济》2005年第2期。

我国目前的征税成本表现出以下特征:

(1) 与发达国家相比,我国的税收征管成本明显偏高,我国税收征收成本率比国外高2—3倍,人均征税额比发达国家低得多。考虑到发达国家有许多涉税事务是由非税务机关完成的,例如,计算机中心、税务中介、财产估价等和在纳税申报高峰期雇用较多的临时工以及税制之间的差异,加之统计口径与我国的不同。这些原因使我国与美国、加拿大等国的实际差距可能不像数字上显示的那样巨大,但是,上述比较结果还是足以说明我国税务效率相对过低。

(2) 我国税务系统人均征税额呈逐年增加趋势,特别是1994年税制改革后,税收收入得到了快速增长,但由于税务机构的分设,税务人员大量增加,致使人均征收额增长缓慢,大大低于每年税收收入的增长速度。税制改革增加的税源,被机构分设增加的税务人员所抵消。人均征收额的增加低于税收总量的增长幅度,税收的效率实际上是下降了。以2002年人均征税额为例,高于全国平均数197万元的为北京、天津、上海、江苏、浙江、广东等发达地区,全国人均征税额最高的是上海,为1539万元;最低的是青海,为69万元,前者是后者的22.3倍。上海人均征税额为全国最高,远远高于排在其后的北京、天津、江苏、浙江,这固然与上海的经济发展水平有关,但更重要的是,因为上海是我国目前税务系统唯一没有真正实现国、地税税务机构分设的地区。由此可见,我国税务机构的分设分征极大地提高了我国的征税成本。

(3) 我国地区之间的征税成本存在很大差异,一般为经济不发达地区普遍高于经济发达地区,各地区税收征收成本大致与经济发展状况相吻合。东部及沿海地区较低,为4%—5%,如山东为4.3%,广东为4.7%;西部及欠发达地区较高,为10%左右,如内蒙古为9.6%,贵州为11%;中部地区大致为7%—8%,但北京较低,为4.6%。[①]

(4) 我国税收征管成本税种间和部门(国、地税)间差异较大。

---

① 张相海:《1997年全国税收研讨会本书集》,中国税务出版社1998年版。

从税种构成看，我国目前实行的增值税、土地增值税及企业所得税的计算和申报缴纳制度都非常烦琐，房产税、车船使用税、屠宰税等具有一定的隐蔽性，征收难度较大，有的还需要聘用协税人员，税收征管成本较高。根据测算，房屋出租税收、自行车的车船使用税、屠宰税直接成本高达20%—30%。[①] 一般而言，地方税源零散、征收难度大的特点，决定了地税系统的税收征管成本普遍高于国税系统。山西省地方税务局的调查表明，1994—1998年，山西省地税系统征收成本率比国税系统平均高2.5%。[②]

第三节　中国国情对纳税服务提出的要求

纳税服务体系建立的基础，首先是一个由包括所有制结构、经济体制、生产力发展水平以及历史文化传统等因素构成的客观的、具体的经济制度基础，在此之上还有一套与之相适应的社会管理体制，包括政府机构的组织结构、职能和目标等。税收是国家参与国民收入分配的一种形式，在不同的社会经济基础之上，税收的内涵与外延都是不尽相同的。脱离具体的社会经济基础和社会管理体制的税收制度是不现实的，纳税服务自然也无从谈起。

从税收的职能角度看，在以公有制为基础的计划经济时代，政府是资源配置的主体，管理和支配着几乎绝大多数社会财富，并不以税收作为其可支配财富的主要来源。与此同时，公有制企业也不是市场经济体制下的独立经营、自负盈亏、以营利为目的的生产经营组织，而是政府相应的行业主管部门下属的、肩负执行生产经营任务和社会管理职能的机构。税收不是不同产权主体之间的利益分配和交换，而是同一产权主体内部资源配置的一种形式，是公有制经济的生产部门

[①] 李俊彬、李年：《降低税收成本提高征管效率的调查与思考》，《1999—2000年全国优秀税收科研成果获奖本书集》，中国税务出版社2001年版。

[②] 肖协清等：《降低税收成本的途径》，《税务研究》2000年第5期。

将部分收入转移到管理部门的过程。税务部门和企业双方都是行政体制内的政府的下属部门，税收征、纳关系属于政府内部的部门关系，在基本利益一致的基础上，双方在税收关系中发生的绝大多数矛盾、冲突原则上都可以在政府的行政框架内通过行政手段解决，而不必诉诸行政体制之上的法律，这也就解释了我国税收制度的主要部分还是由行政法规构成的历史遗留现象。在这样的社会经济基础上，"征税人"或"用税人"向"纳税人"提供的服务本质上只是政府行政体制内部不同部门之间的协调和配合。

此外，在计划经济时代，政府可支配的资源并不仅限于税收，税收的收入职能相对弱化，而以其收入效应和替代效应对经济运行显著的干预效果，更多地被作为一种宏观经济调控的行政手段和政策工具在政府的经济管理中发挥作用。作为调控手段和政策工具，是以产生某种利益倾斜为主要的作用手段，以干预经济运行为主要目的和效果，这就在某些方面背离了税收的中性原则和公平原则，并在我国政府宏观经济调控机制中留下了深刻的影响，形成了某些决策机制对以税收行政手段的路径依赖现象。因此，在计划经济背景下，税收对于纳税人而言不仅仅意味着履行税法所规定的纳税义务和享受纳税人权利，还体现了政府的行政意志和政策取向。

税收的职能要通过税收制度才能得以实现，马国强教授在《市场经济税收与计划经济税收的根本区别》[①] 一文中对计划经济体制下和市场经济体制下税收制度的区别做了深刻而准确的比较。

第一，在税收水平方面。在计划经济体制下，公共物品的成本补偿不仅可以采取税收形式，而且可以采取收费、摊派甚至募捐的形式。名义上的税收与实际上的税收——用于公共物品成本补偿的所有费用，包括税收、收费、摊派、募捐等——存在很大差异。税收占财政收入的比重低。在市场经济体制下，公共物品的成本补偿只能采取税收形式，不能采取收费或摊派等其他形式。名义上的税收与实际上

---

① 马国强：《市场经济税收与计划经济税收的根本区别》，《涉外税务》2004 年第 1 期。

的税收完全吻合。税收占财政收入的比重高。

第二，在税收的总体结构方面。在计划经济条件下，为充分发挥税收的经济杠杆作用，非中性且简便的税收成为最优税收。商品税、所得税和财产税相比，按照非中性和简便程度排序，商品税都处于第一位，所得税都处于第二位，财产税都处于第三位。由此决定，在税收制度中，商品税必然成为主体税收，所得税必然成为辅助性税收，财产税必然成为补充性税收。在市场经济体制下，为充分发挥市场机制的调节作用，税收的调节受到严格的限制，中性且简便的税收成为最优税收。商品税、所得税和财产税相比，按照中性程度排序，财产税第一位，所得税第二位，商品税第三位；按照简便程度排序，商品税第一位，所得税第二位，财产税第三位。综合中性与简便两方面要求，所得税成为大多数国家的主体税收，商品税与财产税成为辅助税收。

第三，在城乡税收结构方面。在计划经济条件下，城市经济由计划调节，农村经济由习俗调节，城市经济与农村经济各自独立，城市税收制度与农村税收制度不统一。在市场经济条件下，无论是城市经济还是农村经济，都由统一的市场机制来调节，城市税收制度与农村制度具有统一性。

第四，在基准税制与非基准税制的关系方面。在计划经济条件下，由于税收调节介入经济运行的各个层面和环节，减税、免税渗透到税收制度中的各个税种和每个税种的各个要素，非基准税制成为税收制度的主体内容。在市场经济条件下，税收的调节受到严格的限制，减税、免税主要集中在所得税一个税种和税基一个要素方面，基准税制构成税收制度的主题内容。

税收制度还要通过税收管理来具体实现。在计划经济体制下，大部分生产资料和劳动力归国家所有，政府主要采取行政法规或行政命令的形式对经济与社会进行管理，通过行政命令安排大部分行业的生产经营活动。由于政府可以统筹安排几乎所有的社会资源，税收与政府的其他收入形式之间只有名义上的分别，税收被作为一类经济政策而混同于其他的各类资源配置、经济调控手段，大部分税收都是以行政法规为依据，服从于政府下达的计划和任务；由于资源配置的主体是政府而不是市场，在税制结构的设计中，一些非中性的税种因其调节作用明显且征收简便而成为主体税种，而非中性的税种则因征管较为困难被长期作为辅助性或补充性税种；由于企业和税务部门同属政府的行政体系内，绝大部分税收违法案件都采取行政程序，实施行政处罚，而政府站在自身的角度也习惯于通过行政命令的方式干预税收管理。

在我国从计划经济体制转变为市场经济体制的过程中，市场逐步取代政府成为资源配置的主体，政府参与收入分配已不再完全是其内部的资源分配问题，而是不同产权主体之间的利益分配问题。同时，我国目前的所有制结构既不同于计划经济时代，也不同于西方各国，政府还不能像西方自由市场经济国家的政府那样完全置身于市场竞争之外，仍然承担着管理大量国有企业的职能。税收在国民经济中所扮演的角色和发挥的作用也发生了相应的变化，但与西方市场经济国家相比，仍然存在若干中国特色和时代特征。在税收经济关系中，一部分税收来自私有、外资、个人等非公有制经济主体，也有一部分来自国有、集体所有制企业；在税收法律关系中，既存在税务部门与各类经济主体之间的税收执法关系，也存在税务部门与国有企业主管部门之间的行政关系；在我国现行财税体制下，有各级政府和地区之间的税收利益分配关系；在行政管理体制内，税收与其他相关政府部门、金融系统也有广泛的联系；在税收征管的层次上，税务系统内部存在国、地税之间以及不同级次税务部门之间的协调、配合关系；在广义的税收范畴内，还有税收与政府的各类非税收入（包括行政事业性收费、政府性基金、行政性罚款和罚没收入、公共资产和资源收入以及其他非税收入等内容）的关系。上述各种关系深刻地影响着我国当前和未来相当长时期内税收制度的发展与变革，它们也是建立和发展我国现代纳税服务体系过程中需要认真研究和处理的主要关系。

市场经济体制下政府不再掌握大部分社会资源的所有权或支配权，也不再直接管理企业的生产经营活动，从而不再是资源配置的主体。从产权制度的角度来看，也就是私有产权的确立。马克思说过："私有财产是生产力发展一定阶段上必然的交往形式，这种交往形式在私有财产成为新出现的生产力的桎梏以前是不会消灭的，并且是直接的物质生活的生产所必不可少的条件。"① 而目前我国正处于私有财产还有其存在的必要性的这个生产力发展阶段，即社会主义初级阶段。随着私有产权的确立，政府参与收入分配已不再是其内部的资源分配问题，而是平等的不同产权主体之间的利益分配问题。这样的问题已不能依靠行政法规和行政命令来解决，因为采取行政手段的主体只能是政府，也就意味着制定分配规则的主动权完全掌握在政府手中，这对于纳税人来说是不平等的。正如马克思所说，"权利决不能超出社会的经济结构以及由经济结构制约的社会的文化发展"②，即权利要有经济作为其基础，并要受经济的制约。而可能保障纳税人和政府在解决这一问题的过程中始终处于平等地位的只有法律手段。因此，市场经济体制下，税收必须建立在法律授权的基础上，通过对政府与纳税人之间的税收法律关系予以明确，在税收职能、制度与管理等方面实现法制化，将政府与公民平等地置于法律的制约下，以落实国家对公民私有财产权的尊重和保护。税收立法既是市场经济体制对于税收制度的基本要求，也是对纳税人权益的根本保障。当然，立法只解决了税收有法可依的问题，只有做到有法必依、执法必严，才能真正有效地保护纳税人的合法权利。

第四节 中国现代纳税服务体系框架及其实现路径

每一个国家都建立在一个由包括所有制结构、经济体制、生产力发展水平以及历史文化传统等因素构成的社会经济基础之上，并在自身社会经济基础上建立和发展与之相适应的法律体系和相应的包括税

---

① 《马克思恩格斯全集》第3卷，人民出版社2002年版，第410—411页。
② 同上书，第364页。

收在内的行政体系。在不同的社会经济基础上，税收的内涵与外延都是不尽相同的。因此，纳税服务体系的建立必须从实际出发，根据税收在现实国情背景下出现的具体问题来设计建立纳税服务体系。脱离客观社会背景的税收制度是不现实的，纳税服务自然也无从谈起。

在社会契约论的视角下，税收是国家与人民之间签署的法律契约中有关税收的条款的总和，即税收契约。以这一理论为前提，可以得出以下结论：首先，政府征税是在执行税收契约，而税收契约是法律契约的一个部分，那么它本身就是一部关于税收法律关系中权利与义务的规范，即税法。其次，税收是由法律规定的，征税是法律契约的执行，即税收法治。没有法律的明确与保障，纳税人权利即成为空谈；没有健全有效的税收司法、执法体系，纳税人权利也得不到落实。因此，与税收相关的各种法律、法规以及相应的司法、执法制度和机构共同构成了税收法律体系，它是纳税服务体系的支柱。

在法律框架内，税收制度需要相应的执行机构，进行职能配置，设计业务流程，采取征管措施，才能真正得以贯彻实施。这些因素构成了税收的管理体系，其中，既包含对涉税行为、人员、财产的执法管理，也包括对税务机构内部的行政管理。税收的管理体系是税收制度的执行主体，也是纳税服务体系的主干。纳税服务的对象范围比税收征管的对象范围更为广泛，纳税服务的内容和形式也会比税收征管更为灵活、多样，但如果某种服务活动完全脱离税收征管而自行其是，则在理论上不能归属于纳税服务的范畴，在实践中，无助于现实税收工作的改善。

税收管理体系是纳税服务体系的主干，但提供纳税服务的主体却不仅限于税收机构，在市场经济条件下，由于纳税服务需求的多样化、多层次、个性化，税务机构既不可能也不必要完全满足这些服务需求，其中不属于公共需要的部分以及当前政府部门还难以充分满足的公共需求，可以由各类社会服务机构在法律框架内，以商业化的服务或公益活动的形式提供。提供纳税服务的主体包括以营利为目的的税务中介机构、非营利性的社会团体和志愿人员等，构成了税收的社会服务体系。

纳税服务在很大程度上受到各种相关技术条件的影响，一方面，某种技术（如现代信息技术）的出现和普及可能促使纳税服务获得前所未有的技术手段和平台，从而极大地提高服务的效率和质量，扩大服务覆盖面，丰富服务内容和形式；另一方面，纳税服务的发展也可能由于技术手段的性能或成本的制约而停滞不前，一些先进的服务思想可能受制于技术条件而难以付诸实现。纳税服务体系所采取的各类技术装备、技术手段的总和构成了纳税服务的技术体系。由于纳税服务体系以税收管理体系为主干，纳税服务的技术体系也以税收信息系统为主干。同时，在税收信息系统的基础上，还包括社会服务体系内的各种技术因素，以及各种可以利用的其他技术因素。

一个完整的、现实的纳税服务体系框架，就由上述税收法律体系、管理体系、社会服务体系和技术体系在具体的社会经济基础上共同构成。其中，税收法律体系以及管理体系、社会服务体系、技术体系中的制度因素，可以归纳为纳税服务的制度框架；对这些体系中的管理特征的描述，可以归纳为纳税服务的管理模式；在现代技术条件下，纳税服务的制度框架和管理模式的实现，主要依托于相应的技术平台。

基于这一框架，笔者关于构建中国的现代纳税服务体系的构想可以描述为：在充分分析中国目前和未来一定时期内社会经济发展对纳税服务的需求和局限的基础上，围绕建立税收制度体系、优化税收管理模式、构建基于现代信息技术的纳税服务平台这一路径展开。本书第五章至第七章将沿着上述路径，分别讨论纳税服务的制度体系、管理模式和技术平台的构建。

第五章　现代纳税服务体系的制度框架

第一节　税收入宪

对纳税人权利的承认与保护，是纳税服务的政治基础和法学内涵，是纳税服务体系的核心支柱。离开了这一基础，纳税服务便无所归依。然而，纳税人权利应该以何种方式界定？在政治和法律体系的什么层面上予以承认和保护？

一国的国民作为该国纳税义务的当然和主要承担者，从国民视角来看，纳税人权利就是一国国民在税收方面所享有的权利。纳税人权利所蕴含的首先是国家与人民的关系问题。根据国家学通说，国家的构成包括人民、土地和主权三要素。国家行为以体现人民的公意的法律为依据，国家征税以人民的同意为前提。政治契约论的意义在于它"为理想的政治社会提供合理的基础，其理念乃是支配的权威与服从的义务，应以人民的同意为前提"。[①] 全体国民的同意是国家权力行使的基础，必须保证人民公意的表达，其尺度和界限是国民基本权利和自由的保障。具体到国家的征税权与国民的纳税义务，国家必须"以向国民提供各种服务并增进其福利为目的而存在"。[②] 即国家为国民提供公共服务，公共需求的内容是国民意志的反映，并通过民主的立法

[①] 陈文政：《政治义务论——政府的义务和人民的服从义务》，《东海法学研究》1996年第10期。

[②] ［日］金子宏：《日本税法原理》，刘多田等译，中国财政经济出版社1989年版，第16页。

过程形成决定，这一决定过程就是国民征税同意权实现的过程。另外，国家的存在决定了国家"课税的目的在于支付应为提供该等服务所需之经费"。① 为保障这一目的的实现，也保障国民征税同意权切实而不致落空，国民应享有对国家税收支出的监督权。而促成国民的这两项权利的实现就构成了现代国家对国民的政治义务，理应体现于国家契约之中，并作为其核心部分，而国家契约的具体体现，即为宪法。

从历史角度来看，由税收引发社会不满情绪甚至导致暴力革命的事例不胜枚举。历史上，英国革命、法国大革命就是从抗税开始的；法国大革命的纲领性文件《法国人权和国公民权利宣言》庄严宣称："公民平等地受法律保护和惩罚、平等纳税和决定税收。""除非当合法认定的公共需要所显然必需时，且在公平而预先设定的条件下，任何人的财产权不得受到剥夺。"② 这一郑重宣告既是国民主权的政治宣言，也是资产阶级启蒙思想家"天赋人权"实践斗争的理论成果。在中国历史上，由于统治阶级过度地横征暴敛、贪污腐化和过于膨胀的财政负担所造成的苛捐杂税而导致民众普遍不满，并进而直接或间接引发的革命更是数不胜数。美国历史学者查尔斯·亚当斯（Charles Adams）在对赋税历史大量研究的基础上提出："实际上，历史上绝大多数重大事件的背后——国家的繁荣、叛乱和革命、自由和奴役以及绝大多数战争——赋税都扮演着重要的角色，这几乎成为一个公理。"③ 他对赋税所扮演的历史角色是这样描述的：政府的赋税总是逐渐扩张到人民不堪忍受的程度，接着是纳税人暴动、暴力和社会结构的剧变。如果查尔斯·亚当斯的公理成立，就意味着只要国家存在，国家所赖以生存的赋税永远是一个"必然的罪恶"。当然，在现代社会中，由于政治民主的不断推进、行政效率的提高、资讯的发达，绝大多数由于税收引发的社会矛盾都可以消弭于引发重大事件之前，但

---

① 黄茂荣：《税法总论》，《植根杂志》2007 年第 3 期。
② 董云虎：《人权基本文献要览》，辽宁人民出版社 1994 年版。
③ Charls Adams, *For Good and Evil: The Impact of Tax on the Course of Civilization*, Madison Books, 1993, p. 17.

是，税收本身仍然是国家与人民之间利益关系的核心所在，现代国家税权的不断膨胀，已使税收成为公权力干预私人生活和侵犯基本权利的一个主要载体。公民权利与国家权力的对立在财政领域表现为私有财产权与国家财产权的对立，公民权利中最基本的权利就是私有财产权。如同财产权是个体最基本的权利一样，国家财政权也是一个国家最基本的权力，是国家的"生存权"。私有财产权与国家财政权均应受到宪法的保护。在一个相对静止的条件下，私有财产权与国家的财政权在数目上是此消彼长的，两者的冲突显而易见。因此，宪政之所以得以形成，其主要的经济因素之一就是税收这一国家与人民之间的利益分配问题，英国、法国和美国的宪政形成无不出于纳税人对自身权利的主张。可以这样说，宪政确立的经济动力来自纳税人的经济利益。宪政与财政的互动和博弈实际上就是纳税人权利与国家征税权的互动和博弈。

从纳税人权利保障角度来看，在公民权利中，财产权是公民赖以生存、发展的重要基础。如果没有财产权利，人们就难以保障自己的基本生存，也就缺乏投资和劳动的激励。因此，布坎南认为，必须设定有效的宪法制约，这种制约应有效地抑制政治对财产权利，以及对涉及财产转移的自愿的契约安排的公开侵扰。国有化运动，比如依靠暴力强征所谓的税收等。宪法中的财产权乃属于宪法上的一种基本权利，与宪法上的其他权利一样，均是公民针对国家而享有的一种权利。即公民享有的、为国家权力所不能不当侵害的一种权利，直接反映了公民与国家权力之间在宪法秩序中的关系。因此，在公民与国家之间的税收关系中，宪法对公民财产权的保护功能是不可替代的。宪法上的私有财产权的确立，对主权者而言，不仅是在先约束的一种宪政理念，也是宪法保障公民财产权的依据所在。

第二节 税收立法

一 我国税收立法现状和存在的问题

(一) 我国税收立法的现状

改革开放 30 多年来，我国税收制度经历过几次较大的改革。改革开放初期的税制改革，首先建立了涉外税收制度以适应对外开放需要。之后，又先后分两步实施国营企业"利改税"改革，把国家与企业的分配关系以税收的形式固定下来。1994 年，国家实施了新中国成立以来规模最大、范围最广的一次税制改革。2003 年以来，围绕完善社会主义市场经济体制和全面建设小康社会的目标，国家分步实施了税制改革和出口退税机制改革。目前，中国共有增值税、消费税、营业税、企业所得税、个人所得税、资源税、城镇土地使用税、房产税、城市房地产税、城市维护建设税、耕地占用税、土地增值税、车辆购置税、车船税、印花税、契税、烟叶税、关税、船舶吨税、固定资产投资方向调节税等 20 个税种，其中，17 个税种由税务部门负责征收。固定资产投资方向调节税由国务院决定从 2000 年起暂停征收。关税和船舶吨税由海关部门征收，另外，进口货物的增值税、消费税由海关部门代征。[①] 这 20 个税种相关法律、法规组成我国的税收实体法体系。除此之外，税收征收管理法律制度规定，由税务机关负责征收的税种的征收管理，按照《中华人民共和国税收征收管理法》执行；由海关负责征收的税种的征收管理，按照《中华人民共和国海关法》《中华人民共和国进出口关税条例》等有关规定执行。上述税收实体法和税收征收管理法律制度构成了我国现行税法体系。

我国现行立法体制既不同于联邦制国家，也不同于一般的单一制国家，而实行的是中央集中统一领导下的、中央和地方适当分权的、多级的立法体制。1994 年，我国进行了财税体制改革所确立的分税制

[①] 国家税务总局网站。

财政体制是一种不彻底的相对分权的财政体制。这种立法体制和财税体制为我国税收立法体制设置了整体框架。我国现行的税收立法体制,可以表述为"二元、二级、三层次、四分支、多主体"。[①] 即我国税收法律体系,既包括由国家权力机关制定的法律,又包括由国家行政机关制定的行政法规和规章。也就是说,表现为"法律上的一元实践中的二元"。税收立法权由中央和地方两级立法主体行使,立法权限在每一级又分为最高国家权力机关、国务院、财政部及国家税务总局、海关总署三个层次。同时,中央一级的税收立法权延伸到地方,形成为省级地方税收立法权、民族自治地方税收立法权、经济特区地方税收立法权和特别行政区地方税收立法权四个分支。

目前,我国的税收法律体系由《中华人民共和国个人所得税法》等3部法律、《中华人民共和国增值税暂行条例》等约30部行政法规、《中华人民共和国增值税暂行条例实施细则》等50多部行政规章等税收规范性文件组成。具体可以分为税收实体法和税收程序法两大类。在税收实体法领域,涉及20多个税种,根据征税对象的不同,涉及的税种主要分为流转税、所得税、财产税等类型。流转税可以进一步分为增值税、营业税、消费税和关税;所得税可以分为企业所得税和个人所得税;财产税可以分为城镇土地使用税、房产税等。目前的税收程序法主要是《中华人民共和国税收征收管理法》及其实施细则。我国税收法律体系的初步形成,对于保障国家税收收入快速稳步增长,保护纳税人权利以及实践科学发展观和推进法治国家与和谐社会建设,都起着非常重要的作用。

2000年3月由九届全国人大三次会议审议通过并于2000年7月1日起实施的《中华人民共和国立法法》,是规范立法活动、进一步完善我国税收立法体制的一部宪法性法律。《中华人民共和国立法法》颁布实施后,以往规范不足的情况将在很大程度上得到弥补。有关税收立法的各项制度安排,包括立法的权限、程序、解释、监督等方面得以明确和规范,特别是对税收立法体制的确立,在很大程度上将影

---

① 董召奎:《我国税收立法体制完善研究》,硕士学位论文,安徽大学,2007年。

响税法未来的发展。

(二) 我国税收立法体制存在的问题

改革开放尤其是建立社会主义市场经济体制以来,我国颁行了不少税收法律规范,初步建立起与社会主义市场经济要求相适应的税收法律体系,税收立法体制也逐步得到完善,但仍然存在不少问题。概括起来,主要表现为以下几个方面:

1. 税收法定主义在税收立法中未能得到很好的贯彻

由于税收法定主义在我国宪法中仍未作出明确规定,税收立法缺少了根基,从而妨碍了我国税收法治的建设。[①]《中华人民共和国立法法》在一定程度上体现了税收法定主义,但我国目前的税收立法体制的设置仍未能很好地贯彻税收法定主义,从而影响了我国税收法制建设。

2. 税收法律的整体效力级次低

我国现行税收法律规范,由立法机关制定的只有寥寥几部,绝大多数是行政机关制定的。税收法律体系既缺乏直接的宪法依据,又缺乏税收基本法和一系列配套的单行税收法律。而现行这种以大量的税收行政法规为主的税法体系,效力层次低,权威性不高,难免内容重复、繁杂、交叉、重叠。

3. 税收立法权限划分和行使不合理

目前,全国人大有税收主立法权却很少行使,地方人大有少量税收立法权,省级政府有少量税收辅立法权;大量的税收立法工作由国务院和国务院税务主管部门来承担。税收立法权的过度集中,一是使地方政府不能对一些地域性的较为零散的税源立法征税,影响了地方政府开辟税源、组织财政收入的积极性,也制约了地方税制结构的灵活性和多样性,造成各地区间的苦乐不均。二是地方对于分权的客观需要导致了地方政府的越权行为,扰乱了分配秩序。例如,近年来,地方政府在财政困难且没有税收立法权的情况下,为了弥补政策缺口,不得不动用行政手段,以收费的形式来集中收入。而地方政府对

[①] 王世涛:《论税收入宪》,《长白学刊》2004年第6期。

税收立法权的这种变通，不仅引发了目前收费膨胀、分配秩序混乱的局面，而且也弱化了经济管理中的法制约束及税法统一。三是一些地方政府基于财政收入的考虑，往往对国税的征收、入库进行不正当干预，两税混级混库事件也由此而生。①

4. 税收立法程序不完善

由于税收立法权限划分和行使存在上述问题，导致税收立法程序缺乏整体立法规划，缺少前瞻性和全局视野，税收规章的制定颁布随意性较大，税收立法及监督机制不畅。

二 我国税收立法改革的建议

（一）公民财产权入宪

如前所述，现行的《中华人民共和国宪法》第五十六条是唯一涉及税收的内容。按照"中华人民共和国公民有依法律纳税的义务"来定位，显然不能体现税收法定主义的基本精神：保障公民的财产权利。建议通过修宪程序将这一精神在宪法中予以明确。"税收法律主义实际上把依法治税问题提到了整个民主法制建设的高度。真正实现税收法律主义，那将意味着税收立法、税收司法和税收行政系统一系列的改革和完善。从某种意义上说，它也是政治体制改革的一个重要方面。因此，要从根本上实现税收法制，就应把税收法律主义原则当作我国税收立法的首要原则。"②

（二）制定税收基本法

从1996年财政部制定的《"九五"财政法制建设发展规划》、1997年国家税务总局发布的《1997年全国税收工作重点》到《十届全国人大常委会立法规划》将税收基本法列为"研究起草、成熟时安排审议的法律草案"，税收基本法至今没有出台。"税收基本法的立法效率不高已成为影响和制约我国税收法制建设的'瓶颈'。"③ 作为税

---

① 华国庆：《中国税权重构的法律思考》，《河北法学》2004年第9期。
② 王梅：《税收法律主义原则应作为税收立法的首要原则》，《中国税务》2002年第10期。
③ 涂龙力、涂京联：《税收基本法立法若干基本问题研究——兼与施正文、徐孟洲同志商榷》，《税务研究》2005年第8期。

收通则的基本法将解决我国目前税法结构不合理、整体效力级次低、缺乏权威性和稳定性等问题。因此，在条件和时机成熟时，尽快形成税收基本法的基本框架，再根据现实情况逐渐修正、调整与完善，这符合一般的立法规律，也是完善我国税收法律体系的必由之路。

（三）对税收授权立法进行清理

正是由于在宪法和基本法级次上立法的不完善，导致税收授权立法较为混乱的现状。因此，有必要对现有的税收授权立法进行认真的清理，在此基础上建立和完善对税收授权立法的监督机制。同时，考虑到现阶段我国权力机关立法能力有限，税收授权立法尚有其存在的合理性，可以考虑授权国务院就立法条件尚不成熟的事项制定行政法规，但是，授权目的、内容、时限应明确，国务院也不能对相关授权立法事项转授权。

（四）加强对税收立法的监督

由于立法监督的缺失、税收立法的级次低，导致各单行税法松散排列、相互之间协调性差等一系列问题的存在。《中华人民共和国立法法》对立法监督是有明文规定的，如第八十七条、第八十八条规定，对超越权限的行政法规，全国人大常委会有权撤销；第九十九条规定："国务院、中央军事委员会、最高人民法院、最高人民检察院和各省、自治区、直辖市的人民代表大会常务委员会认为行政法规、地方性法规、自治条例和单行条例同宪法或者法律相抵触的，可以向全国人民代表大会常务委员会书面提出进行审查的要求，由常务委员会工作机构分送有关的专门委员会进行审查、提出意见。前款规定以外的其他国家机关和社会团体、企业事业组织以及公民认为行政法规、地方性法规、自治条例和单行条例同宪法或者法律相抵触的，可以向全国人民代表大会常务委员会书面提出进行审查的建议，由常务委员会工作机构进行研究，必要时，送有关的专门委员会进行审查、提出意见。"但之后的《中华人民共和国监督法》仍然没有对全国人大常委会的审查程序作出规定，立法监督机制仍然虚置，其后果是立法质量无法得到保障。为此，有必要完善和落实人大立法监督制度，完善税收立法监督程序，建立健全税收立法责任制度和立法监督责任制度。

第三节 税收司法

税收司法有广义和狭义之分。狭义的税收司法是指人民法院按照法律、法规规定的程序，对税务案件进行审判的专门活动。广义的税收司法，包括涉税案件过程中刑事侦查权、检察权和审判权等一系列司法权力的行使。目前，纳税人权利的司法保障不仅仅在我国税务实践中存在不少问题，而且税法学界对纳税人权利司法保障的研究也尚欠深入。因此，只有对我国目前的税收司法制度加以改革和完善，才能最终建立起完善的纳税人权利司法保障制度。

近几年来，我国涉税法律纠纷在总量上呈现出上升的趋势，但现行的涉税案件执法、司法制度难以满足保障纳税人合法权益和国家税收的需要。为此，各地税务机关纷纷将司法工具引入征管内容，成立了税务公安派出所等，司法手段开始直接参与社会分配。尽管如此，我国的税收司法仍面临诸多困境。

一　我国纳税人权利司法保障存在的问题

由于税收宪法和税收基本法的缺失，造成了司法权的弱化和税收行政权的强化；存在税收行政权滥用及强化问题；税收司法缺乏独立、专业的税收司法审判机关。在这样的税收司法现状下，我国纳税人权利司法保障存在以下主要问题。

（一）税务行政复议制度

现行的税务行政复议制度构成了纳税人与税务机关在涉税争议中维护自身合法权益的一道现实障碍。我国 2015 年修订的《中华人民共和国税收征收管理法》第八十八条规定："纳税人、扣缴义务人、纳税担保人同税务机关在纳税上发生争议时，必须先依照税务机关的纳税决定缴纳或者解缴税款及滞纳金或者提供相应的担保，然后可以依法申请行政复议；对行政复议决定不服的，可以依法向人民法院起诉。当事人对税务机关的处罚决定、强制执行措施或者税收保全措施不服的，可以依法申请行政复议，也可以依法向人民法院起诉。当事人对税务机关的处罚决定逾期不申请行政复议也不向人民法院起诉、又不履行的，作出处罚决定的税务机关可以采取本法第四十条规定的强制执行措施，或者申请人民法院强制执行。""税务行政复议纳税义务前置"这种"清债后再说理"的做法限制了当事人的诉权，剥夺了纳税人及其他税务当事人自由选择救济途径的权利。作为其直接结果，当纳税人利益受到侵犯时，最终较少选择司法程序进行解决。有关资料显示，1998年，人民法院受理税务行政案件2069件，撤诉1465件；1999年，人民法院受理税务行政案件1804件，撤诉1150件；2000年，人民法院受理税务行政案件2055件，撤诉1200件；2001年，人民法院受理税务行政案件1237件，撤诉515件；2002年，人民法院受理税务行政案件1496件，撤诉733件。[①] 以上数据至少从一个侧面说明，在我国现行税收司法制度下，纳税人选择司法程序维护自身权益的成本极高。

（二）税务行政诉讼制度

纳税人诉讼制度是许多发达国家维护纳税人权益、监督财政资金使用的一个重要途径。而我国目前不但没有建立较为完善的纳税人诉讼制度，而且现行的一些规定还进一步制约了纳税人通过司法程序维护自身合法权利，使纳税人权利难以得到有效保障。

第一，根据《中华人民共和国税收征收管理法》以及《中华人民共和国税务行政复议规则（暂行）》的规定，纳税人对于税务机关发布的规章不能提起行政诉讼，导致税务行政诉讼受案范围过于狭窄，难以实现对纳税人权利的有效保障。

第二，我国宪法虽然确立了人民法院独立行使审判权的主体地位，但司法机关特别是地方司法机关从财政上受制于地方政府、人事制度上受制于地方权力机关和地方党委，由此导致了司法权的地方化。在这种情况下，地方司法机关更多地倾向于从发展地方经济的角度，去执行法律而行使司法权，而不是着眼于国家法制的统一性和严

[①] 《中国法律年鉴》（1999—2003），中国法律年鉴出版社2004年版。

肃性。① 由于审判机关缺乏独立性，影响了涉税案件的公正审理。当然，这并非税收司法程序中的独有现象，而是我国当前司法体系存在的普遍问题。

第三，涉税案件的审理要求司法人员具备很强的专业性、技术性，由此决定了审理税务纠纷案件的法官应当具有税法学、税收学、会计学等学科知识以及这方面的实务经验。但目前司法从业人员的有关制度中尚无相应的要求和规范。

第四，纳税人权利的实现缺乏保障措施。例如，《中华人民共和国税收征收管理法》第八条第一款规定："纳税人、扣缴义务人有权向税务机关了解国家税收法律、行政法规的规定以及与纳税程序有关的情况。"但该法没有规定征税机关的主动告知义务，对于征税机关不回答纳税人询问的法律后果也未作规定。对征税机关不履行告知义务的，纳税人只能向其上级主管部门或者有关部门反映。这种规定无疑限制了纳税人知情权的实现。权利的不可诉性，极易导致纳税人在征税机关违法不作为的情况下陷入投诉无门的境地。

二　改革我国税收司法体系的建议

如前所述，在我国，纳税人权利司法保障存在不少问题，而这些问题的解决依赖于税收司法改革。税收司法作为税收法治的突破口，如果其存在的问题不能得到有效解决，那么纳税人的权利始终就缺乏实现的基础。为此，在上文已经提出的有关税收入宪、税收立法等建议的基础上，就税收司法体系的完善提出以下建议：

（一）完善税务行政诉讼制度

完善税务行政诉讼制度，首先，需要扩大税务司法审查的范围，对越权的行政行为形成制约。其次，如果纳税人的诉讼权不能得到周全、充分的保障，则其本应享有的程序权利及实体权利将有名无实，所以，增强纳税人权利的可诉性就成为法治国家之法治建设不能不关注的重点。② 再次，为有效地制约政府的不合理用税行为，维护纳税

---

① 范立新：《关于税收司法改革思路的设想》，《财经问题研究》2002年第9期。
② 左卫民、朱桐辉：《公民诉讼权：宪法与司法保障研究》，《法学》2001年第4期。

人权益,应建立纳税人诉讼制度。最后,应制定税务行政复议和诉讼法,制定税务违章处罚法,"重罚轻税",加大税收监督力度。

(二) 改革税务行政复议制度

第一,为充分保障纳税人权利,切实遵循行政复议的便民原则和税法的税收法定原则,建议对《中华人民共和国税收征收管理法》有关"纳税人、扣缴义务人、纳税担保人同税务机关在纳税上发生争议时,必须先依照税务机关的纳税决定缴纳或者解缴税款及滞纳金或者提供相应的担保,然后才可以申请行政复议"的规定依法进行修正。

第二,扩大税务行政复议的审查范围。抽象行政行为作为国家行政机关针对不特定的人和事而制定的具有普遍约束力的行为规则,包括行政法规、行政规章和其他具有普遍约束力的决定、命令等。它针对普遍对象作出,适用效力不止一次,具有反复性、对象的非特定性特征,加之层次较多,适用范围广,因而产生的影响要远远大于具体行政行为。一旦违法,将会给众多人造成损失。从这个意义上说,抽象行政行为比具体行政行为更具有危险性和破坏力。[1] 因此,对抽象行政行为的审查远比对具体行政行为的审查更具意义,如将国家税务总局发布的规章纳入行政复议的审查范围。

第三,改革我国税务行政复议机构。我国税务行政复议机构的改革,一是改革目前由作出具体行政行为的各级税务机关之上一级税务机关为行政复议机关的做法,设立独立的不隶属于税务机关的税务行政复议机构。二是改变目前税务行政复议机构的人员构成,在这方面,可以借鉴我国仲裁的做法,从对税收、会计、法律、经济等方面具有专门知识和实际经验的人士中聘任,复议委员会实行复议员名册制度,即当事人只能在复议员名册中指定复议员。

(三) 税收司法组织机构体系的建设

根据国家统计局抽样调查统计,个体工商户、私营企业偷漏税比例在80%以上,集体所有制企业偷漏税在50%以上,国有企业偷漏

---

[1] 肖国平、肖湘林:《对完善税务行政复议制度的思考》,《株洲工学院学报》2005年第3期。

税也不下40%。① 根据国家统计局统计，1987—1992年，全国各省、自治区、直辖市和计划单列市共发生暴力抗税事件14176起，仅1992年上半年就发生了1004起。尤其是1994年实行的增值税采用发票抵扣税款制度后，有关增值税发票的犯罪案件在全国更是频频发生。②但是，与涉税违法案件有增无减形成鲜明对比的是税务机关在惩治涉税违法案件方面的力度有限。原因之一是赋予税务机关的权力有限，税务机关无搜查权、传讯权、逮捕权等权限。如在实践中，纳税人一般设有内外两套账，税务机关在税务检查中要求纳税人提供有关账簿时，如果纳税人拒绝提供，税务人员则无权进行搜查。因为，《中华人民共和国税收征收管现法》只赋予税务检查人员"经营场所检查权"和"责令提供资料权"，而未赋予经营场所搜查权。再如面对突发的假发票案件，由于税务人员无羁押犯罪嫌疑人的权限，导致有关犯罪嫌疑人从容逃脱，影响对涉税违法案件的进一步调查。税务征收管理的严峻形势要求强有力的税收司法机构来捍卫共和国税收法律的尊严。

围绕有关税收司法组织机构的建设，目前存在多种不同观点，争议的焦点主要集中在是否设立独立的税务检察机构和税务法院的问题上。税收理论界和法律界对此问题也有不同的看法。建立税务法院并不是世界各国的普遍做法，其名称与性质也有很大不同，从名称来看，有的叫作税务法院，有的叫作税务法庭，还有的叫作税收法律事务裁判所。从性质来看，主要有两种做法：一是司法部门，属于法院系统，如美国；二是行政部门，隶属于财政部门，如丹麦和韩国。我们可以借鉴其有益的东西，但大可不必模仿别人的做法。在我国究竟有没有必要设立税务法院和税务检察院呢？笔者认同郭勇平③的观点，即设立税务法院和税务检察院是不妥当的，主要原因是：首先，与公安局不同，法院和检察院是国家司法机关，独立行使职权，不受任何

---

① 郭勇平：《关于我国税收基本法中税收司法体系的立法思考》，《扬州大学税务学院学报》1998年第1期。
② 许文、胡新文：《关于我国建立税务警察的思考》，《安徽税务》1999年第7期。
③ 同上。

其他机关、社会团体和个人的干涉，这是我国司法制度不可动摇的原则。如果在税务警察设立以后再设立税务法院和税务检察院，也就意味着税务行政机关有了全部司法权，这就违反了《中华人民共和国人民法院组织法》和《中华人民共和国人民检察院组织法》。其次，虽然目前精通税法、胜任税收司法工作的专业司法人员确实很缺乏，但这并不意味着为了适应专业化的门类就要设立专业化的法院。还有一种意见认为，根据《中华人民共和国人民法院组织法》的规定，我国现有法院体系由高级人民法院、地方各级人民法院和专门人民法院组成。其中，各专门人民法院是结合自己的特点，灵活设置的，如海事法院、铁路法院等。但这些专业法院都有其特定的管辖区域，而税收是全国性的，是渗透到最基层的，甚至是面对每一个公民的，普遍设立税务法院就等同于另建一套完整的法院系统。鉴于此，还是以在法院和检察院内部设立税务法庭和税务检察室为宜。

关于设立国内税务警察的问题，争议较少。20世纪80年代中期，最早在我国吉林省辽源地区公安系统内部出现了一批税收治安派出所，专门负责涉税案件的侦破、查处、维护正常的税收治安秩序，打击处理各类扰乱税收治安的人员，并进行经常性的税收政策宣传。[①] 这为今天税务警察的建立提供了有益的、宝贵的经验。另外，逐步成熟起来的森林警察、铁路警察等专业化警察队伍的经验也值得在建立税务警察时借鉴。

（四）专业税务法官和专职税务律师队伍建设

培养专业的税务法官和专职的税务律师，保护纳税人的权利。为了适应税务案件的专业性、技术性、复杂性和大量性，有针对性地培养和选拔具备税法与税务专业知识的法官，可以集中力量审理税务案件，专门研究审理税务案件的特殊性，以更好地审理税务案件，依法保护纳税人的合法权益，实现依法治税的终极目标。此外，在当前我国律师比较缺乏的情况下，可以赋予税务中介人诉讼代理权，在法庭

---

① 涂龙力、王鸿貌：《税收基本法研究》，东北财经大学出版社1998年版，第217、220页。

上代表纳税人维护其权利。

(五) 健全税收司法保障机制

司法设置了以公权力为后盾维护社会秩序和正义的最后一道防线，税收司法体制作为维护税务秩序和税务公正的最后救济手段，应设立必要的机制加以保障，即必须设立相应的实体保障机制和程序保障机制，确保税务司法的独立性、公正性、权威性。具体可从以下四个方面着手：一是完善税务民事司法中税收优先权、税收代位权、税收撤销权的实体法规定和程序法规定，保障我国税收民事司法制度更健康的运行；二是增设有关部门违法不履行相应协助义务的刑事责任规范，促使有关部门履行税务司法协助义务；三是进一步完善和细化维护税收征管的刑事规范，使其具有更强的可操作性、科学性、完备性；四是在税收行政司法中，加强对税收法律关系中纳税人合法权利的保障。

第四节 税收执法

一 我国税收执法体系现状及存在的问题

税收执法是税务机关及其工作人员由国家授权，以国家的名义，在其职权范围内，依据税收行政权所实施的各种具体税收行政行为。

根据《中华人民共和国税收征收管理法》第十四条的规定："本法所称税务机关是指各级税务局、税务分局、税务所和按照国务院规定设立的并向社会公告的税务机构。"税收执法机构具体是指各级税务局、税务分局、税务所和按照国务院规定设立的并向社会公告的税务机构。

在我国，具有代表国家行使征税权主体资格的有税务机关、税务人员和经税务机关依照法律、行政法规委托的单位和个人，各级财政机关及各级海关。其中，税务机关是专门行使征税权的机关，是最主要的征税主体。

目前，我国税收执法机构设置比较混乱，各地名称不统一、不规范，机构庞杂，这是当前分税制财政体制下我国税收执法主体存在的主要特征。1994年机构分设以来，国税、地税机构由于征管改革、机构、人事改革不同步，再加上两者垂直管理程度不同，两者的机构设置差距越来越大；而不同地区的地税系统的机构设置差异也比较大；在税务司法协助中产生的临时性协调机构大量存在；在税务系统外部，还有许多以税收名义执法的机构。这些情况都导致国税、地税之间在一定范围内、一定程度上的职权交叉，形成了目前职责不清的税收执法格局，给纳税人增加了纳税遵从成本，也无谓地增加了征税成本。

在税收执法程序方面，由于税收制度的变革相对于经济社会发展的滞后，导致管理措施、征管流程难以有效监管不断发展变化中的各种涉税经济活动，造成税制执行力度的弱化。而税收的计划管理方式则与法制精神背道而驰，其结果是税收效率和公平的无谓损失，直接或间接地损害了守法纳税人的利益，制约了纳税遵从程度的提高。

在税收执法方式方面，传统计划经济体制下形成的以行政手段处理行政事务的执法模式还没有发生根本性的转变，存在税收执法权外部监督体系尚不健全、执法手段落后、执法措施不规范等问题。

二 建议

（一）建立健全税收执法权外部监督体系

税收执法权外部监督体系，以监督主体为标准，包括以下几个方面：一是权力机关的监督；二是党委、政府的监督；三是国家财政和审计等部门的监督；四是通过税务行政诉讼程序对税收执法进行的司法监督；五是民主党派和社会团体的监督；六是报刊、电视等新闻媒体的舆论监督；七是纳税人、扣缴义务人的监督。以上各个监督主体共同构成了对税收执法权进行监督的外部监督体系。要真正发挥外部监督主体的作用，一方面，有待于行政监督法律的立法，通过行政监督立法，加强对行政执法部门的执法监督。另一方面，税务机关应按新的税收征管法的精神，与有关方面共同制定相应的规章，从制度上予以明确，真正使税务机关主动与有关方面配合，接受他们的监督。当前，外部监督主体中纳税人的监督非常重要。税收执法的对象是纳税人,税收执法是否正确,纳税人最有发言权。要充分发挥纳税人对税收执法监督的作用,一方面,税务机关行使税收执法权的法律依据,包括税务机关自己制定的法规、规章、规范性文件,以及具体行政行为的过程必须公开,让纳税人了解税务机关在依据什么执法,从而有效地监督税务机关的行政行为。另一方面,税务机关及其执法人员在具体行政行为中,应告知纳税人享有的行政复议和行政诉讼的权利。

(二) 充分运用现代化的执法手段

现代信息技术的迅速发展,为税收执法提供了前所未有的信息和技术资源。税务部门开展信息化建设的初衷和最终目的,应着眼于提高执法效率,降低税收成本,落实税收公平的原则。

第一,在目前我国税务系统信息化建设已经取得的成果的基础上,按照"统筹规划、统一标准,突出重点、分步实施,整合资源、讲求实效,加强管理、保证安全"的原则,建立基于全国统一规范的应用系统平台,依托计算机网络,总局和省一级税务局集中处理信息,覆盖所有税种、税收工作重要环节、各级国税局、地税局并与有关部门联网,包括征收管理、行政管理、外部信息、决策支持系统的功能齐全、协调高效、信息共享、监控严密、安全稳定、保障有力的税收管理信息系统。

第二,在"数据大集中"的基础上,开展税收数据的科学整合和深度利用。在满足税收业务现实需要的同时,也通过科学、严密、精确的信息化平台,规范和优化税收执法工作,提高税收执法质量和服务水平。

第三,在"一个平台"的基础上,建立税收执法信息系统,把税收行政执法和行政监察工作纳入信息化管理。实现对执法行为的自动考核和监控,也是当前和今后一个时期税收执法现代化的重要发展方向。具体而言,可以考虑建立税收执法考核信息系统和税收执法自动监控系统。通过对税收执法的严密考核与监控,提高税收执法的效率和质量,对税收执法过程中许多违纪、违法现象形成威慑,服务于纳税人要求税收公平执法的基本需要。

第四，税务部门在税收执法各个环节中也应充分利用先进的信息技术，积极推行电话、网络等电子申报方式，实行税银库联网，开通"12366"纳税服务热线，建立税务门户网站，开展税法公告、纳税咨询等，不断优化纳税服务。

第六章 现代纳税服务体系的管理模式

第一节 纳税服务职能的发展

一 我国政府职能的转变

1978年改革开放以来，中国社会进入了一个全新的转型时期，即在社会的生产和生产力层次上，集中表现为经济增长方式由粗放型向集约型转变；在社会经济关系、经济形态、经济体制层次上，集中表现为计划经济体制向社会主义市场经济体制的转变；在上层建筑层次上，集中表现为高度集权的传统政治体制向民主政治体制转变；在思想文化层次上，集中表现为反映自然半自然经济和计划经济体制的精神文化向反映社会主义市场经济的现代文明的转变；在个体层次上，集中表现为传统半传统的人向现代公民的转变。在社会主义市场经济体制建立过程中，市场开始在社会资源配置中扮演重要角色，资源配置方式的改变导致了利益格局的变化，形成了新的利益主体和利益矛盾。利益格局的多元化要求不同个体在面临选择时承担各自不同的角色、遵循不同的价值观念和取向，导致个体之间价值的多元化，这种个体价值多元化的直接影响就是整体社会价值取向没有目标性和方向性，占主导地位的价值观念被迅速分散和消耗，无法形成集中的规模型影响。在20世纪90年代以来的社会转型中，国家实行非均衡发展战略，地方为回应这一战略也采取了有重点的发展策略，其基本目标就是追求经济的快速增长，推动工业化城镇化进程，而对于随着经济增长的社会发展的影响，比如环境问题、公共物品的供给问题、公平公正问题、贫富悬殊问题、地区差距问题等常常被忽视，导致整个中国在总体达到小康水平的同时，仍然存在城乡之间、地区之间、不同群体之间发展的不平衡，利益矛盾进一步凸显，影响着社会和谐。这些问题又与我国当前存在的两对突出矛盾密切相关：一是居民日益增长的公共服务需求与公共服务总体供给不足、质量低下之间的矛盾；二是市场经济体制逐步建立完善对政府职能的新要求与政府职能转变缓慢之间的矛盾。这就对转变政府职能，构建服务型政府，提高政府应对挑战和驾驭复杂社会局面的能力提出了更高的要求。

我国社会的全面急剧转型，客观上需要政府主动积极地根据社会的变化，依据社会的需要做出必要的改革，推进服务型政府的构建。长期以来，我国的政治体制改革滞后于经济体制改革，并且由于中国的特殊国情，政府在很大程度上成为决定社会发展和进步的关键因素。以政府改革为中心的改革已经成为我国社会改革的关键，积极推进我国服务型政府的构建，对于处在转型时期的我国社会的改革与发展具有重要的意义。同时，推进服务型政府的构建是我国社会发展、政府自身发展、人民群众切身利益的必然要求。在社会转型时期，推进我国服务型政府的构建具有其内在的客观必然性。从理论上看，"服务型政府"作为一种新的政府治理模式，是根据西方"主权在民"思想以及中国共产党的宗旨和政府"为人民服务"的理念来决定的；从实践来看，世界经济的全球化、一体化、政府自身的改革、社会需求与社会供给之间的矛盾、各种冲突的不断加剧等构成了我国构建服务型政府的外在压力和内在动力。

所谓服务型政府，是指一种在公民本位、社会本位、权利本位理念指导下，在整个社会民主秩序的框架下，通过法定程序，按照公民意志组建起来，以全心全意为人民服务为宗旨，实现着服务职能并承担着服务责任的政府。[①] 服务型政府具有公共性、服务性、有限性、有效性、法治性、责任性、公平性、透明性等特征。从这个定义来

---

① 刘熙瑞：《服务型政府——经济全球化背景下中国政府改革的目标选择》，《中国行政管理》2002年第7期。

看，当前，我国政府的职能转变还远远没有到位，政府角色定位还不明确，主要表现在政府与企业之间的关系没有得到有效理顺；政府从社会经济发展的微观领域退出来，而在宏观领域的调控作用没有充分地得到发挥和实现。构建服务型政府是解决我国体制改革中存在的深层矛盾的客观要求。政府从经济主导型向社会服务型的转变是社会主义市场经济发展的客观要求。政府主导的经济增长方式大多体现为粗放型的经济建设，带来了社会资源的巨大浪费和环境的严重污染；单纯地追求经济发展速度，导致畸形发展，社会失衡问题严重。以上的种种问题表明，我国政府原有的管理体制和方式已经严重地束缚了社会经济的有序、合理的发展。在市场经济主导的发展模式下，政府的根本任务在于为社会的经济发展提供有效的公共服务。因此，社会主义市场经济体制的发展客观上要求政府要从经济主导型向经济服务型转变，服务型政府的构建是实现这一需要的有效途径。

二　税务工作形式和内涵的变化

我国政府职能和定位的转变对税务系统产生了广泛而深远的影响。近几年来，国内理论界和税务系统提出了诸如服务型税务、服务型税务机关、服务型税务体系等概念。这些概念的提出，传递出一个清晰的信号，即在当前的时代背景下，越来越多的人已经意识到"管理"与"服务"之间紧密联系的必然性和必要性。至于两者以何种方式、在税收的什么环节发生联系，学术界存在不同的观点。

一种观点认为，"服务型税务"就是采用服务行政模式，将依法治税和纳税服务有机地结合起来，寓执法于管理和服务中，同时把管理和服务纳入法制轨道，形成"依法征税，依法纳税"的理想税收法制状态。服务行政模式的核心就是以行政相对人为中心构建的行政组织结构及运行机制，其目标是实现为行政相对人服务效率最大化，实现"以政府为中心"的重管制模式向"以满足人民需求为中心"的公共服务模式转变。[1]

另一种观点认为，所谓"服务型税务"，就是税务部门根据税收

---

[1] 罗成：《税收服务本质及实现途径》，《税务研究》2005年第6期。

本质和行业职能，按照形势发展要求，为适应建设服务型政府的需要，从管理模式上转变过去那种以监督打击为主的管理思路，确立以顾客为导向的服务型理念、方式和机制，从而更好地履行税收职能。[①]

针对以上两种观点，还有学者认为，现阶段我国市场经济体制尚未完善，市场法制保障体系还不健全，社会正由传统向现代转型，人们的观念、行为的转变还需时日，实现为行政相对人服务效率最大化为税务行政组织的目标还不现实，而以实现税收职能为组织目标是切合实际的。同时，税收工作的对象不仅是纳税人，从税收职能分析，税收具有为国聚财、调节经济、维护社会稳定等功能，因此，它面对的是整个社会而不仅是纳税人一个群体，其行政相对人应包括社会和纳税人。以"顾客"代替"社会和纳税人"，更是混淆了公民与顾客在权利与义务上的不可替代性。"服务型税务组织"应该是一种组织形式，而且是行政组织的一种形式，准确表述应为"服务型税务行政组织"。至于在实践中具有代表性的"将建设服务型税务机关等同于依法行政"的观点也值得商榷，"依法行政作为一项基本原则，是依法治国在行政领域中的具体运用，其基本含义在于行政机关行使行政权、从事行政管理活动必须依法进行。依法行政和服务行政是两个不同层面上的概念，具有不同的目的和功能，前者是从形式上对行政权的运行进行约束，后者则是从内容上对行政的目标进行设定"。[②]

三 税收管理和纳税服务关系辨析

笔者基本认同上文中的第三种观点，即税收管理与纳税服务并无本质上的冲突或矛盾，而是同一事物的不同方面或不同层面。而且两者都与税收密不可分，从而构成了一个围绕税收的矛盾统一体。对于两者关系的辨析，则要从税收管理的基本概念和内容说起。

税收管理是指国家税收立法及执行机关为保证税收职能的实现，依据国家的宪法和税收法律、法规，对税收分配活动的全过程进行决策、计划、组织、控制和监督的一系列管理活动。税收征收管理和税

[①] 戚鲁：《服务型税务体系构架研究》，《税务研究》2003 年第 5 期。
[②] 杨解君：《"双服务"理念下现代行政之变革》，《行政法学研究》2004 年第 2 期。

收行政管理是税收管理的主要内容。税收征收管理包括税务登记、账簿及凭证管理、纳税申报和税款征收四个方面。税收行政管理包括税务行政机构的设置和税务行政法制两个方面，其中，税务行政法制又包括税务行政处罚、税务行政复议、税务行政诉讼和税务行政赔偿四种。对于纳税人的角度而言，纳税既然是一种不可逃避的义务，那么绝大多数纳税人对政府征税的基本要求就是税收的公平。在不同的背景和条件下，公平可以有不同的解释，但在税收问题上，公平至少包含制度公平和执行公平这两层含义。税收管理就是执行既定的税收法律制度，虽然原则上不涉及制度的制定，但是，在执行过程中仍然存在若干影响税收公平的可能性，例如，对税法理解有误、对执法尺度掌握有差异等。即使不存在有意或无意的执法不公平的情况，在信息不对称的现实环境中，也会使部分纳税人对执法公平产生疑问。上述问题都需要政府采取适当的管理措施予以解决，例如，加强执法监督、严格执法管理、加大执法透明度等。有效的管理措施可以降低纳税人的纳税成本，提高纳税遵从度和税收征管质量，也就在一定程度上促进了税收的公平，保护了守法纳税人的利益。

　　税收管理还包含对税收执法、行政的监督管理，其对象是税务系统的机构、人员、工作等内部因素。这一部分税收管理的加强、改善，会直接促进税收管理质量的提高，节约税收征收成本和纳税人付出的遵从成本，对于税务机关和纳税人而言，都是帕累托改进。即税务机关内部管理的改进，也属于纳税服务的范畴。更进一步地，在市场经济体制下，从政府行为的本质来看，政府的一切活动都是围绕解决各种公共需求、提供公共服务来开展的。政府开展公共服务是需要财政支持的，税收的主要职能就是服务于公共财政目标，而税务部门征税的基本工作内容就是税收行政管理。即税收管理本身就是政府提供的一种公共服务。

　　再进一步比较两者的职能和使命，《中华人民共和国税收征收管理法》第一条规定了税收管理的根本目的是："为了加强税收征收管理，规范税收征收和缴纳行为，保障国家税收收入，保护纳税人的合法权益，促进经济和社会发展，制定本法。"而国家税务总局制定的

《纳税服务工作规范（试行）》第三条则规定："纳税服务以聚财为国、执法为民为宗旨，坚持依法、无偿、公平、公正的原则，促进纳税遵从，提高税收征管质量和效率，保护纳税人合法权益。"显然，纳税服务是在税收管理对行政权运行的约束下税务行政的目标。

当然，在我国的国情下，如前文所述，由于经济体制尚处于转型阶段，产权的制度安排也尚未明晰和成熟，公共财政的经济基础还未健全，税收的制度安排及其管理体系也就必然地承担了一部分以行政手段直接管理经济的职能。因此，我国国情背景下的税收管理在形式和内容方面都难以完全纳入纳税服务的范畴，在理论和实践两方面都表现出经济体制转型阶段的特色，这一特色反映到目前和未来一个时期内的税收实践中，由于现行法律体系、财税体制、税收组织形式、征管模式等各个层面还有大量有待针对现实经济社会环境相适应进行调整的空间，所以，税收管理实践与纳税服务在一定范围内、一定程度上也存在不协调的因素。具体到税收信息系统的功能结构上，就表现为管理与服务职能的对立与统一关系。

两者之间的对立，主要体现在以下三个方面：一是由于政府与纳税人之间的权利、义务关系尚未通过立宪程序予以明确，纳税人在税收经济关系和税收法律关系中的权利难以得到宪法的支持，导致在税制的产生、变更决策中，缺乏对行政立法的有效监督和制约，即税收的制度安排在很大程度上取决于政府的行政管理目标，而不完全由立法机构在充分尊重纳税人权利的基础上作出决定。二是现实中，完全意义上的公共财政体系尚未建立，税收被动服从和服务于带有明显计划经济色彩的行政命令，以完成收入任务为目标，而不是以确保税法的公平执行为准则，导致纳税人权利得不到应有的保护。三是税收管理机构以及管理措施仍然围绕以行政管理模式而非提供服务的模式设立和运行，税收信息系统也只能以此为基础进行建设。由于存在上述对立关系，纳税服务目前还不是税收制度产生、修改、执行所围绕的核心。

同时也应该看到，在不同的历史时期、不同的经济社会背景下，由于国家与人民之间政治、经济、法律关系的不断发展演变，税收的内容和形式也随之处于持续变化中。变化的过程是一个破旧立新的过程，既意味着对自身某些传统因素的否定和变革，也意味着与各种新的社会因素发生联系，从而可能出现新的问题，使纳税服务的内涵和外延也体现出动态发展的趋势和多样性的特征。在我国的国情背景下，由于经济体制尚处于转型阶段，政府职能也正在经历着与之相适应的变革，由各种内、外部现实因素所决定的当前和未来一定时期内的税收模式中，传统体制遗留下来的"管制"与新形势所要求的"服务"都有其存在的必要性与合理性。因此，笔者认为，中国特色并不意味着我国税收信息系统就必然以行政管制色彩为其主要特征，或其中"管制"与"服务"的职能之间必须留有明晰的边界。所谓中国特色的纳税服务，应该是指在中国独特的经济社会中的政府职能和财政目标所体现的与税收相关的服务内容及其管理模式。

随着市场经济在我国的迅速发展和成熟，税收管理与纳税服务之间的关系也在矛盾运动中不断发展演变。目前，由于经济社会环境、纳税人和政府等各方对纳税服务的需求日渐强烈而迫切，在部分征管环节，工作的主要内容已经逐渐地由服务取代了管理，在整体上呈现出多点服务的特征，即服务的提供尚未形成完整的体系，也没有贯穿税收工作的始终，但已出现在其中的许多环节，并随着经济社会的多元化进程而发展出许多新的形式。

总之，在我国当前经济社会形态正在发生巨大变革的宏观背景下，在建设服务性政府的目标导向下，我国税收管理的模式也正处于探索改革方向和路径的过程中。

第二节　纳税服务组织变革

一　信息技术影响组织变革理论

1958年，随着现代信息技术的发展，利维特和威斯特（Leavitt and Whister）对信息技术与组织变革之间的关系进行了研究。此后，随着信息技术的发展以及组织所面对的环境的剧烈变化，信息技术与组织之间的关系越来越复杂，越来越多的学者也对这一现象发生了兴趣并进行了深入研究，获得了一些理论成果，大致可以归纳为组织集中论、组织分散论、组织决定论和相互促进论四类。

（一）组织集中论

利维特和威斯特最早提出这种观点，他们认为，信息技术将从根本上改变组织形态和管理工作本质，信息技术和科学管理将导致中层管理者减少甚至消失，高层管理者将承担更大的责任，以至于组织控制权更加集中。这种观点产生的原因是信息技术为准确、快速地将信息从底层人员直接传送给高层管理者提供了手段，从而减少了对中层管理者的依赖，决策控制权更加集中到高层管理者手中。20世纪80年代以来，许多组织进行了大规模的中层管理者精减，使组织控制权更加集中，从而验证了这种观点。然而，也有许多事例表明，信息技术可能引起管理权、决策权的分散化，而且，即便是导致决策权集中，这种组织变革也不能完全由信息技术决定，还要受到组织的等级结构关系和组织功能等因素的影响。

（二）组织分散论

这种观点认为，信息技术将接替中、低层管理者对常规性问题的决策任务，从而使人们将注意力集中在非常规性问题的决策控制上。从信息可达性角度看，既然信息技术使高层管理者可以越过中层管理者得到所需要的信息，那么同样可将信息分配给中、低层管理者，授权他们作出自己的决策，这导致了组织控制权的分散。

组织集中论和组织分散论都将信息技术作为自变量导致因变量——组织结构的变化，这两种观点都属于马库斯和罗贝伊（Markus and Robey）归纳的技术决定论。该理论认为，技术是一种决定或强烈约束个人和组织行为的外部因素，但并不能解释信息技术如何决定组织的变化。从某一角度来看，这一观点是信息技术背景下"扁平化"组织机构模式的出发点。

（三）组织决定论

马库斯和罗贝伊提出的组织决定论认为，组织对信息技术有极大的选择权，对结果有绝对的控制权，人们设计信息系统以满足组织对信息的需求，而组织结构由组织的信息处理需求及管理者的意图决定。组织特性决定了组织的信息处理需求，从而决定了信息技术如何被应用。一般认为，对信息处理需求影响较大的组织特性有组织任务类型、关于任务的知识、任务相关性等。这种观点认为，信息处理需求和管理者意图作为自变量决定因变量信息技术。

（四）相互促进论

这种观点认为，信息技术的使用和结果是不可预知的，是由复杂的社会相互作用决定的。这种观点的中心内容是计算机基础的作用、冲突的目标和偏好之间相互作用、非理性目标和选择过程的作用。奥利科威斯基和罗贝伊（Orlikowiski and Robey）发展了这一观点，他们认为，信息技术在组织中具有双重作用：一方面，信息技术具有一个客观的规则、资源集合，这个集合有加强并且约束组织成员的作用；另一方面，因为信息技术改变工作的方式和工作的社会结构，所以，它具有一种独特的、限定文化的性质。这种观点不同于技术决定论和组织决定论，它不认为信息技术是一种支配性的原因，所以，信息技术和组织变革之间不具有确定性的因果关系，这使预测信息技术对组织变革的影响需要详细了解动态的组织流程、执行者的目的、信息技术的特征。

二 组织模式变革模型

（一）组织管理模型

组织管理模型是斯科特·莫尔顿（M. Scott Molton）于1991年提出的。他认为，20世纪90年代，组织管理应主要关注组织战略、管理流程、组织结构、技术以及个人作用和组织文化五个方面，其中管理流程是该模型的核心。该模型为组织管理乃至变革提供了理论基础和实践指导，也留下了一些研究的空白，如对信息技术对组织管理的影响没有给予足够重视。

（二）战略联合模型

亨德森和温卡特拉曼（Henderson and Venkatraman）提出，用战略联合模型来定义并指导信息技术战略管理。它由组织战略、信息技术战略、组织基础和过程、信息技术基础和过程四个部分组成。这四个部分之间的协调一致是组织成功的关键所在,这种协调一致包括战略适应和功能综合两个层次。尽管战略联合模型阐述了信息技术战略同组织战略的联合,设计组织结构和过程、建立信息技术基础等,但却忽略了组织文化以及人的作用对信息技术战略与组织战略联合的影响。

(三)组织流程再造

由哈默(Hammer)最早提出的组织流程再造的研究和实践已得到广泛的注意,该理论的核心由三个方面构成:第一,流程再造。组织再造应以业务流程为中心,从根本上重新分析、设计组织间及组织内部的业务流程。组织流程再造强调业务流程的核心地位,而不是像以前被看作支持管理流程的辅助地位。第二,组织变革。再造后的业务流程是组建新的组织单元的基础,组织工作单元由传统的职能部门转变为面向流程的团队,组织工作单元与组织结构有着密切的关系,面向流程的团队形式的组织工作单元使组织结构层次减少,向扁平方向发展。第三,信息技术的应用。许多组织流程再造的专家认为,组织再造需要信息技术的支持。哈默等认为,信息技术是组织流程再造的使能器,利用信息技术进行组织再造时,要求运用归纳性的思维,即先考虑信息技术允许我们做什么,然后再寻找这种信息技术能力所解决的问题,以最大限度地发挥出信息技术的效益,而不是采用先发现问题,然后再试图利用信息技术解决该问题的传统思维。组织流程再造为税收征管的流程再造提供了理论依据,但在实践中还需要进一步与组织战略、社会经济背景等因素结合。

三 组织变革路径

(一)业务驱动

业务驱动方法从制定部门战略规划出发,制定部门战略规划应考虑信息技术战略对它的影响。然后在部门战略规划的指导下,重新设计组织业务流程,并根据新流程变革组织结构,在设计时应考虑信息技术的创新能力。信息技术基础和过程可以同组织流程、结构设计同时或在其后完成。这种方法适用于革命性变革(如 BPR)及连续改善性变革(如 TQM)。

（二）技术驱动

技术驱动方法强调信息技术战略规划的职能作用，随着新的信息技术形式不断涌现，组织势必修改或重新制定它的信息技术战略规划，这种修改可能改变或创造新的组织战略。然后利用信息技术战略规划选定的信息技术和构造的组织模型进行信息技术基础和过程的设计，但在设计时应考虑原有的流程、组织结构是否合理，而不是将原有的流程自动化。这种方法清楚地定义了组织如何利用信息技术获得竞争优势、战略优势、组织业绩改善以及成长机会，这种方法适合对组织局部的再造或改善。

四 本书的观点

信息科学的巨大进步、信息技术的迅猛发展、生产力水平的空前提高，以及对信息的普遍需求，构成了当代信息化的认识基础、技术基础、经济基础和社会基础。信息化是经济社会发展到一定历史阶段的必然结果。信息技术的飞速发展和广泛应用正在推动一场史无前例的技术革命。信息技术革命是一次新的产业革命，有人甚至认为，其对人类经济社会发展的影响可能超过以蒸汽机、电气化为代表的工业革命。信息化不仅会促进经济社会的进一步发展，而且信息化本身就是现代经济社会发展的重要组成部分。信息化正在使生产力的构成和生产的组织形态发生巨大的变革，形成人类经济社会发展的一次新飞跃。

在这一时代背景下，无论对于税务系统还是以其为基本主体和依托的纳税服务体系而言，孤立地看待和讨论它们的组织形态与信息技术发展变革的关系都是不现实的。因为它们与社会经济现实中的各型各类机构、团体、系统一样，都在同时来自内部和外部的、主要由于信息化的影响而产生的动力驱使下，主动或被动地经历着组织变革。与此同时，组织变革的过程和结果，也相应地影响着信息化在组织内部乃至整个社会的进程。因此，从组织变革与信息化的关系来看，本书接受两者相互促进、相互影响的观点。具体到纳税服务体系的组织变革，纳税服务组织自身既要选择适合于服务的根本目的信息化路径和方式，也要遵循信息化的一般规律，主动地调整自身结构形态以适应信息化的进程。同时，信息技术对组织的影响绝非仅限于其结构，而且还将涉及组织自身的职能配置、管理模式。管理模式顺应组织战略和信息技术发展而进行的变革，才是组织信息化建设的最终效果。有关方面的问题，本书将在第七章第一节中结合现代信息技术给税收工作带来的新使命进一步探讨。

第三节　纳税服务主体多元化

一　税务中介概述

（一）税务中介的含义及业务范围

税务中介是指税务中介人在国家税务总局规定的代理范围内，受纳税人、扣缴义务人的委托，代为办理税务事宜的各项行为的总称。《中华人民共和国税收征收管理法》第八十九条规定："纳税人、扣缴义务人可以委托税务中介人代为办理税务事宜。"这为我国建立和推行税务中介制度提供了法律依据。在我国积极推行税务中介制度，不仅是社会主义市场经济发展的客观要求，也是强化税收征管工作的内在要求。实践表明，在税收征管工作中，实行税务中介制度，既有利于形成纳税人、代理办税机构和税务机关三方相互制约的机制，协调征纳关系，也有利于维护纳税人的合法权益。

从世界各国推行税务中介制度的具体情况来看，税务中介有两种基本模式：

1. 以美国和加拿大为代表的松散性代理模式

这种模式的基本特征是：从事税务中介的人员分散在有关从事公证、咨询事务的机构，如会计师事务所、律师事务所，政府和税务当局不对税务中介人进行集中管理，不进行专门的资格认定，不要求组织行业协会。在这种模式下，税务中介业务及税务咨询业务往往是由注册会计师和律师兼办，没有专门的税务中介人员。

2. 以日本为代表的集中性代理模式

这种模式的基本特征是：对从事税务中介业务的人员有专门的法

律管理，对税务中介的业务范围、资格认定、代理人的权利和义务等，都有严格的规定。同时还设有专门的工作机构和督导税务中介业务的、介于官方与民间之间但又为官方所领导的行业协会。

税务中介的业务范围包括：办理税务登记、变更税务登记和注销税务登记；办理发票领购手续；办理纳税申报或扣缴税款报告；办理缴纳税款和申请退税；制作涉税文书；审查纳税情况；建账建制，办理账务；开展税务咨询、受聘税务顾问；申请税务行政复议或税务行政诉讼；国家税务总局规定的其他业务。

（二）税务中介的形式和应遵循的原则

税务中介的形式比较灵活，纳税人、扣缴义务人可以根据需要委托税务中介人进行全面代理、单项代理或临时代理、常年代理。

作为一种社会性中介服务，税务中介行业必须遵守以下三项基本原则。

1. 依法代理原则

法律、法规是任何活动都要遵守的行为准则，开展税务中介首先必须维护国家税收法律、法规的尊严，在税务中介过程中应严格按照法律、法规的有关规定全面履行职责，不能超越代理范围和代理权限。只有这样，才能既保证国家的税收利益，维护税收法律、法规的严肃性，又保护纳税人的合法权益，同时使其代理成果被税务机关所认可。因此，依法代理是税务中介业生存和发展的基本前提。

2. 自愿有偿原则

税务中介属于委托代理，税务中介关系的产生必须以委托与受托双方自愿为前提。纳税人、扣缴义务人有委托和不委托的选择权，也有选择委托人的自主权。如果纳税人、扣缴义务人没有自愿委托他人代理税务事宜，任何单位和个人都不能强令代理。代理人作为受托方，也有选择纳税人、扣缴义务人的权利。可见，税务中介当事人双方之间是一种双向选择形成的合同关系，理应遵守合同中的自愿、平等、诚实信用等原则。税务中介不仅是一种社会中介服务，而且是一种专业知识服务，因而税务中介人在执行税务中介业务时也应得到相应的报酬，这种报酬应依照国家规定的中介服务收费标准确定。

3. 客观公正原则

税务中介是一种社会中介服务，税务中介人介于纳税人、扣缴义务人和税务机关之间，既要维护纳税人、扣缴义务人的合法权益，又要维护国家的税收利益。因此，税务中介必须坚持客观公正原则，以服务为宗旨，正确处理征纳矛盾，协调征纳关系。在税务中介过程中，既要对被代理人负责，又要对国家负责，代理行为既要符合国家法律、法规的规定，又要符合被代理人的意愿，而不能偏向任何一方。

（三）税务中介的含义及业务范围，税务中介的一般程序

税务中介的一般程序按其性质大体可分为三个阶段：准备阶段、实施阶段和代理完成阶段。

准备阶段是纳税人、扣缴义务人向税务中介机构提出税务中介时，税务中介机构要对要求代理方的有关情况进行调查，在此基础上确定是否接受该项代理业务。双方在充分协商取得一致意见后，签订《委托代理协议书》，约定代理内容、代理权限和代理期限。税务中介机构在受理某项代理业务后，应确定税务中介风险，编制税务中介计划，安排实施代理工作。

实施阶段是税务中介全过程的中心环节，其工作是按照代理计划，根据《委托代理协议书》约定的代理事项、权限、期限开展工作。

代理完成阶段是实质性的代理业务结束，此阶段的工作主要是整理代理业务工作底稿，编制有关表格，并将有关资料存档备查。

二 我国税务中介行业存在的问题

（一）立法滞后，法律效力低，约束性差

我国的税务中介实践开始于1985年，但直到1994年9月国家税务总局才发布了《税务中介试行办法》，随后相继发布了《注册税务师资格制度暂行办法》《有限责任税务师事务所设立及审批暂行办法》等。这些法规为我国的税务中介制度化、规范化发挥了重要作用，但由于都是"暂行办法"或"试行办法"，法律层次偏低，约束性差，实践中缺乏有效监控，制约了税务中介业务的发展。

（二）税务中介法律法规还很不健全，在税务中介资格认定和税务中介人确认的管理方面还存在很大漏洞

税务中介是一项政策性强、受法律约束较强的工作，因此，受托代理机构及代理人的资格需要认定，未经国家税务总局及其授权部门确认批准，所有机构不得从事税务中介。税务中介专业人员必须经严格考试取得《中华人民共和国注册税务师执业资格证书》并由省、自治区、直辖市及计划单列市注册税务师管理机构注册登记，方可从事代理业务。就目前我国国情而言，具有正规资格的税务中介人员缺乏，因此，国家规定持有律师、注册会计师资格证书者可申请免于参加注册税务师的统一考试，只需提供从事过税务工作、进行过税务培训或具有相应能力的证明，履行登记注册手续，即可从事税务中介业务。这一标准显然远远低于社会主义市场经济条件下税务中介人应具备的执业资格标准。另外，在实际工作中，税务机关工作人员很难分辨前来办理涉税事宜的人员是企业内部人员还是代理人员，很多没有代理资格的公司和人员利用管理上的这个漏洞，从事非法的税务中介业务。有的地区在确认代理人资格管理方面，没有明确的标准和规定；有的部门，在代理人前来办理涉税事宜时，不是承认注册税务师管理机构的注册登记，而是认可工商局发放的代理证件。

（三）代理业务范围比较狭窄，代理层次低，无法适应新形势的需要

我国《中华人民共和国税收征收管理法》允许税务中介开展的业务范围过于狭窄，在我国加入世界贸易组织的新形势下，企业的财务会计制度不断健全，对税收的成本控制意识日益强烈。在这种形势下，传统的税务中介服务已很难满足纳税人特别是外资企业的要求，税务中介业务的服务范围亟待拓展和创新。

（四）税务中介定位不清，人们对税务中介的性质还有不正确的认识，税务机关也没有正确处理好与税务中介机构之间的关系

税务中介是市场经济社会分工细化的产物，是纳税人、代理者和税务机关协同办理涉税事宜的管理方式，其主要业务有以下几项：税务咨询、代理记账、代理纳税、税收筹划、税务机关赋予和交办的其

他事宜。税务中介作为市场服务行为，必须严格从事上述涉税市场业务，按照独立、客观、公正的执业要求，遵照国家税法和相关法律法规的规定，以优质的服务，为纳税人办理涉税事项，并承担相应的法律责任。尽管从1999年8月以来，对税务中介行业的清理整顿和"脱钩"改制工作取得了很好的成绩，但是，我们可以看到，这些税务中介公司和税务部门之间，在某种程度上还存在千丝万缕的联系，有的人甚至把税务中介公司称作"铲事公司"，这恰恰反映了税务中介公司定位不清，对税收筹划这一概念的曲解。税务筹划是税务中介中技术要求最高、最体现税务中介智力性特点的业务，也是最受纳税人青睐的业务，被人称为21世纪的"朝阳产业"，在国外很早就已出现。现在世界上有许多会计师事务所、律师事务所和税务师事务所纷纷拓展有关税务筹划的咨询业务。税务筹划的目的是为企业节约开支，而不是帮助纳税人偷税、逃税。税务中介要遵守合法和有效的原则，这是税务中介取得成功的基本前提。税务中介机构应该做到既要维护国家法律，指导企业依法纳税，又要保护纳税人的合法权益。同时，税务机关是税务中介法律关系的主体，它无权参与到税务中介法律关系中来，但税务机关在税务中介活动中享有监督和管理的权力。所以，税务机关必须与税务中介机构彻底"脱钩"。2000年，国家税务总局再次强调，各地注册税务师管理中心要充分利用年审，督促抓好税务师事务所的脱钩改制工作。凡与税务机关没有彻底"脱钩"的改制所，一律停业整顿，彻底清产核资后撤销原所，重新按规定完全由注册税务师发放设立。[①]

（五）税务中介率较低

与发达国家税务中介相比，我国税务中介率普遍较低，根据抽样调查测算，全国委托税务中介的纳税人约占9%，全国税务中介市场不旺，纳税人聘请税务中介的意愿不强，而日本85%的企业、美国50%的企业几乎100%的个人都委托税务中介。[②]

[①] 刘剑文：《国际所得税法研究》，中国政法大学出版社2000年版，第55页。
[②] 赵恒群：《税务中介现状及发展对策研究》，《税务与经济》2000年第3期。

（六）税务中介事务所规模过小，从事税务中介业务的人员良莠不齐，业务素质和服务质量总体上不令人满意

从事税务中介业务的人才需要具备至少以下四项相关素质：①具有独立、公正的中介职业立场。②具有较强的会计、审计方面的业务能力。③通晓国家有关税务方面的法律、法规和政策。④具有广博、丰富的经济领域知识。但调查显示，大量规模较小的工商税务中介行公司，从开办者到聘用的工作人员，大多和相关政府部门有各种各样的关系，如亲属、朋友等。这些公司中的大多数人员没有代理资格，聘用的人员也大多没有执业资格。这一现象反映出了我国的税务中介行业无论在机构规模、职业人员的素质，还是管理制度方面，都与国家要求相距甚远，难以适应经济形势发展的需要和我国加入世界贸易组织后的市场竞争环境。

三　税务中介行业的产生和发展是现代社会经济发展的客观必然

（一）实行税务中介制度是许多国家和地区的通行做法

税务中介属于委托代理的一种，具有代理的一般共性。我国对代理制度的基本规定也明确规定表述为：公民、法人可以通过代理人实施民事行为。代理人在代理权限内，以被代理人的名义实施民事法律行为。被代理人对代理人的民事行为，承担民事责任。① 实行税务中介制度是许多国家和地区的通行做法。税务中介制度分为：集中的垄断模式，日本分权的松散模式，如英国；混合模式，其典型代表是美国。② 如日本，实行税务中介制度已有80多年的历史。日本现行的税务中介制度是通过制定税理士法加以规范的。该法把税务中介称为税理士，规定只有律师、会计师、退职的税务官吏，才具有税理士资格，并且规定了税理士的权利和义务。税理士的业务考试制度及工作守则等。税务中介制度的实行，弥补了日本税务行政的不足，协调了征税双方关系，保证了税收工作的顺利进行，形成了卓有成效的制约机制，促进了日本经济的高速发展。除日本之外，美国、英国、中国香港，也都实行了税

---

① 《中华人民共和国民法通则》第六十三条。
② 黄河清：《税务中介》，经济日报出版社1995年版，第16页。

务中介制度。为了适应建立社会主义市场经济的客观要求，《中华人民共和国税收征收管理法》及其实施细则对税务中介也作了规定。

（二）税务中介制度是我国社会主义市场经济的客观要求

1. 依法治税的需要

随着改革开放的深入进行，经济结构、经营方式越来越复杂，偷漏税和反偷漏税、避税和反避税的矛盾将日益突出，要求税务部门的工作职能由征收管理型转向监督检查型。长期以来，存在的"保姆式"税收征管模式将不复存在，税务部门的主要精力将放在税收征管特别是稽查上，为了保证办税程序民主化，必须建立相应的监督制约机制。由于税务中介处于相对独立和公正的立场，它介入税收事务，就会在税收征管体系中建立起一种双向制约关系。同时，随着税法的完善，为了保证门类繁杂的税收法律能够得到很好的贯彻实施，税务机关也需要有一个联结税收法律和社会公众的桥梁及纽带，并要求这个中介既能胜任涉税业务，又容易为纳税人所接受。而税务中介机构恰好在这些方面具有其他机构不可替代的作用，因而逐渐成为税收征管体系的一个不可缺少的部分。

2. 纳税人的客观要求

因为发展市场经济必然会有竞争，而税收直接关系到纳税人的切身利益，影响到纳税人的竞争实力，而每个纳税人又不可能及时准确地了解和运用税法保护自己的合法权益，并且随着税收征管体制的改革和人们纳税观念的转变，纳税人要由被动纳税变为主动纳税。原来由税务部门担负的核税、开缴款书等事务性工作，将由纳税人自己来承担，纳税人由于专业知识、核算水平、办税能力参差不齐，以及考虑到纳税成本和对自身权益的保护，必然要向社会寻求中介服务，寻找精通税法、熟悉税收业务的专业人员代为办理税收事宜，而实行税务中介制度不仅可以做到依法纳税及兑现优惠政策，还节时省力，有利于纳税人集中精力搞好生产和经营。

3. 发展国际经济交往的需要

因为随着改革开放的进一步深化，涉外税务日益复杂，外商向我国投资而对我国的税收法律与法规不尽了解，我国向外国投资需要了解和熟悉外国的税收法律，这就更需要精通税法的专业人员从事中介服务，以保护投资双方的合法权益。也正由于税务中介的这一特殊地位，决定了代理者必须严格按照税法和税收制度办事，维护国家法律，又维护委托人的合法权益，从而避免纳税人自行办税的盲目性和税务人员直接办税可能发生的弊端，有利于同国际惯例接轨。

四　关于完善我国税务中介制度的构想

目前，税务中介制度存在的问题严重制约了我国税务中介的发展。而2001年11月我国正式加入世界贸易组织后，税务中介行业作为服务行业的一种要逐步对外开放，如何应对外来的挑战，也是税务中介业面临的巨大问题。因此，必须采取措施完善我国的税务中介制度，使之更加适应时代需要和应对加入世界贸易组织后的挑战。

（一）要正确认识税务中介的性质，合理确定税务中介与税务机关之间的关系

税务中介是一种服务性的社会中介行业，具有独立的地位，而非税务机关的附庸，这是世界各国的共识。在税务中介中，税务师和纳税人是平等的契约关系，为纳税人提供有偿服务，但这种服务必须以依法执行税法为前提。[1] 要正确处理好两者之间的关系，就必须深化税收征管方式的改革，实现国家税务总局1997年提出的"建立以纳税申报和优化服务为基础，以计算机网络为依托，集中征收、重点稽查"的改革目标，转变税务机关的职能，将本由社会中介行业承担的部分职能归还于社会，从而使税务中介真正成为一种为纳税人服务的社会中介行业，恢复其本来面目，改变社会对"税务中介是税务机关附庸"的错误观念，以赢得人们的信任。同时，在税务中介刚刚发展的时候，税务机关应对其进行适当扶持，加强对税务中介的宣传，并建立税务机关宏观管理和行业自律相结合的管理体制。

（二）要建立健全税务中介方面的法律法规，为税务中介的推行提供更具权威性的法律依据

目前，我国有关税务中介的法律规范多是部门规章，法律效力较

---

[1] 叶青：《德国财政税收政策研究》，中国劳动社会保障出版社2000年版，第124页。

低，权威性不够，严重影响其执行实效。而有关税务中介的职业道德、税务师协会、税务中介违章处罚、税务师事务所的内部制度建设等内容还没有法律规定。因此，当务之急是制定出"注册税务师法"或"税务中介法"，加强对税务中介行业的法律调整，建立较完善的管理制度、准入制度及执业制度等，提高税务中介的服务水平和服务规范，充分发挥税务中介的作用。

（三）要实行依法治税，完善我国税法体系，严格税收执法，改善税务中介的执业环境

目前，我国税收法律体系尚不健全，税法层级较低、权威性不够，法律漏洞较多；人们对税法意识比较薄弱。在这种情况下，纳税人的纳税风险承担、税法公平的体现并不完全与税法遵从相关联，甚至纳税人聘请税务中介还不如"请"税务机关，因此，纳税人聘请税务中介的积极性不高。所以，完善我国税收法律体系，严格税收执法，实行依法治税，有助于税务中介的发展。当务之急是完善纳税申报制度，将工作重点从税款征收转到税务稽查、为纳税人服务上来，真正实现"以纳税申报和优化服务为基础，以计算机网络为依托，集中征收、重点稽查"的税收征管体制改革目标。

（四）要研究世界贸易组织规则，借鉴国外先进的税务中介经验，促进我国税务中介行业发展

加入世界贸易组织后，国外事务所对我国税务中介业行业的冲击是巨大的。在这种国家"零保护"的情况下，税务中介行业面临着巨大的挑战。当前，必须借鉴国际经验，发挥本土优势，加强税务师事务所之间的联合，壮大税务师事务所的规模，建立与国际接轨的税务师事务所内部管理、运行体制，发挥税务师的积极性，加强税务师的危机意识和竞争意识，努力提高服务质量。只有这样，我国税务中介行业才能得到迅速健康的发展，才能逐步与国际市场接轨，才能迎接加入世界贸易组织的挑战。

第四节 纳税服务体系的系统集成

纳税服务体系是一个以税收管理体系为主干的，包含制度安排、人员组织、技术平台等因素在内的一个复杂的系统，作为一个系统，其内部各种因素相互配合、协调的效率决定了它所能提供的服务模式。因此，本节尝试以系统论视角研究和解释纳税服务模式的发展与演进规律。

一 系统论概述

"系统"一词，来源于古希腊语，是由部分构成整体的意思。系统论是研究系统的一般模式、结构和规律的学问，它研究各种系统的共同特征，用数学方法定量地描述其功能，寻求并确立适用于一切系统的原理、原则和数学模型，是具有逻辑和数学性质的一门新兴的科学。

系统论认为，整体性、关联性、等级结构性、动态平衡性、时序性等是所有系统的共同的基本特征。这既是系统论的基本思想观点，也是系统方法的基本原则。贝塔朗菲对此曾作过说明：英语 System Approach 直译为系统方法，也可译成系统论，因为它既可代表概念、观点、模型，又可表示数学方法。他说，我们故意用 Approach 这样一个不太严格的词，正好表明这门学科的性质特点。

系统论的核心思想是系统的整体观念。贝塔朗菲强调，任何系统都是一个有机的整体，它不是各个部分的机械组合或简单相加，系统的整体功能是各要素在孤立状态下所没有的性质。他引用亚里士多德的"整体大于部分之和"的名言来说明系统的整体性，反对那种认为要素性能好，整体性能一定好，以局部说明整体的机械论的观点。同时认为，系统中各要素不是孤立地存在着，每个要素在系统中都处于一定的位置上，起着特定的作用。要素之间相互关联，构成了一个不可分割的整体。要素是整体中的要素，如果将要素从系统整体中割离出来，它将失去要素的作用。

系统论的基本分析方法，就是把所研究和处理的对象，当作一个系统，分析系统的结构和功能，研究系统、要素和环境三者的相互关系及其变动的规律性，并优化系统观点看问题。

系统论的任务，不仅在于认识系统的特点和规律，更重要的还在于利用这些特点和规律去控制、管理、改造或创造一个系统，使它的存在和发展合乎人的目的需要。也就是说，研究系统的目的在于调整系统结构，直辖各要素关系，使系统达到优化目标。

系统论归纳了管理的整体性及其和部分的相互关系。管理系统与环境相互作用，管理系统的构成及其发挥功能的一般规律性，恰恰构成了认识管理世界运动过程的一个小阶段，构成了主体思维洞悉管理的系统本质的特殊纽带和特殊尺度。它能帮助人们更深刻地认识管理的相互联系和相互作用，从而能够从本质上更深刻地认识管理。

二　系统论视角下的纳税服务体系

我国科学家钱学森院士等从系统学观点出发，分析自然界和人类社会中的一些极其复杂的事物，提出用开放的复杂巨系统来进行描述。[①] 从系统科学的角度分析，纳税服务体系就是一个典型的、具体的、开放的复杂巨系统实例。其主要系统特性可以概括为：

（一）开放性

纳税服务体系及其子系统与系统的环境之间有大量的信息交换，可以说，其功能和效率主要就体现在信息交换的有效性方面。

（二）复杂性

纳税服务体系中子系统的种类繁多，包括各级税务机构、各类社会服务机构、各种信息传递媒介等，这些子系统之间存在多种形式、多种层次的关联。

（三）进化与涌现性

纳税服务体系的子系统及基本单元之间的交互作用，使该系统存在从整体上演化、进化出一些新的性质的趋势，如上文提到的信息化

---

① 钱学森等：《一个科学新领域——开放的复杂巨系统及其方法论》，《自然杂志》1990年第1期。

对组织结构变迁的影响。

（四）层次性

从已经认识的比较清楚的子系统到可以宏观观测的整个纳税服务体系内存在许多层次。例如，按税务系统行政级别划分，至少存在中央、省（直辖市、自治区、计划单列市）、市（州、地）、县（区）和乡（镇）五个层次。

（五）巨量性

纳税服务体系中基本单元或子系统的数目极其巨大，如成千上万的各级税务机构、数以十万计的税务干部等。

作为一个开放的复杂巨系统，按照钱学森院士的观点，现在能用的、唯一能有效对其进行分析、处理的方法，就是定性定量相结合的综合集成方法。[1] 集成的一般含义是指集成的主体将两个或两个以上的集成要素集合成一个有机整体的行为、过程和结果。所形成的集成体不是集成要素之间的简单叠加，而是按照一定的集成方式进行的构造和组合，其目的在于实现集成整体的功能的增加和新功能的涌现，以实现集成主体的集成目标。集成是一项活动过程和结果，同时也是一种方法。集成突出强调集成主体的目的性、组织性和行为性。因此，集成的思想和方法被广泛地用于构造复杂系统和解决复杂系统的效率问题。[2]

事实上，从系统论角度看，我国税务系统近年来持续进行的征管改革就是一个典型的系统集成的实例，例如，征管业务流程再造、征管信息资源整合等。而建立在税收征管体系基础上的纳税服务体系的形成与发展，正是在征管系统集成这一宏观背景下发生的系统集成的过程。根据海峰对集成的分类标准[3]，纳税服务体系的集成过程，是一种多层次、多方面、聚合重组型的系统集成。根据这些特性，我们可以在分析纳税服务体系发展历程的基础上归纳出它的某些演进规

---

[1] 钱学森等：《一个科学新领域——开放的复杂巨系统及其方法论》，《自然杂志》1990年第1期。

[2] 海峰等：《集成论的基本问题》，《自然杂志》2000年第4期。

[3] 海峰：《集成的研究领域与分类》，《自然杂志》2003年第3期。

律,并最终在纳税服务体系在各个发展阶段所提供的服务模式上得以体现。

三 对纳税服务体系集成导致服务模式演化的分析

纳税服务体系的系统集成势必对纳税服务模式的发展演变产生影响。就现象而言,国内有学者以多点接触式服务、"一站式"服务和"零接触式"服务对纳税服务模式进行了归纳,并认为,这三种类型的服务模式存在演进关系。① 但是,由于何种原因导致纳税服务模式的变迁则存在多种看法。在本小节中,笔者将从系统集成的角度对这一现象进行分析和解释。

(一) 多点接触式服务

纳税服务最初是从基层税务机构和个别社会服务机构以被动的、零散的、试探性的方式为发端,逐渐出现在涉税活动中的一种新生事物。这一阶段,由于相关制度安排尚不完备,组织体系有待建立和完善,职能边界还不清晰,纳税服务体系也付之阙如。各型各类的纳税服务提供主体之间缺乏相关制度约束下的统一组织和有机联系,因而只能在各自业务所及的范围内,向纳税人提供服务,在整体上呈现出业务体系中的许多"点"与纳税人发生服务关系的特征。据此,有学者将这种服务模式归纳为"多点接触式服务"。

在这种模式下,税务局的多个部门都与纳税人有联系,不同的税种和不同的业务(如征税和退税)都有不同的管理办法和服务模式,税务局与纳税人之间的接触渠道很多。在这种情况下,纳税人需要提供的资料很多(这些资料完全有可能重复而且缺乏应有的逻辑关系),需要了解税务局不同部门、不同渠道的各种运作模式。反之,税务局也需要处理大量的资料,每个部门、渠道都要面对各种各样的、大量的纳税人。双方都要投入很多人力、财力和物力。税务部门不仅自身重复劳动而低效,也不可避免地出现部门间工作和责任的相互推诿,客观上对纳税人造成了干扰,增加了纳税人的遵从成本。同时,这些问题的出现,也为纳税服务的系统集成提供了动力。

---

① 参见徐夫田《中国电子税务局研究》,工作论文,2004年,第48页。

（二）"一站式"服务

纳税服务体系的形成，是处于许多层次、许多方面的服务主体、服务职能和服务手段等要素围绕着纳税人这一中心逐步集成的过程。这一过程极其复杂，从集成要素分层的角度看，包括同一层次内和不同层次间要素的集成；从服务职能的集成角度看，是将各分系统（子系统）的服务功能集成为系统整体服务过程；从服务组织的集成看，既有服务单元的组织集成，也有服务过程的组织集成，还有服务系统的组织集成，并逐渐形成服务网络组织；从集成主体的行为特征角度看，有互补型、互惠型、协同型和聚合重组型等集成方式。

集成的动力来自集成后的集成体的整体功能达到所要实现的功能目标，即将系统各要素集合成一个有机整体，综合解决业务问题。单元要素在集成后，形成的整体功能不是各集成单元功能的简单叠加，而是实现整体功能的倍增，促进系统有序程度提高。经过聚合重组而成的、相互交融、浑然一体的集成，服务体系的集成体功能发生突变，且集成单元所表现出的特性与集成体特征趋于一致，各集成单元所表现出的特征已不再是其本身的特征而是集成体的整体特征。[①] 经过集成的各类服务主体将以一个整体而非许多单元的形式向对象提供服务，此即目前方兴未艾的"一站式"服务模式的理论依据。在"一站式"服务模式中，服务体系出现"前台"与"后台"的划分，前台直接面向服务对象，后台则接受和处理由前台接受的服务需求所对应的业务，并将结果回馈到前台，以服务的形式提供给服务对象。

目前，很多国家的纳税服务已经采用了"一站式"服务模式。在这种模式下，税务局对纳税人提供完全统一的服务，不论税种和业务，纳税人都可以通过一个统一的渠道办理所有事宜。纳税人不再需要与税务局的多个部门联系，各种业务可以在同一处以统一的方式办理。这种模式提高了纳税人和税务局双方的效率，但是，也对税务局提出很高的要求，税务局必须在很多方面做出改进，才可能满足这样的要求。这也是税收征管业务流程重组的一个重要的原动力。需要指

[①] 参见海峰等《集成论的基本问题》，《自然杂志》2000 年第 4 期。

出的是，我国曾经实行的专管员模式在很多方面与这种单点接触式服务模式很相似，所以，才会有很多纳税人一再提出专管员模式服务很好。这种方式实际上与"一站式"服务的概念不谋而合，即纳税人只需要与一个税务人员交涉办理所有的涉税事项，而无须与税务机构内部的多个业务部门打交道。

然而，需要指出的是，在复杂系统中，各要素对系统整体产生的影响和发挥的作用并不等同，有些作用也不是直接的，而是需要经过不同层次间的传递才能产生最终结果。在纳税服务体系中，层次性、结构性特征十分明显，集成需要在不同层次上展开。因此，"一站式"服务是相对的，不是一步到位的，是按照层次、职能、组织和主体行为性逐渐集成的过程。

（三）"零接触式"服务

如上所言，从纳税服务主体的层次划分的角度看，纳税服务系统的集成是一个渐进的过程，集成是相对的，而不是一蹴而就或一步到位的。即使以税务系统为主体的，以纳税人为核心的纳税服务体系已经完成了某种程度上的集成，如果进一步扩展分析的视野，将税务系统看作国家公共服务体系中的一个服务单元，则可以预见，在整个国家、社会，甚至某些全球性的领域、行业层面上，与税收有关的服务体系仍然存在集成的空间和可能性。例如，税银联网就为纳税人在银行营业网点办理部分涉税事务创造了条件，一些跨国经营的商业服务机构也已经介入了税务中介行业，这些现象都显示出税务系统作为公共服务体系的"窗口"职能正在弱化。未来，随着现代信息技术的进一步发展、公共服务系统的进一步集成，外包服务行业的进一步成熟，公共服务体系的集成程度将进一步提高，税务系统可能从公共服务的"台前"转移到"幕后"，从而导致"零接触式"服务模式的出现。在这种模式下，纳税人不与税务局发生任何直接联系。所有的联系都通过在先进信息技术支持下的高度集成的公共服务体系的"前台"（如电子政府）来进行，纳税人的所有涉税事宜都可通过这个前台机构办理。对纳税人来说，非常方便，效率很高。对税务局来说，可以用较少的人力、物力来完成所有的服务，而集中主要力量处理业务问题，提高业务质量。

第五节　纳税服务体系的构建路径

本书第二章已经对有关税收的一些现代管理理论作了简要概述，在此不再赘述。本节利用路径依赖理论对税收管理模式改革中可能遇到的困难和问题进行实证分析，并在此基础上提出构建我国纳税服务体系的路径设想。

一　路径依赖理论概述

路径依赖是指人类社会中的技术演进或制度变迁均有类似于物理学中的惯性，即一旦进入某一路径就可能对这种路径产生依赖。

路径依赖问题首先由保罗·大卫于1985年提出的。之后，W. 马兰·阿瑟在此基础上进一步发展，形成了技术演进中的路径依赖的系统思想；后来，道格拉斯·诺思将前人有关这方面的思想拓展到社会制度变迁领域，从而建立起制度变迁中的路径依赖理论。保罗·大卫认为，一些偶然事件可能导致一种技术战胜另一种技术（技术演进），而且一旦选择某一技术路线，即使这一路线可能不比放弃的另一种技术路线更为有效，它也会持续到最终。

阿瑟创造性地发展了保罗·大卫的这一思想，并系统地阐发了技术演进过程中自我强化机制和路径依赖性质的观点。他指出，新技术的采用往往具有报酬递增和自我强化的机制。由于某种原因先发展起来的技术通常可以凭借先占优势，利用规模巨大促成的单位成本降低、普通流行导致的学习效应提高、许多行为者采取相同技术所产生的协调效应、在市场上越是流行就越促使人们产生相信它会进一步流行的预期等，实现自我增强的良性循环，从而在竞争中战胜自己的对手。相反，一种具有较之其他技术更优良的技术却可能由于晚人一步，没能获得足够的追随者而陷入困境，甚至"锁定"在某种恶性循环的被动状态之下，难以自拔。总之，细小的事件如偶然的情况常常会把技术引入特定的路径，而不同的路径最终会导致完全不同的结果。

诺思把阿瑟关于技术演进过程中的自我强化现象的论证推广到制度变迁方面,从而建立了制度变迁的路径依赖理论,这一理论是诺思对新制度经济学的又一贡献。其主要内容可概括为以下几个方面:

第一,制度变迁如同技术演进一样,也存在报酬递增和自我强化机制。这种机制使制度变迁一旦走上了某一条路径,它的既定方向会在以后的发展中得到自我强化。所以,"人们过去作出的选择决定了他们现在可能的选择"。沿着既定的路径,经济和政治制度的变迁可能进入良性循环的轨道,迅速优化;也可能顺着原来的错误路径往下滑;弄得不好,它还会被锁定在某种无效率的状态之下。一旦进入了锁定状态,要脱身而出就会变得十分困难,往往需要借助外部效应,引入外生变量或依靠政权的变化,才能实现对原有方向的扭转。

第二,制度变迁不同于技术演进的地方在于,它除受报酬递增机制决定外,还受市场中的交易因素影响。诺思指出,决定制度变迁的路径有两种力量:一种是报酬递增;另一种是由显著的交易费用所确定的不完全市场,如果没有报酬递增和不完全市场,制度是不重要的。而随着报酬递增和市场不完全性增强,制度变得非常重要,自我强化机制仍起作用,只是某些方面呈现出不同的特点:①设计一项制度需要大量的初始设置成本,而随着这项制度的推进,单位成本和追加成本都会下降。②学习效应,适应制度而产生的组织会抓住制度框架提供的获利机会。③协调效应,通过适应而产生的组织与其他组织缔约,以及具有互利性组织的产生与对制度的进一步投资,实现协调效应。不仅如此,更为重要的是,一项正式规则的产生将导致其他正式规则以及一系列非正式规则的产生,以补充这项正式规则。④适应性预期,随着以特定制度为基础的契约盛行,将减少这项制度持久下去的不确定性。总之,制度矩阵的相互联系网络会产生大量的递增报酬,而递增的报酬又使特定制度的轨迹保持下去,从而决定经济长期运行的轨迹。

第三,由于制度变迁比技术演进更为复杂,所以,行为者的观念以及由此而形成的主观抉择在制度变迁中起着更为关键的作用。诺思认为:"在具有不同的历史和结果的不完全反馈下,行为者将具有不同的主观主义模型,因而会作出不同的政策选择,因此,制度变迁过程中,边际调整就不会完全趋同。"所以,不同历史条件下形成的行为者的不同的主观抉择,既是各种制度模式存在差异的重要因素,也是不良制度或经济贫困国家能够长期存在的原因之一。

在新的制度经济学中,还有一个与路径依赖相关的概念:自我强化。其含义是指制度变迁(如改革)一旦走上某条道路,就存在沿着这条道路走下去的惯性,并且不断自我强化,即使这条道路不是最优的,也是如此,甚至最后进入一种自我强化的状态。一旦一项业务在开展之初就选择了某一路径,其发展就存在向这条路走下去的惯性并且不断自我强化的趋势。这种惯性的来源,主要是因为如果要转向其他的路径,就将付出更高的成本。

二 路径依赖理论对我国发票监管体系的实证分析

路径依赖和自我强化的理论,较好地解释了我国当前税收征管改革中遇到的阻力及其产生的原因。以我国目前征管的核心模式——"以票控税"为例:

新中国成立以来,我国发票的管理大致经历了三个时期,即由企业或企业协会自行印制使用;到企业申请、报主管部门批准,指定印制;再到由税务机关统一管理,逐步形成和完善了我国"以票控税"的税收征管模式。从实践效果看,发票在我国税收管理中的确发挥了重要作用。但也毋庸讳言,尽管社会和政府已经为建立和维持这一发票监管体系付出了极其巨大的成本,该体系自身存在的诸多漏洞所诱发的诸如制售假发票、虚开发票、虚构出口商品发票等各种发票违规、违法现象仍然泛滥不绝,已经对市场经济秩序造成了相当程度的干扰甚至破坏,也严重制约了税收征管质量和效率的进一步提高。

导致这些问题出现的根本原因在于:本质上,税收管理应以与纳税和代扣代缴、代收代缴税款有关的涉税信息为基本对象,即以信息控税。但是,在过去的技术条件和监管水平下,由于在涉税信息的获取、识别、验证等许多方面存在不可克服的技术和法律障碍,只有通过法律手段强制涉税行为人将涉税信息记录于特定的有形载体,即纸质发票，并围绕纸质发票建立监管体系，才能实施有效的税收征管。从而使原本与涉税行为、对象并无必然联系的纸质发票强制介入涉税行为之中，并在事实上取代了涉税交易的原始信息作为税收执法的法定收付款凭证的法律地位，成为"以票控税"征管模式下的税收法律关系中的核心因素。然而，由于成本、体制和技术手段的制约，税务部门对纸质发票的监管始终存在着一些漏洞，使制假、虚开发票的违法风险和成本较低，从而诱发了大量的发票违规、违法行为。

"以票控税"征管模式的发展历程，就体现出明显的路径依赖特征：在特定的历史条件下，利用发票进行税收监管的中间媒介是当时少数可行的路径之一，而一旦选择了"以票控税"的税收征管发展路径，就需要投入大量的成本，并建立和维持与之相适应的监管机构、机制，使针对发票的监管体系不断健全完善，这是一个典型的自我强化过程。而当"以票控税"的发展路径在新中国成立后的半个多世纪里长期自我强化后，尽管仍然存在上述诸多问题，继续改进和发展的余地也所剩无几，但它毕竟已经成为我国税收征管较为完善、成熟的主要手段，并形成了庞大、复杂的监管体系。

对"以票控税"征管模式这个典型的路径依赖案例进行深入分析的现实意义在于，该模式在当前中国税收管理中占据了核心地位，我国的税收征管已经对它形成了强烈的路径依赖，并且仍然在不断地自我强化中。未来的征管改革如果要触动甚至颠覆依赖于传统纸质发票的征管模式，所需要克服的困难将绝不仅仅是技术层面的。正是由于发票在我国税收征管体系中的特殊地位和作用，笔者将沿着这一线索，在本小节中继续探讨我国纳税服务模式的改革路径问题。

（一）发票监管体系变革的动力

随着现代信息技术的日新月异，过去长期制约税务部门有效获取和监管涉税行为原始信息的技术障碍已经或正在被突破，建立在现代信息网络平台上的电子发票技术及其管理体系的成本也不再高不可攀，电子发票目前已在世界一些国家和地区逐步走向实用化。[①] 与传统的基于纸质发票的涉税信息监管体系不同，电子发票无须依附于某种特定的有形载体，从而摆脱了监管机制和手段对纸质发票载体的依赖，将信息的载体及其监管体系都转移到了网络平台上，实现向以信息控税这一税收征管的本质目标的回归。

事实上，世界许多国家的税收征管并不以发票（或类似物品）作为涉税信息的法定载体，而是依托健全的金融体系对涉税活动进行监管。随着我国金融系统的现代化和相关立法进程的加快，这一制约电子发票发展的外部障碍也正在消失。而纸质发票烦琐复杂的印制、领购、开具、取得、保管、缴销的管理和监督等管理环节和流程，已经成为制约税收效率提高的主要因素之一。

从成本角度看，我国现行发票监管体系需要长期投入高昂的运行和维护成本，为填补该体系中仍然存在的若干漏洞，还需要投入更多的建设成本，并进一步推动未来该体系的运行成本继续攀升；而随着越来越多的先进技术在发票监管中的应用，也加重了纳税人的负担。此外，一些为加强对纸质发票的监管而采取的管理措施，也使社会承担了不必要的额外负担。

（二）电子发票取代纸质发票的主要障碍

电子发票的出现与发展，意味着传统纸质发票在现代技术条件下继续存在的必要性正在逐步弱化。然而，正如上文所做的分析，传统纸质发票监管体系向电子发票体系迁移的主要困难，并不在于发票采用何种形式，而在于如何平稳地将原有纸质发票监管体系中建立在纸质发票基础上的管理机制、组织机构、业务职能和流程转化为适应电子发票监管的模式。所谓平稳，是指不因发票监管体系的变迁而影响到数十年来建立在传统纸质发票基础上的征管业务受到破坏性的

[①] 关于"电子发票"这一概念，国内目前尚无权威定义。按照欧盟关于电子发票之定义，是指借助电子资料交换（Electronic Data Interchange，EDI）将电子发票由卖方系统传至买方系统。在 EDI 制度中，纸张将被使用电信网络转播站之计算机化工作所取代。在电子发票制度下，卖方将依据消费者之订单及逻辑信息而自动产生发票，发票开立后即借由 EDI 传送至买方之系统，买方之系统收到电子发票后即自动记入相关账户中而不须人工介入。

干扰。

从理性假设出发对传统模式的成因进行分析，采取该模式必然是在当时各种现实局限条件下的最优选择，而衡量优劣的标准，就是包括政治成本、社会成本、经济成本、技术成本等因素在内的广义的成本。然而，对于新生的电子发票而言，仅仅考虑建立该体系的成本就不足以解释征管模式变迁中的许多问题了。因为在一个相对成熟、完善的传统发票监管体系正在运行的前提下进行模式变迁，其成本就不仅仅在于新建一个电子发票体系的投入，还包括模式变迁过程中可能对业务造成的损失、过去为监管纸质发票建立起来的整个体系的租值的损失、相应的行政管理成本、进行社会宣传的成本等。

（三）发票监管模式变迁的路径选择

作为税收行政执法的主要监管对象，发票制度的变迁以自上而下的行政强制性为特征是必然而且必需的，但具体的变迁路径中的若干环节采取需求引致型的变迁模式可能更有效率。例如，在推动电子发票应用的方式上，采取"一刀切"的行政手段强制推行虽然在某种程度上降低了制度变迁的所需耗费的成本，但是，这种方式以行政意志为导向，使利益主体单一，而难以满足微观主体的制度需要，可能遇到的阻力也会较大。而如果在过渡期内提供与传统发票体系并行的、低成本、高效率的电子发票，让纳税人从中自行选择，并在此期间对照传统发票体系对电子发票系统进行评估和完善，对征管体系中需要调整的部分进行改进（也就是电子发票系统在过渡期间自我强化的过程），其效果可能会比强制推行好很多。

三　我国纳税服务模式的变迁路径探讨

本章第一节至第四节已经对纳税服务体系的主体构成、职能边界、组织模式以及系统集成等问题做了较为详细的分析，基本勾勒出了纳税服务体系管理模式的大致轮廓及其演进方向。然而，该体系在我国建立健全、发展和巩固的路径是否会遵循某种内在的逻辑呢？

纳税服务体系的建立，不是在现有税收征管体系内增加某种新业务或取代某些传统业务。因此，开展纳税服务并不意味着税务机关不再依法实施税收管理，而是应该以提高税收征管的质量和效率为目的。简言之，就是变过去的"以行政强制手段实现管理目的"为"以服务手段实现管理目的"。

但是，传统管理手段多依赖于行政强制力，这样的管理模式数十年来一直在进行着自我强化。一方面，行政强制权力的过多运用，使行政管理资源集中于强制措施和机制的设计、应用和强制权力的分配、制约方面，而对于管理对象的涉税行为动机、利益驱动模式没有重视，管理机制僵化、生硬，税收成本居高不下。另一方面，作为传统税收管理模式的核心支柱，行政强制权力也在被不断地强化，并在税收管理的各个环节普遍运用。当然，行政强制权力是打击和威慑涉税违法行为不可或缺的力量，但在许多无须使用强制措施的管理环节中，以及对于守法的大多数纳税人而言，某些行政强制措施的现实效果主要是增加了税收征收成本和纳税遵从成本，对提高纳税遵从和征管质量的作用极其有限，甚至会适得其反。

因此，在传统税收征管模式基础上建立纳税服务体系的关键，就是使征管模式摆脱对行政强制权力和手段的过度依赖。然而，正是由于这一既有路径依赖状况的现实存在，如果完全以行政强制的方式来实现这一改革，则很有可能造成改革后的征管体系在失去了行政强制权力的支持后，在较短的改革过渡期内不能建立起各项业务对服务措施的路径依赖，从而无法有效行使征管职能，使改革的前景充满风险。对于这个问题，上述有关电子发票取代传统纸质发票的路径分析为我国纳税服务体系的构建路径提供了有益的思路（事实上，这种低成本、高效率的发票管理机制本身就是纳税服务体系的一个部分）。

在需求引致型的变迁模式中，推动变迁的动力并不完全来自行政力量的推动，政府部门只需要为变迁创造适当的外部条件（如上文设想的建立一个目标模式和必要的制度安排，并将其作为当前模式的一个备选方案提供给用户），并提供必要的启动变迁的动力。而新旧模式的利益相关各方会基于自身利益，对两种模式进行选择、比较，这就为新模式提供了检测和自我强化的条件和时间，并通过技术和管理模式相对于传统模式的优越性使相关各方逐步形成对新模式的路径依赖。对新模式的路径依赖一旦出现，相关各方就会对自身与新模式不相适应的部分进行修正，从而使新模式的自我强化在分散的、较小的成本下得以实现。

笔者认为，建立纳税服务体系的路径，应是在现有的税收征管体系基础上，借鉴现代管理理论成果和成功的实践经验，建立和完善能够充分利用纳税人的涉税行为规律的管理机制，对外整合各种社会服务资源，对内转变管理职能和手段，改革传统管理模式中不适应当前社会经济发展的客观要求的种种因素，通过需求引致而非行政强制的变迁模式来实现纳税服务体系的构建。

第七章　基于现代信息技术的纳税服务平台

第一节　税收信息化的未来发展[*]

我国税收信息化建设起步于20世纪80年代初期，历经30多年的发展，成效卓著，有力地促进了税收工作的可持续发展。目前，"金税工程"（三期）已是箭在弦上，税收信息化建设即将进入一个新的历史阶段。设想"金税三期"工程顺利完成，税收数据"大集中"成为现实后，还将会遇到哪些问题和挑战？税收信息化的发展将何去何从？

一　对中国信息化发展趋势的理论分析

（一）从信息化的含义看发展

信息，古已有之。古今不同之处，无非是包含信息的获取、交换（传输）、管理、分配等诸多环节的信息使用方式的不同。信息化则表示对信息的利用方式演进的过程。

从信息化的目的而言，主要是提高信息利用效率，从而降低生产活动中的信息利用成本，提高生产力。为达到这个目的，就需要采取各种技术和制度手段去消除各个"信息孤岛"之间的相互隔离状态，以实现信息的互通与共享。从这个意义上讲，"信息化"在形式上和内涵上都体现了对信息资源的整合。同时，不断发展的生产力也会对

---

[*] 参见楚文海《"大集中"完成之后面临的几个命题》，《中国税务》2009年第1期。

信息利用的效率提出更高的要求，促使对信息资源的整合在更深、更高、更广的层面上继续进行。

因此，即使"金税三期"的目标均已顺利达成，税务系统仍然面临着对内部信息深度利用和与外部信息系统加强整合的双重压力。

（二）从信息化发展理论看中国信息化的趋势

诺兰模型是衡量信息化发展阶段的经典理论，其内容是：无论对于一个行业，还是对于一个国家或地区来说，信息化大体要经历初始阶段、普及阶段、发展阶段、系统内集成阶段、全社会集成阶段和成熟阶段六个阶段，各个阶段之间并非截然分开，也不能超越。

诺兰模型认为，一般来说，发展阶段的前期特征是快速发展，但缺乏全局考虑，各单项应用之间互不协调，投资效益与预期相比常有偏差，而发展阶段后期，由于长期实践使诸种矛盾充分暴露，系统内集成的要求便逐渐得到理解。系统内集成阶段是一个非常重要的阶段，人们开始按照系统工程的方法进行全面规划，制定标准，实施新的建设与改造，预算费用将再度升高。

用诺兰模型考察中国税务信息化的现实，可以认为，我们正在进行的以"金税三期"工程为核心的税务信息化建设，正是从发展阶段向系统内集成阶段转移的过程。而进入系统内集成阶段后，随着社会整体信息化程度的提高，税收业务对来自税务系统和外部系统的涉税信息需求将不断扩大和深入，其他部门（包括政府部门和其他社会部门）对税收信息的需求也将逐渐增加，在全社会范围内实现跨部门、跨系统的网络互联、信息共享将成为这一阶段的主旋律，从而推动信息化走向诺兰模型中的下一个阶段，即全社会集成阶段。

（三）税收信息化的效率分析

目前理论界有一种观点认为，网络经济不同于传统经济，其边际成本是递减的、边际收益是递增的。但这一理论应用于税务信息化建设中则存在极大的困难。

假设成本仅指税务信息化的投入，而将税务工作的收益狭义地理解为税收收入，税务信息化的边际收益是否一定递增呢？答案显然是不确定的，因为税收收入最终要受到税基的制约，而税基在任何时候都不是无限的，因此，对税务信息化的持续投入未必能带来边际税收收入的持续增长。

同时，在系统内集成阶段，对高度集中的涉税数据的深度利用对社会将产生巨大的正外部效应（在前几个阶段由于涉税信息的集中规模较小、利用程度较低，这一效应不太显著），如果仅靠税务部门的投入，将导致这类效应的不足。

在类似的约束条件下，对社会其他部门的信息化建设的分析同样会得出以上结论。

更为重要的是，进入了系统内集成阶段的各个部门的信息化体系，相对于外部而言，仍然是一个个"信息孤岛"，各个"信息孤岛"之间的信息交流还是低效率的，在更高的层次上、更大的范围内进行整合的必要性依然存在，并且随着对数据处理的需求日渐增长而更为迫切，从而成为推动信息化向全社会集成阶段演进的动力。

二 税收信息化对税收业务的影响分析

（一）税收数据资源配置结构的变化对税收业务产生的影响

当前，我国税务系统已经在省一级实现的数据集中以及未来"金税三期"工程将要实现的更高层次的数据"大集中"，使总局和省局获得了前所未有的可支配的数据资源，其业务也必将由此出现空前的扩展和深入。尽管如此，大量与纳税人直接接触的、具体的、事务性的业务仍然要由省以下各级税务部门处理，而且这部分业务量恐怕要占税收业务总量的绝大多数。但是，如果税收业务的管理结构没有随之发生相应的变革，则各级税务部门享有的数据资源支配权并未因数据"大集中"而获得实质性的扩大，甚至出现了可使用的数据资源范围缩小的情况。这一点既体现在可支配的数据的数量和范围方面，也体现在实际业务的内容和范围方面。一言以蔽之，如果"大集中"仅仅局限于数据资源的配置格局，而不涉及处理数据的税收业务的配置结构，就难以真正消除各级税务部门相互之间以及上、下级之间的信息不对称状况，他们所承担的职能与他们所能支配的数据资源之间并不均衡。其结果是上级的业务压力剧增，而下级对上级的依赖性增加，自觉扩展业务的积极性相应降低。

（二）税收业务决策权配置结构的变化对数据资源利用状况产生的影响

虽然"大集中"对于规范基层业务、提高其征管质量和效率的意义不容否认，但是，由于业务的决策权事实上已经随着数据集中而上收，而且"大集中"必然会在管理、业务和技术等层面提出许多规范性的具体要求，这就使基层税务部门在数据资源利用方面受到了很多制约，可能会限制基层税务部门主动利用数据资源开展业务的积极性。而集中了数据的上级机构既不可能与数据集中完全同步地扩充其业务能力，也不可能包办下级部门的所有业务，各项工作还是要由基层去具体落实，所以，上级部门对集中起来的数据资源的利用能力总是有限的。上、下级之间职能与数据配置结构的不协调将导致大量数据下级不能用、上级用不了，成为集中起来的"闲置"资源。

（三）税收业务模式的发展对税收数据利用模式提出的要求

税务系统的征管资源（如办税服务厅、计算机设备、人员等）历经多年扩充仍然不敷需用，这是因为，业务需求的提出往往局限于传统的业务模式，新增的资源仍然在旧的业务模式下被分配给各级机构各自"专用"，而不是全系统"通用"。"专用"的目标是能够应付本机构的业务高峰（如每月的申报期），所以，对征管资源的需求必然是最大化的。其实，国税、地税之间，上、下级税务机构之间的许多基本业务并非不能通用，如税务登记、税款缴纳甚至纳税申报，这些完全可以经过某些改造和规范即可通用的基本业务恰恰又构成了税务部门业务量的主要部分，也是历来最受纳税人指责为重复烦琐的办税环节。

当然，上述情况的存在主要还是"分灶吃饭"的财政体制使然，在该体制形成之初，也确实缺乏有效的技术手段支持业务通用化。但技术只是业务的依托，如果业务需求本身不能因应技术平台的变迁而产生与之相适应的调整，则平台的扩展就无所依归，一旦平台成形之后，业务又要受到它的约束。设计"一个平台"的初衷当然不会是这样的，但如果目前以邻为壑的业务模式不加以改变，一个能够高效利用征管资源的业务体系就难以建立起来。

相比之下，其他部门建立在数据共享基础上的业务通用化已经彰显出巨大的社会效益和经济效益。如国内银行已经可以在银联框架下实现"通存通兑"，公安系统则早已建立了"人口信息系统"和"网上追逃系统"等。

因此，无论是从提高征管资源利用效率还是从优化纳税服务的角度，转变业务的配置模式，实现基本业务的通用化都是势在必行的。而实现基本业务的基本条件就是建立税收数据在某种程度上的、也许需要划分若干层次的共享机制。而当前基于"条块分割"业务模式的数据"大集中"方案中似乎还不能充分体现和支持这一需求的实现。

（四）小结

税收数据"大集中"为税收业务的发展提供了一个崭新的平台，但税收信息化绝不意味着将现有的业务模式原样照搬到新的信息系统上去，两者之间还需要一个相当长的相互影响、相互改造和相互适应的过程。税收数据作为税收业务处理的基本对象和信息系统承载的基础内容，它的资源配置结构和利用模式的发展、变化是税收信息化的核心要素，需要认真研究、慎重对待。

税务管理（乃至行政管理）未来的发展必然要求集中起来的数据得到充分的利用——这里一方面是税收数据深度利用，另一方面则是税收数据共享——如果说前者是从高端和长远的视角提出的需求，那么后者就是基层对这块"数据大饼"的现实期待。

三　"大集中"完成之后面临的几个课题

（一）税收数据深度利用

当将过去分散在各级税务机构中的各类涉税数据集中到总局和各省级局之时，人们也许会问：我们为什么要"大集中"？我们把税收数据集中起来打算做些什么？实现"大集中"就是我们的终极目标吗？

毫无疑问，"大集中"的动力来自税收业务随着社会经济发展而产生的需求，服务于税收业务需求是数据"大集中"的题中应有之义。但是，正如上文所说，当数据"大集中"的实现深刻地改变了税务系统中的信息资源配置结构之后，系统内过去分散的"信息孤岛"得以整合，信息资源的共享、互通成为现实，这样的信息应用平台不仅仅能够承载传统的手工业务的需求，而且已经可以为税收数据的深度利用提供坚实的基础了。所谓税收数据深度利用，谭荣华教授给出了定义："在数据集中和系统整合的基础上，利用相关学科的原理、方法和模型，针对大量涉税数据，包括税务系统内部数据，也包括其他政府部门、企业、居民等外部数据，进行深入研究，发现事务的内在规律性，用于帮助税务部门作出明智决策，改进工作，提高效率的分析活动。这样的活动就是税收数据的深度利用。换句话说，数据的丰富度、模型的应用水准、信息技术与系统的利用，以及应用研究的深度与广度都要比'大集中'之前有一种上台阶的变化。"[1]

显然，税收数据的深度利用将是实现数据"大集中"之后的一个必然的命题，也将是推动税务系统信息化建设从技术层面的数据"大集中"向与之相适应的税收业务的整合发展的主要动力。进入了系统内集成阶段的税务信息系统消除了内部"信息孤岛"林立、信息资源分散等方面的问题，信息资源相对富集，系统内信息的获取、交换、分配大为便利，信息处理能力大幅度提高。在这样一个新的一体化的内部信息平台上，信息资源的稀缺对税收业务发展的制约将在相当大的程度上得以缓解，为税收业务在深度利用丰富的涉税信息资源的基础上向着高度专业化发展创造了条件，信息化建设的巨大投入将在这个阶段产生丰厚的回报。

（二）决策功能的整合

"大集中"将彻底改变信息资源在整个税务系统内配置结构，过去涉税信息资源从基层到高层逐层"浓缩"所形成的"金字塔"形结构将被颠覆。"大集中"的实现使信息直接汇聚到决策体系的顶层，再根据下级工作需要进行分配，从而形成"倒金字塔"形的信息资源配置结构。

如果抽象税收业务的内容差别，税务工作的处理对象，或者说劳动资料，主要就是涉税信息流。而"大集中"所导致的涉税信息资源

---

[1] 谭荣华、蔡金荣：《税收数据的深度利用是金税三期的核心命题》，工作论文，2012年。

配置结构的根本变化，将改变涉税信息流在税务系统内的运动路径，从而形成与之相适应的信息资源管理功能、职能的整合，并将直接带动相关业务流程与应用的整合。

随着信息管理功能与税收业务流程在新的信息资源配置结构基础上的变迁，相应的业务管理和决策功能将自然地由下级机构向上级机构汇聚，从而产生如何整合决策功能的问题。

决策功能的整合，首先面临的是基于原有机构设置的相对分散的决策体制与实现"大集中"后业务管理功能相对集中的矛盾，即上、下级机构之间决策功能的配置问题。其次是相对集中起来的各项业务管理和决策功能在内部各个业务部门之间如何整合、协调的问题。此外，实现"大集中"之后，税务部门的工作将有条件在一些领域进一步深入拓展，例如，为纳税人提供更加细致的服务、对税收数据进行深度利用等，与这些方面的工作相关的决策功能的整合与配置也是即将面临的重要问题。

总之，"大集中"将在逐步实现信息资源及税收业务流程、系统应用等方面"横向"整合的同时，对基于传统管理体制的决策功能配置结构提出"纵向"整合的要求，推动前者向着适应于信息化进程的方向发展。

(三) 税收业务的整合

数据"大集中"将导致决策功能配置结构和税收数据利用方式产生的变化，而这两个方面的变化，都将对税收业务产生深远的影响，从而引起与数据"大集中"相适应的税收业务的整合。

从决策功能配置结构的变化来分析，我们知道，各级税务机构之间的决策功能是与其业务职能相辅相成的，当前者的配置结构发生变化时，很难想象后者在各级税务机构之间的配置结构可以一成不变。事实上，这只是同一个现象的两个方面而已。

从数据利用方式的变化来看，由于这一阶段税收数据深度利用在数据的规模、模型的应用层次、信息技术与系统的利用水平以及应用研究的深度与广度都要比"大集中"之前有了质的飞跃，这就不仅对某个税收业务部门的工作提出了比过去更为深入、广泛、精确的要求，而且对税务机构内部的业务部门和上、下级业务部门之间的协作方式提出了新的需求。

在数据集中和系统整合的基础上，某些业务职能将随着数据的集中而在系统内迁移或者说重新分配；某些需要由多个部门长期紧密协作完成的业务职能可能向一个部门集中；某些业务职能的不同环节将在系统内的上、下级之间重新分配。此外，由于信息获取和处理能力的提升，一些新的业务职能可能会出现在税务系统的职能框架内。总之，在新的税收数据管理、分配、处理格局下，以涉税信息流为主要工作对象的税收业务需要进行与之相适应的整合。

（四）新的涉税行为模式的挑战

当代经济全球化、信息化的持续发展是税务系统数据"大集中"产生的宏观背景，而这一宏观背景同时也孕育出了以电子商务为代表的一些前所未有的涉税行为模式，对传统的税收制度及其管理方式产生了冲击。同样，对以之为基础的税收管理信息系统也构成了严峻的挑战。

电子商务的本质特征，是一种在互联网迅速发展与普及的条件下，各种企业对内部和外部资源，利用信息技术进行信息整合的过程。显然，在电子商务的发展中，各类网络经济行为主体也在经历着以决策功能和业务的整合及数据利用方式的演进为主要特征的信息化过程。由于企业的组织结构、生产经营的调整较之税务系统更为灵活，往往易于迅速实现适应信息化发展程度需要的决策和业务功能的整合，便于数据深度利用成果转化为现实生产力，从而形成税务部门与企业之间信息化发展程度的差异，这是难以对电子商务活动进行税收监管的一个重要原因。

当然，即使税企之间在技术层面的信息化程度差异得以消除，如何建立与之相适应的税收制度及其管理体系，并具体体现在税务信息化系统之中，仍然将是一个长期而艰巨的课题。

四 目标和前景

当税收信息化建设已经进入了诺兰模型中的系统内集成阶段后，走向全社会集成阶段将是其进一步发展的目标。在这个过程中，来自其他政府部门和社会等税务系统外部的信息需求将与内部的业务需求一起成为税收信息化发展的动力，而税务系统将作为全社会中一个信息资源相对富集、信息处理程度相对较高的"信息孤岛"参与到全社会范围内的信息资源整合中去，最终被纳入电子政务的框架内，成为电子政府建设的一个部分。其纳税服务模式大致如图 7-1 所示。

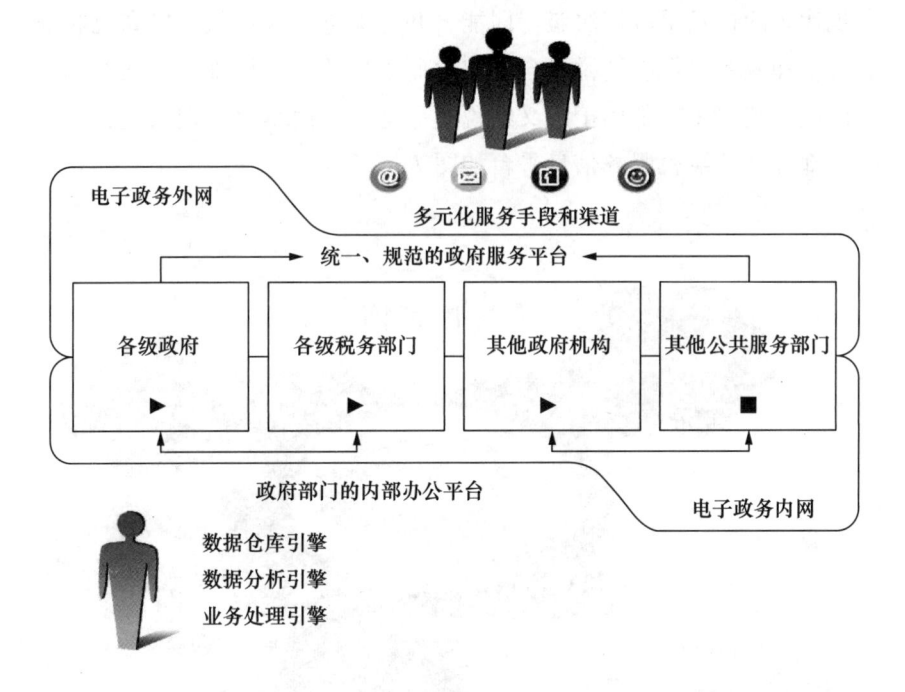

图 7-1　电子政府架构内的纳税服务模式

在电子政府框架内的整合，并不意味着税务信息化的中止。整合将带来更为科学、合理的功能划分，高度专业化的数据利用将是这一阶段税务部门与其他各部门信息化的主要特征，并推动全社会的信息化过程走向成熟。

第二节　纳税服务与税收信息系统的关系

纳税服务与税收信息系统中的关系，实质上就是纳税服务在税收体系中的定位在信息系统中的具体体现形式。

根据本书第六章第一节对纳税服务与税收管理的关系辨析，如果从广义纳税服务概念出发，我们可以认为，税收信息系统及与之发生逻辑和物理联系的各类外部信息系统作为一个整体本身就是广意义纳税服务信息平台。在这个广义纳税服务信息平台上，税务系统利用各种现代化的技术手段依法履行职能，并为促进纳税遵从、提高税收征管质量和效率、保护纳税人合法权益而采取的一切措施，包括对该平台的改进和完善，都属于广义纳税服务范畴，而税收管理只是其中的一个部分。其纳税服务信息平台如图 7-2 所示。

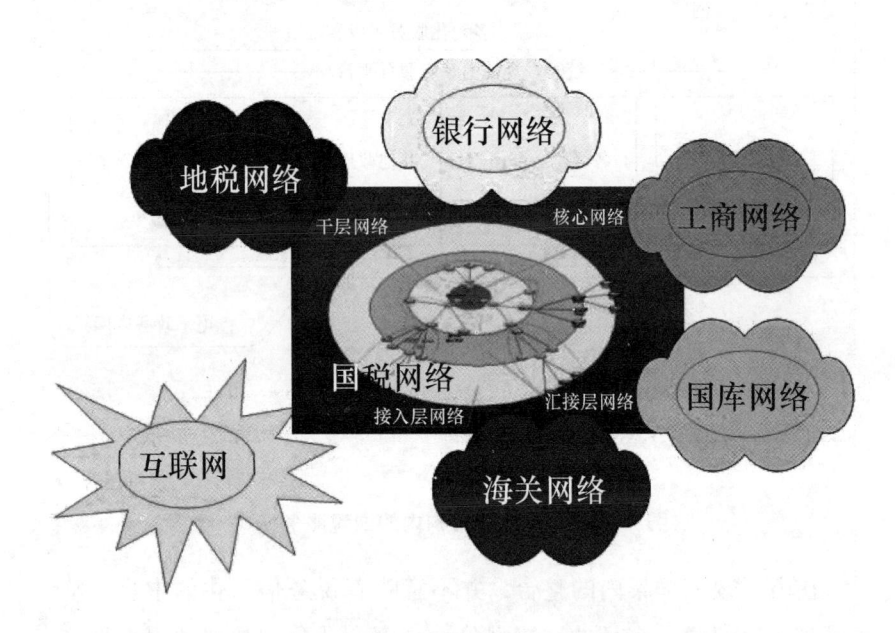

图 7-2 广泛意义上的纳税服务信息平台

前文所介绍的美国国税局的信息系统即可作为广义纳税服务信息平台这一概念的现实注解。国内收入署在其信息化建设中，始终以客户服务作为核心目标，虽然其中并未专门为此设置一个"客户服务模块"或"客户服务系统"，但整个税务信息系统全面体现了为纳税人服务的原则，是一种整体式的、系统的、全面的、贯穿税收业务始终的纳税服务系统，是公共财政的服务职能在税收信息系统中的体现。

立足我国的国情，笔者认为：

首先，尽管由于经济体制、税收法制、管理模式等方面的客观因素的影响，我国税收制度的行政管制特征仍将在相当长的时期内客观存在，但这并不影响其服务职能在税收信息系统中的实现。正如前文所反复强调的，税收工作的核心目标是履行法定的收入职能，税收信息化系统也必然而且必须服从和服务于这一目标，即通过有效利用现代信息手段，提高税收征管效率和质量，促进税收遵从，体现对纳税人合法权利的尊重与保障。

其次，我国的现实国情对于纳税服务及其体系提出了具有中国特色的客观要求，这就决定了我国的纳税服务体系不是西方发达市场经济国家同类系统的复制品，即纳税服务的内容和形式都应符合我国当前经济社会发展的现实需要。

最后，基于上文对纳税服务与税收管理之间辩证统一关系的论述，以及税收信息化集中、整合的发展规律，笔者认为，税收管理与纳税服务在本质上实为一体，在税收信息化系统的整体规划、设计中没有必要为两者强行划分界线，甚至设置独立于税收管理功能的系统或模块，而应该体现以服务的形式和手段实现管理目标的管理模式。

总之，本书所探讨的纳税服务体系，是以完整的税收信息化体系为平台的体系，而不是其中某一个相对独立的功能模块。

第三节 现代纳税服务平台的安全性

2008年年初，我国南方各地遭遇罕见的雪灾，部分受灾地区供电、通信、交通运输中断。雪灾的阴霾刚刚散去，四川汶川5月12日发生了大地震，导致部分灾区的通信系统彻底瘫痪，与外界的联系完全中断。虽然此类极端严重的突发事件并不是纳税服务平台工作环境的常态，但破坏性相对较小而发生概率却相对大得多的各类信息安全突发事件则时刻威胁着税收信息系统的运行。而一旦发生税收信息安全事件，建立在该系统之上的税收业务以及纳税人的利益就会受到威胁甚至损害。因此,纳税服务平台面临的首要问题就是如何保障信息安全。

一 保障税收信息系统安全的根本目的

从涉税信息流观点出发,税收业务工作可以抽象为由上述七个环节首尾相连所构成的涉税信息流的循环运动,涉税信息流的顺畅流动也就意味着税收业务工作的正常开展。如果把税收业务比作一个生命体,那么涉税信息流的循环运动就是它的基本生命体征。

税收信息系统是承载税收业务的各种设备、技术和应用系统的总和,税收业务系统依托于税收信息系统,抽象掉业务内容的差别之后,税收信息系统所承载的就是涉税信息流。因此,税收信息系统可以理解为涉税信息流的载体系统,其基本职能就是承载涉税信息流使之得以顺利完成其所有七个环节的循环运动。

保障税收信息系统安全的最终目的,显然,并不仅仅是为了维护其中所有软、硬件系统及其工作性能的完好,而是为了确保税收业务的顺利运行。当各种税收业务之间的差别被抽象掉之后,保障税收信息系统安全表现为确保涉税信息流的畅通。

更进一步地,在某些极端情况下,如果不能保障载体系统自身的完整无缺,只要作为载体的税收信息系统能够为涉税信息流提供至少一条完整的流动路径,或者能够保障多个涉税信息流中的一部分能够继续循环运动,就可以认为,税收信息系统安全保障的最基本的目的已经达到了。

二 税收信息安全功能边界

税收信息安全体系的抗风险能力总有一个功能边界,当超出这个边界的突发事件发生时,抵抗往往是无效的。

确定税收信息安全功能边界,有许多相关理论可以借鉴。本书仅从税收业务与其他部门(包括政府机关、纳税人等)的相关性出发,提出相应观点。

税收信息系统安全功能边界的提高不是无限的,除受到预算、技术条件等客观因素的制约外,如果以整个社会的视野看待税务工作,涉税信息是在全社会范围内进行着循环流动,而税务部门只是这个大循环中具备核心作用的一环。根据"木桶理论"可知,只要突发事件的信息安全威胁程度超越了涉税信息流经的任何一个部门的信息安全功能边界,税收工作将不同程度地受到影响,甚至可能导致业务陷入瘫痪。如图7-3所示,从全社会的角度来看,税收信息安全功能边界处于相关部门B的水平上,而不是税务部门自身的信息安全功能边界。

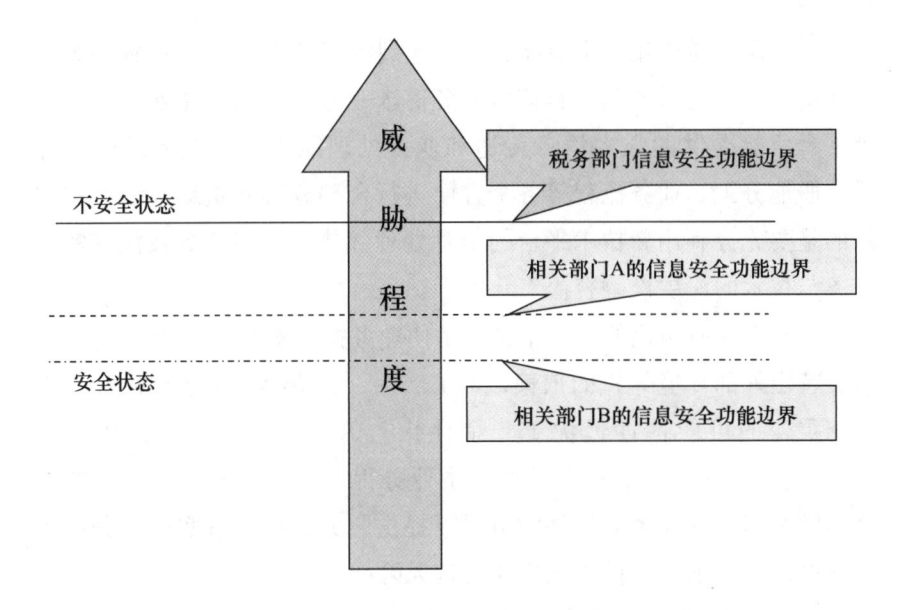

图7-3 税收信息安全功能边界划分

因此,分析税收信息安全功能边界应着眼于涉税信息流在全社会的运动情况,考虑相关部门可能存在的"短板"问题。由此得出以下两个观点:其一,税收信息安全规划应从整个社会的信息安全现实需要出发,融入政府乃至全社会的信息安全体系中;其二,在各种现实条件的制约下,税收信息安全功能边界设计不宜也不必过于超前。

三 应对重大突发事件的措施

(一)业务模式的迁移

当信息化进程还处于搭建技术平台的阶段,业务模式(包括业务的管理体系及其执行模式)尚未完成对新技术平台的适应性调整时,建立在传统业务模式基础上的信息安全保障机制已难以对新的信息系统提供有效保护，而基于标准化技术体系建立起来的新的信息安全体系对于许多不规范、非标准的传统业务模式也束手无策，处于这个阶段的业务系统面临着极大的安全风险，遭到破坏后修复、重建的难度也是非常大的。只有尽快完成业务管理体系及其执行模式相应于信息化的改造，在网络化、标准化的基础上实现业务模式通用化才能突破这个困境。

业务模式通用化并不意味着从形式到内容都无条件地一致和无差别地统一，而是需要基于具体的业务需求，考虑到现代化业务信息处理平台所能提供的强大信息传递和业务处理能力，对业务的管理体系、职能分工、业务流程等各个方面进行合理分解并重新组合，根本目的是要充分利用新技术平台的信息处理优势，提高业务效能，实现业务与技术的深层次融合。

业务模式通用化的另一个含义是使业务摆脱对特定条件（特定人员、特定外部环境等）的依赖，可扩展性、可持续性和遭到破坏后恢复与重建的可能性远远优于"个性化"的业务模式。在四川汶川"5·12"地震灾区，银行系统的基本业务得以迅速恢复重建，并能在许多顾客因灾缺失个人证件的情况下提供服务，这一事实就充分体现了在网络条件下业务模式通用化的抗风险能力。

（二）建设税收业务分级安全体系

1. 税收业务与税收信息系统之间的联系

在当前税收信息化发展正以整合系统内外信息资源为主要趋势的背景下，税收信息系统正在逐步整合，这就意味着税收业务对特定信息系统安全性能的依赖性加强。一旦该信息系统的某个关键环节或必需的某种外部条件遭到突发事件的破坏，则业务也将陷入停滞。而一个现实的税收信息系统只能针对可以预见的、有可能发生的安全风险采取一定程度的防范措施，对于各种不可预知的突发事件的抵抗能力不是无限的。此外，一个现代化的高性能信息系统的建设和运行都需要相当的内、外部条件，而在遭到突发事件破坏后，这些条件并不总是能够立即得到满足的。

因此，有必要采取措施打破税收业务对特定信息系统的绝对依赖，建设分级次的税收信息系统体系，分散上述安全风险，使税收业务系统具备抵抗一次（乃至多次）破坏的能力。

不同的信息系统对业务的承载能力是不同的，这就需要进一步分析税收业务与税收信息系统之间的联系。

图7-4是对信息化进程导致业务与其所依托的信息系统平台之间关系发展变化的一个简单的描述（其中的"传统信息系统"可以理解为在完全不具备现代信息技术条件的情况下，在某种制度框架内，人与人之间通过语言、纸质文书等方式进行信息交流的系统）。从某种意义上说，税收信息化实质上就是税收业务从低性能信息系统平台向高性能信息系统平台不断跃迁的过程，而在此过程中，信息系统性能的提高又推动和容纳了税收业务的不断扩展。税收业务对信息系统的依赖，就源于在新平台上所产生的扩展，因为旧的平台已经不能支持新扩展的业务了，否则也没有必要更换平台。

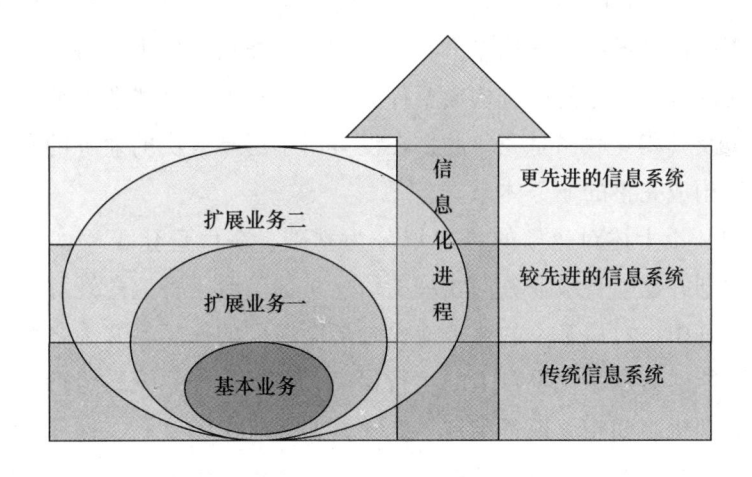

图7-4 信息化进程与业务及其所依托的信息系统平台之间关系

2. 税收业务分级安全体系构想

基于以上分析，再来看税收业务安全体系的设计。当现有信息系统的某些关键部位在某种突发事件中遭到了严重损毁，业务必须向备用信息系统转移。这一方案的关键在于：在突发事件对现有信息系统的破坏程度不可预知的情况下，业务是整体转移还是部分转移？备用信息系统承载业务的能力又如何？

如果只考虑业务的整体转移，则备用的信息系统应在整个生命周期内维持与现有系统相当的技术性能水平，并在关键性能方面与之保持同步更新，而且必须能够在足以导致现有系统失效的破坏事件发生后仍然保持性能的完整，否则其备用价值就无从谈起了。但建设并维持能够达到这一要求的备用系统的成本将会超过现有系统，更何况突发事件可能会严重破坏税收业务的外部条件（如四川汶川"5·12"大地震中，灾区经济遭到重创），灾后相当一段时间内的税收业务也未必能够完整地开展。

鉴于此，提出以下业务分级安全体系构想：

（1）根据各类可用的信息系统平台的承载能力对业务进行划分，如图7-4中，在业务整体内划分出"基本业务""基本业务+扩展业务一""基本业务+扩展业务一+扩展业务二"等级次，分别对应于各种不同信息系统的支持能力。当然，在这样划分出来的每个级次上所包含的各种业务的所有构成要件必须是完整的，这些业务的所有必要环节及其相互联系是完备的，在没有属于更高级次的业务的参与下也可以构成完整的业务体系。

（2）以上述对业务的级次划分为基础，在信息化工程实施过程中，规划并建立各级业务向相应的信息系统平台进行应急迁移的保障条件。其中，对最基本的业务应设置最高级别的保障，并为之配备在各种可能的信息系统平台上的运行保障，包括软件系统、运行维护机制、管理机制和相关设备条件等，随着业务级次的提高，保障力度可以依次递减。例如，对于某些基本业务，既要提供基于广域网和大型数据库的先进信息系统的软件支持，也要准备在局域网（或单机）和小型数据库平台上的运行系统，还要准备完全没有电子设备支持的人工运行预案；在通信手段方面，除利用专用宽带网络的先进方案外，也应预备使用公共通信网络（如电话线路），甚至可以考虑无线通信网络（如蜂窝式移动电话网）等备用手段；更重要的是，应建立健全与各种预案相应的业务管理和运行机制，以免业务转移后无章可循。

此外，还要考虑到诸如目标系统对数据资料兼容性等具体问题。

（3）设计业务转移的实施方案，包括转移的条件（发生何种情况即确定开始转移）、转移的目标系统的确定、转移实施的步骤、转移后工作机制的调整等内容。作为一种常备的应急预案，还需要根据业务和各种相关外部条件的发展变化情况适时进行调整和完善。

（4）税收数据是税收业务的基础和主要对象，以有效的机制和手段为业务部分或全部的迁移和灾后重建做好充分的准备，即建立健全税收数据的灾难备份体系。灾难备份体系是业务重建或恢复的基础，是信息安全体系的最后一道防线。考虑到突发事件可能影响的地域范围，对税收业务采取异地灾难备份措施是十分必要的。

四　日常业务中的安全机制

威胁税收业务安全的因素，除上述各类突发安全事件外，更多的是在日常工作中所面临的各类业务风险。因此，纳税服务平台所依托的税收信息系统还需要采取相应的信息安全措施。近年来，由于 CA 认证技术的不断发展并日臻完善，经过时间和实践的检验，其技术和法律环境已日趋成熟。公开密钥基础设施 PKI 已成为业界标准，可以为信息提供高强度的数字签名和加密，支持交叉验证，并具有强大的密钥和证书管理机制，为证书在税务系统中的应用提供了完善的保障。通过采用证书与应用系统的无缝集成，为网上报税系统提供了如下安全保障功能：身份认证、资格认证、保密性、完整性、不可抵赖性和信息的追认功能。另外，通过安全代理软件将安全强度提升到全球公认的标准。为了建立一套标准的时间，在 CA 系统还要引进时间印鉴来为网上报税系统提供完整的时间认定功能，避免在交易中出现由于时间带来的纠纷。

李伟认为[1]，税务系统目前没有自己的行业 CA，使用已有的其他行业 CA 的最大优点是初期投资较少，建立税务行业自己的 CA 初期投资较大，但可制定完善的 CA 政策，在发生纠纷时作为法律上的依

---

[1] 李伟：《中国信息化税收管理发展战略研究》，博士学位论文，中国人民大学，2003 年。

据；对于已经按照制度进行过审核的纳税人可以直接发放证书，对于新纳税人在登记时直接接受其证书申请，并进行相应的审核和发放证书，使申请证书的审核过程简便；具有高度自主权，随时根据行业的发展进行调整和扩展；还可以直接进行身份认证并在证书中加入网上报税必需的数据信息，如纳税人识别号等，使用时直接由证书中取得这些信息，避免到后台数据库的查询工作，提高效率；同时，由于对自建的 CA 系统有充分的自主权，当网上交易用户增加到一定数量后，可对 CA 系统进行分布式处理，缩短查询时间。因此应建立税务系统自己的 CA 系统。

从 CA 的体系结构来看，两层 CA 比单层 CA 具备更高的安全性，几乎不可能会被黑客或其他非法用户入侵。两侧 CA 在对业务支持的能力方面也表现出更多的灵活性和可扩展性。

第四节 现代纳税服务平台的基本特征和功能

一 基本特征

（一）信息化

现代信息技术为税收征管与服务提供了前所未有的可选择的信息技术手段，这是显而易见的事实，有关这一方面的论述很多，笔者不拟在本书中赘述。本书仅就税收信息化的一些内涵和外延展开分析。

任何管理活动都必须以必要的信息为基础，现代信息技术手段在管理中的应用，其核心的作用，不在于以先进的信息传输、存储、处理手段取代原有管理体系中的对应部分，而是在于使组织体系、制度安排调整和转移到可以最有效地利用这些先进的技术手段完成管理目标的新的管理模式。

具体到税收信息化这一命题上，正如谭荣华指出的："在现代科学技术条件下，如果抽象税收业务的内容差别，税务部门天天面对、人人面对的处理对象，或者说劳动资料，主要就是涉税信息流。"即税收业务以涉税信息为主要的处理对象，但在税收法律关系和税收经济关系中，如何能够确保有关信息的可靠性、完整性、不可抵赖性，从而具备法律效力，成为税收执法的有效依据？在不同历史阶段、不同的信息技术条件下，人们解决这个问题的基本思路都是将无形的信息与某种有形的载体绑定，并通过法律或某种特定规则使这种载体强制介入涉税活动的某些特定环节中，作为涉税信息的法定载体而具备法定效力；相应地，税收的制度安排也就以对特定的涉税信息载体的监督、管理、控制为基本内容而展开。例如，我国目前采取的"以票控税"的征管模式，就是以发票为涉税交易信息的法定载体，将对发票的印制、领购、开具、保管和检查等环节的监管作为税收征管的主要线索而建立的税收征管模式。一方面，发票作为一种特定历史时期和特定技术条件下的产物，客观上确实为有效实施税收管理提供了切实可行而又相对可靠的征管手段。另一方面，"以票控税"的征管模式使大量的人力、物力和财力被用于针对发票本身而不是发票所记载的涉税信息的严密监管中，造成了相当大的资源消耗，也制约了征管效率的进一步提高。因此，当信息技术已经发展成熟到一定程度，可以为涉税信息提供比传统载体更为可靠、高效的获取、传输、存储、处理手段时，信息载体的更替就成为信息技术发展的必然结果，而围绕传统涉税信息载体所建立的征管体系，包括税收管理机构的组织结构、管理模式、管理措施等，随之发生变革，则是税收信息化的核心内涵。

税收信息化内涵的丰富和发展，其动力来自经济社会的发展对税收业务能力提升（涉税信息处理能力）的要求，而信息处理能力的提升，表现为处理对象规模的扩大、处理程度的深入、满足更多的业务需求等方面，最终体现为其外延的发展，即税收业务的效率和质量的提高。因此，作为税收信息化进展的一个主要特征，就是税收信息处理能力的进步，即税收数据的深度利用。

（二）对象范围的广泛性和服务内容的灵活性

虽然税收征管的各个业务领域都包含于广义的纳税服务概念中，

但两者在职能范围方面还是存在一定的区别。因为税收征管的对象是由有关法律明确界定的，而纳税服务的对象范围则比法定征管领域更为宽广、深入，例如，向学龄儿童进行税法宣传即是将未来的纳税人作为服务对象的例子，税务中介机构为企业进行税收策划之类的服务也不在法定税收征、纳义务的范围内。

由于对象范围相对于征管工作更为广泛，纳税服务的信息平台也应该在税收业务信息平台的基础上有所扩展，与更多的社会信息系统发生直接或间接的联系。例如，我国目前已经普及了移动电话，但移动电话通信系统在安全性、可靠性方面尚难以满足作为税收征管信息系统主要载体的要求，而纳税服务的大部分业务进入这一平台则不存在安全方面的顾虑。

因此，税收信息系统在规划、设计之初，就应该考虑到纳税服务对象范围的广泛性，为此准备适当的延伸空间，并做好技术方面的储备。在满足安全性要求的前提下，纳税服务信息平台在技术体系上还应注重可扩展性和模块化，以适应纳税服务对象范围的广泛性和多元化的要求，在功能和技术上体现出一定程度的灵活性。

(三) 高效率、低成本

对税收效率的追求是纳税服务发生和发展的基本动力之一，也是评价税收体系的主要标准。纳税服务信息平台的效率提升，主要来自税收管理模式、运行机制和技术手段的变革。当然，税收信息系统的建设、维护以及一些服务功能的提供，都会对相应的开支有所要求，信息化使税收征管效率和质量的提高也会降低传统的征收成本，至于两者对税收成本的整体影响如何，则是评价税收信息系统建设成效的重要因素。一个成功的信息化工程或过程，至少应该使单位税收收入的税收成本出现显著下降。

(四) 服务主体多元化

随着我国市场经济的发展和税收管理的精细化，纳税人对于涉税服务提出了许多个性化、多样化的需求，而其中相当多的服务需求已经超出了税务机关的服务职能范围或能力范围，也不能归入公共需要的范畴，如税务中介、税收策划等。在市场需求推动下，税务中介行业在法律允许的范围内，以营利为目的开展涉税服务业务是当前和未来纳税服务的一个重要内容。

与此同时，一些政府机关、事业部门、社会团体、志愿人员出于公益目的，通过各种方式和渠道，为纳税人提供非营利性的纳税服务，也将是我国未来纳税服务发展的一个热点。

二　基本功能

（一）面向纳税人的服务功能

1. 安全的互联网纳税申报

随着互联网的发展，人们的需求也逐渐个性化、多样化、专业化，已经不仅仅满足于现有网络的服务模式，迫切需要整合关联网站的网络资源，提升网络服务水平。实现跨部门、跨行业的网络资源共享和"一站式"服务的课题已经摆在网站经营或组织者的面前，新技术的出现和思想观念的更新为建立各网站之间的统一平台提供了可能。当前税收网站建设虽然取得了很大的进步，但存在的问题也较多。究其原因，一方面是网站建设缺乏规范，相当多的政府网站仅仅局限于把一些法律、法规、政策、条文等从纸上搬到网上，公开的信息数量少，质量也不高，网上信息更新很不及时，不能给公众提供急需的服务，不能解决实际问题。另一方面是不同政府网站之间缺乏有机的联系，浪费了许多资源。

今后税收信息化工作的一个重点应放在建立基于互联网基础之上的纳税服务平台，为纳税人提供"一站式"服务，简单来讲，就是税务部门通过网络信息技术对业务进行优化重组，提供一个服务平台，用户访问统一的门户即可得到税务部门的、高效的、全天候的在线服务服务。

服务的内容主要有：提供面向纳税人的网上登记服务、提供面向纳税人的网上纳税申报以及与纳税申报相关的其他网上服务。

2. 安全的多元缴税手段

随着信息技术和互联网技术的迅速发展，国内的商业银行纷纷建立自己的网上银行，为银行客户提供网上支付服务。虽然目前国内支付系统有待完善，但是，一旦全国范围安全、快捷的网上支付系统建立，则委托银行扣缴的方式有可能全部或部分被通过支付网关缴纳税款的方式取代。

网上支付的流程按如下方式处理：根据纳税人当期申报金额的总和、本系统的账号、纳税人的开户账号、形成明码的划账数据。通过使用纳税人自己的私钥和网络服务器的公钥将该信息进行数字签名和加密处理，传入网络服务器；网络服务器接收信息后，先将加密信息还原为明文；再进一步验证数字签名是否合法，如果合法，对信息进行本地处理，处理结束后，用银行提供的公钥和自己的私钥对信息进行加密和数字签名，并提交银行网上银行系统。网上银行系统解密后，验证数字签名，验证成功，进行扣款处理，如成功，则通知邮件服务器自动发电子邮件给相应的纳税人，通知其此次交易成功，并准备领取完税证明；如失败（余额不足、账号信息有误等），则返回失败提示信息。对于成功信息，则表示这次交易完全成功，本次网上申报结束；对于失败信息，则通知应用服务器，回退该纳税人的申报信息，本次网上申报失败。

在具体的处理流程上，为保证申报信息准确并且能够扣到税款，该系统依据税票信息（应缴税款）查询纳税人申报纳税时填报银行账户（或结算账户、预储账户）存款余额是否足够，并进行税款划解。银行将纳税人税款划解信息及时反馈税务机关，并提供税票自动销号、自动对账功能。在完成缴税之后，纳税人可以从开户行（或自动银行）或征收机关中的一家（根据协议规定）取得完税证。这种缴税方式的特点是：安全、快捷，申报与纳税一体化；它与委托银行扣缴的主要区别是：银行扣缴的电子交易处理始于税务局，而通过支付网关支付的电子交易始于纳税人。

3. 政策查询与纳税辅导

网上税务信息资讯服务的需求主要有两种形式：一种是税务资料的浏览查询，如税收法规、政策，纳税资料等。另一种是通过电子信息方式提交办理有关税务事宜，如提交申报延期报告等各类报告的电子邮件。具体包括如：税法、各类税收统计资料、税务年报查询；经济与税收新闻、最新税收政策法规公告和具体税务事项公告；纳税辅导；邮箱服务等。

4. 延伸的审核、审批网络

网上文书预审：纳税人通过互联网向税务机关提交申请信息，包括税务登记预审、一般纳税人资格认定预审、税务年检预审、进出口退税预审、纳税检查预审、发票领购预审等。纳税人完成预审文书的提交后，预审文书自动转入网上税收管理信息系统的核心——征收管理。

5. 以人为本的服务手段

纳税人纳税信息查询：纳税人根据自己申请注册的用户名和密码查询本企业税务登记、资格认定、文书审批结果、申报、税款缴纳、证件、发票、退税办理、未履行的处理处罚、逾期申报缴款的提醒、违章处理处罚情况的告知通知、税务文书的网上送达等信息。可以查询经营交往对方企业的一般纳税人认定资格，可以按销货方查询本地和外地出口退税专用缴款书信息。

（二）面向税务内部的网上服务

从税务部门内部来看，存在管理决策部门、业务部门、后勤保障部门等诸多机构。电子税务局应该能够为各部门工作人员提供电子化的办公条件及相应的辅助决策支持系统，这无疑可以把工作人员从原有繁重的脑力、体力劳动中彻底解放出来，从而做到办公无纸化、通信网络化、决策智能化。电子税务局还可以解决税务部门内部的信息共享问题，做到"一处录入，多处共用"，以保证税务部门信息和实际状态信息的一致性。另外，需要根据信息保密程度，制定相应的权限控制机制。这使税务部门内部可以加强配合和协调，充分发挥内部各应用系统的规模效益。

（三）面向其他部门的网上服务

税务、财政、国库、审计、工商、劳动、公安等政府部门作为国家重要的经济管理和监督机构，承担着为社会公众提供政府服务、支持经济发展的重任，各部门之间的数据交换量很大。

随着社会主义市场经济的不断发展，税收工作对国家宏观经济调控作用越来越大，税务部门与相关部门之间的数据交换将更加迫切。

在现有模式下，税务系统和其他部门，如工商、银行等部门的网络往往相互分离，客观上造成了"信息孤岛"的存在。在电子政务架构下建立的电子税务局，则可以实现财政、税务、工商、银行等相关业务系统之间的无缝链接，使相关信息在部门之间充分共享，从而避免资源浪费，为有效地实现税源监控、提升税收业务流程的完全自动处理提供了有力的技术支撑。

第五节 现代纳税服务平台的核心技术路线

现代信息技术为纳税服务提供了前所未有的技术支持条件，并将对包括纳税服务在内的涉税业务的组织体系、职能分配、管理模式、管理和服务措施等方面产生深刻的影响。与此同时，以上涉税业务各种因素的变化，也对应用于该领域的信息技术提出了新的要求。笔者认为，未来涉税信息技术的发展，将以探索和实现如下架构为核心技术路线，如图7-5所示。

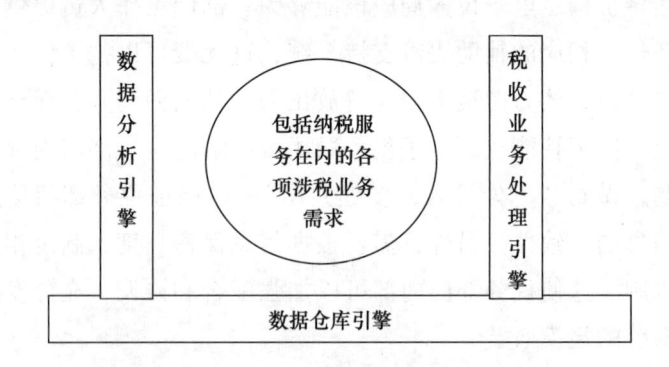

图7-5 未来税收信息系统核心技术架构

该体系以数据仓库引擎为基础，以数据分析引擎和税收业务处理引擎为支柱，围绕包括纳税服务在内的各项涉税业务需求，为未来的税收管理或服务体系的业务提供全面的技术支持。

一　数据仓库引擎

在现代技术条件下，如果抽象税收业务的内容差别，税收业务的处理对象主要就是涉税信息流。描述涉税信息及其运动的涉税数据，就是税收业务所围绕的核心对象。因此，现代税收信息系统的规划，应该以涉税数据的整备作为起点。

所谓"整备"，其字面意义就是"整理"和"准备"。具体来说，就是如何收集数据分析所需的各类原始涉税数据，在对其数据质量评估的基础上，对原始数据进行清洗、整理以及初步加工，以确保用于分析的涉税数据的质量对分析结果造成的负面影响被控制在用户可以接受的范围内的一系列工作。

在数据整备的基础上，为了有效地管理数据，用户必须建立和优化面向系统的数据库。但是，数据库并不是面向某一特定应用的，而在现实工作中，一些问题又经常会被提出：哪类企业可能偷漏税？税率变化后企业的行为会如何变化？价格变化后或者产业政策调整后税收收入会受到什么影响？等等。

当然，随着税务系统信息化建设的深入开展，越来越多的涉税数据已经被纳入税务管理信息系统之中，从中获取用户的分析工作所需数据已经越来越方便而快捷了。但是，一个通用的数据库系统是面向所有用户的，而不是面向某一应用主题的。同时，税务管理信息系统也难以涵盖所有的涉税数据，特别是其他部门的数据。另外，历史数据分析工作的相关数据资料本身也需要有一个收集、整理的机制。鉴于以上原因，税务管理信息系统虽然是涉税数据的主要来源，但它并不能作为开展各类涉税数据分析工作唯一的数据管理平台，用户仍然面临着建立、完善和维护涉税数据分析的数据平台的任务。另一个问题是数据库的当前内容总是处于变动之中的，而分析以上问题常常需要相对稳定的数据，使问题能得到一致而连续的解答。所以，用户需要将与问题有关的数据处理从数据库处理中分离出来，这就提出了面向数据分析的数据组织机制和工具的需求，即数据仓库。

数据仓库是按照某方面的问题来分"主题"组织数据的，对于数据分析应用来说，这是比通用的数据库更加有效的数据组织方式。

早在1900年比尔·英蒙（Bill Inmon）就提出了"数据仓库"这个概念：数据仓库是为支持决策而特别设计和建立的数据集合。建立数据仓库是为了填补现有数据存储形式已经不能满足信息分析的需要。数据仓库是一个环境，而不是一件产品，提供用户用于决策支持的当前和历史数据，这些数据在传统的操作型数据库中很难或不能得到。数据仓库技术是为了有效地把操作型数据集成到统一的环境中以提供决策型数据访问的各种技术和模块的总称。所做的一切都是为了让用户更快更方便地查询所需要的信息，提供决策支持。

数据仓库是一个面向主题的、集成的、相对稳定的、反映历史变化的数据集合，用于支持管理决策。它具有以下四个特点：

（1）面向主题。操作型数据库的数据组织面向事务处理任务，各个业务系统之间各自分离，而数据仓库中的数据是按照一定的主题域进行组织的。主题是一个抽象的概念，是指用户使用数据仓库进行决策时所关心的重点方面，一个主题通常与多个操作型信息系统相关。例如，本书所围绕的税收数据分析工作，就是以某些主题为重点的数据应用。

（2）集成的。面向事务处理的操作型数据库通常与某些特定的应用相关，数据库之间相互独立，并且往往具有不同的结构。而数据仓库中的数据是在对原有分散的数据库数据抽取、清理的基础上经过系统加工、汇总和整理得到的，必须消除源数据中的不一致性，以保证数据仓库内的信息是关于整个系统的一致的全局信息。

（3）相对稳定的。操作型数据库中的数据通常实时更新，数据根据需要及时发生变化。数据仓库的数据主要供决策分析之用，所涉及的数据操作主要是数据查询，一旦某个数据进入数据仓库以后，一般情况下将被长期保留，也就是数据仓库中一般有大量的查询操作，但修改和删除操作很少，通常只需要定期地加载、刷新。

（4）反映历史变化。操作型数据库主要关心当前某一个时间段内的数据，而数据仓库中的数据通常包含历史信息，系统地记录了系统从过去某一时间点（如开始应用数据仓库的时间点）到目前的各个阶

第七章　基于现代信息技术的纳税服务平台

段的信息，通过这些信息，可以对系统的发展历程和未来趋势做出定量分析和预测。

每一个部门都有自己的数据，并且，许多部门在计算机系统中储存有大量的数据，记录着大量信息，通常这些数据都储存在许多不同的地方。使用数据仓库之后，用户可以将所有收集来的信息存放在一个唯一的地方——数据仓库。数据仓库中的数据按照规范的方式组织，从而使信息容易存取并且更有使用价值。

总之，数据仓库技术就是为了有效地把数据集成到统一的环境中以提供决策型数据访问的各种技术和模块的总称，所做的一切都是更快地为用户提供所需要的信息，服务于决策支持。用户为开展某一项涉税数据分析而进行的各项数据准备工作，其实就是为该项分析建立一个数据分析环境的过程。从其出发点和目的这两层意义来说，这个环境也可以理解为一个数据仓库，只不过多数情况下用户不会用到很多专门的数据仓库软件和工具，也不一定要在计算机系统中去实现这样一个软件系统意义上的数据仓库系统而已。目前，已经开发出一些专门的软件工具，使数据仓库的过程实现可以半自动化，帮助用户将数据装载进入数据仓库，并使用那些已经存入仓库的数据。

然而，目前的数据仓库产品还难以做到自动根据特定数据分析需求，例如，某一税收数据分析主题；在设计相应的数据模型时[1]，建立数据仓库[2]，并自动完成数据的 ETL 过程。[3] 此外，现有的数据仓库产品由于要考虑到各种不同用户的应用需求，往往在功能设置上追求大而全，却难以满足特定数据分析应用对某些技术细节的要求。这

---

[1] 数据仓库的设计步骤包括：明确定义 fact 表；确定和确认维；计算并存储 fact 表中的衍生数据段；确定查询优先级和查询模式。

[2] 数据仓库的建立步骤包括：收集和分析业务需求；建立数据模型和数据仓库的物理设计；定义数据源；选择数据仓库技术和平台；从操作型数据库中抽取、净化和转换数据到数据仓库；选择访问和报表工具；选择数据库连接软件；选择数据分析和数据展示软件；更新数据仓库。

[3] 即数据抽取、转换、清洗、装载的过程，包括按照特定分析需求从数据源抽取数据，将非标准的数据统一格式化成数据元素，根据数据字典消除不一致的表述方式，并对数据进行校验和匹配，消除重复记录，最终将经过清洗的数据及重要的清洗记录写入数据仓库中。

也是目前已经实施的许多数据仓库项目效果并不理想的主要原因。

当然，对于应用和分析主题无法预知的商业产品而言，提出以上"全自动"的要求是不切实际的。但对于应用领域明确、数据对象相对固定的税收数据分析应用而言，在商业数据仓库产品一般功能的基础上，通过二次开发，实现某种程度的智能化（如人机交互、部分环节实现智能化）的数据仓库引擎性质的工具，以使用户在不借助或较少借助专业人员参与或指导的情况下，建立符合特定数据分析主题需求的数据仓库环境（换言之，就是实现某种程度上的"傻瓜式"的数据仓库），也许将是数据仓库技术发展和普遍应用的一个重要方向。

如果这一设想得以实现并成熟，将为大量需要进行税收数据分析人员提供一个高效的数据环境，使分析人员能够有更多的时间和精力专注于数据分析本身而不是数据仓库产品的技术细节。

二 数据分析引擎

（一）数据分析引擎要解决的问题

依靠有限的人力、物力和技术资源建立起来的税收信息系统本质上永远只是现实业务简化的（有时也是经过了优化的）抽象模型，既不可能包含所有的涉税信息，更不可能将相关信息之间的所有逻辑关系都呈现给用户。从这个意义上说，税收数据分析的任务就是找出那些被有限的信息系统所忽略或不能表达出来的信息之间的相关性。换言之，税收数据分析也可以理解为在现有的管理信息系统所能提供的信息资源的基础之上建立一个新的——也许是临时的、小规模的、部分依靠人力的——信息系统，以探寻原有系统所没有揭示的数据相关性。

进行数据分析，需要根据分析主题的需要，使用相应的数学模型。但目前，大量的统计学模型目前还停留在书面上，在税收数据分析领域的应用还是空白。现有的如 SAS、SPSS 等通用统计软件虽然功能强大，也确实可以处理许多理论模型，但是，没有经过统计学专业系统训练的人员难以理解这些模型的理论含义和应用条件，这些软件的操作界面也相当专业，令人生畏。因此，需要在非专业用户与统计工具软件之间搭建一座桥梁。此外，针对某一分析主题、耗费大量人、财、物力建立起来的一个分析模型，往往不适用于其他分析主题，没有或很少具备可重用性。

统计软件的操作界面如此不友好并非故作高深，而是统计学的严谨原则使然。利用统计学模型处理业务问题，一般的思路是：首先将业务问题抽象为统计学问题；然后应用统计学理论和方法描述、检验需要处理的数据对象，划定理论边界，选择适用的模型和参数估计方法，进行参数估计；最后进行检验，提交结果。笔者的设想是：以统计学的处理步骤和软件模块功能为边界，对一些典型的税收数据分析案例进行解剖，在每个环节上提供基于税收领域知识的解释或例证供用户选择可行的方案，最终在人机交互的基础上为每一个业务问题形成一个相应的软件处理序列，并由该外壳调用统计软件的相应功能模块进行处理。

更进一步地，可以在基础软件平台（通用统计软件）的功能边界内，在与统计学原则不冲突的前提下，对税收数据分析的具体问题的处理过程按照税收工作的思路和逻辑进行一定的改造或解释，使之适合于一般用户的工作习惯和知识背景。模型引擎的主要功能是整合软件的各种资源，并提供友好的用户界面，是两者间的中介。但这个引擎本身应该是开放性的，既可以加入新的处理功能（如新的模型），也可以为新的业务分析需求提供相应的功能组合及其向导。

（二）具体实现的设想

1. 技术可行性

目前，主流通用统计软件如 SPSS、SAS 等产品的运行过程都是将用户界的面操作转换为代码序列后再执行的，这些产品本身即是可编程的软件平台，因此，基于通用商业统计软件工具包进行二次开发的数据分析模型引擎设想有技术实现的可能性。

2. 技术方案

从技术实现的角度设想，大概有以下几个方案：

（1）与通用统计软件工具包的底层编译系统实现无缝连接。通用统计软件有自己的程序语言，必然存在自身的编译系统，在这一层面接入是最有效的方式，也是资源利用率最高的模式。

(2) 以第三方软件的方式开发。通用统计软件本身是一个由多种可组合的工具形成的工具包，这些工具模块的运行应该有其内部通用的调用方式。如果在这个层面进行合作，可以以第三方软件的形式调用其功能模块，但也需要对方的合作。

(3) 以代码生成器的方式开发。通用统计软件是可编程的，其程序也是模块化的，可以将执行具体操作的代码分类加入到外部代码库中，然后由用户界面进行组合并设定参数，形成完整的执行代码序列后导出，再转移到通用统计软件的代码执行器中执行。

这一设想的最终目的，是希望基于现有通用统计软件所提供的丰富的可重复使用的数学模型工具包和可编程功能，开发一个可以充分利用 SAS 各类功能、具备多层次统计分析能力和友好的人机交互界面的外壳系统，为税收及其他领域的数据分析提供统计学模型引擎的支持。

三 税收业务处理引擎

我国目前的税收管理工作还存在浓厚的行政管制色彩，加之一直以来税收被作为一种重要的政策工具被广泛地应用于宏观经济调控领域，导致税收法规、政策、措施处于经常变动的状态之中，相应的税收信息系统的业务需求也只有随之不断修改。而软件系统的修改往往是"牵一发而动全身"的工作，为解决某一个业务细节的变化，也许就要对整个系统的若干部分进行修改，既涉及业务问题，又存在技术风险，还要满足相关业务变动的时限要求，在影响系统正常运行的同时，会给税务系统信息化管理机构和人员造成很大的负担，也对税收信息资源的集中、整合产生了负面影响。

那么，是否可以考虑建立某种较为灵活的税收业务模型，在基本不会或较少发生变化的税收基本业务框架和流程基础上，为可能经常变动的部分业务建立一个规范的模型，并基于这个规范模型对各项税收业务进行定义、加载、修改，最终形成某种业务处理的引擎机制？

对于这个问题，首先应从税收业务及其工作对象的本质谈起。

谭荣华教授认为，在现代科学技术条件下，如果抽象税收业务的内容差别，税务部门天天面对、人人面对的处理对象，或者说劳动资料，主要就是涉税信息流。一切外在设备、技术和应用系统不过是涉税信息流的运动载体。

涉税信息流展开，分解为首尾相连、循环往复、互为支撑的七个环节，即信息获取、信息传输、信息存储、信息校验、信息管理、信息分配和信息使用。每一个环节既有自己独特的任务和功能边界，又都有标准和安全问题（见图7-6）。

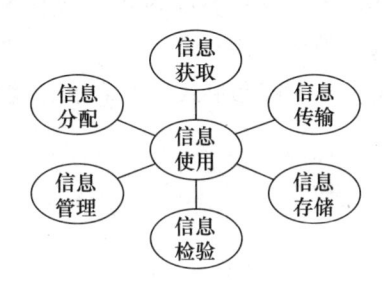

图7-6 涉税信息流的七个环节

如果从涉税信息流的观点来考察和分解税收业务，则有可能建立一个规范的税收业务模型，并以此为基础，建立税收业务处理引擎。基于这一思路，笔者在谭荣华教授提出的关于涉税信息流理论的基础上，提出以下设想：

第一，任何被纳入税收信息系统的税收业务，都被抽象掉业务的内容差别，然后将其处理对象即涉税信息流规范地分解到上述七个环节中，使每项业务首先在结构和形式上规范化。

第二，分别对每项业务在每个环节的具体内容进行规范化描述。在这七个环节中，信息获取、信息传输、信息存储、信息校验、信息管理属于数据整备的范畴，如果本书第七章第五节第一小节所设想的数据仓库引擎得以实现，则可以按照该引擎所定义的规范性描述模型对此项业务的这五个环节进行描述了。而信息使用环节，则应遵照本书第七章第五节第二小节所设想的数据分析引擎（如果能够实现）的规范进行描述。至于信息分配，基本属于业务职能配置和流程设置的范畴，可以按照有关规定设计其描述规范。

第三，对各个环节中分类规范描述的业务片段进行需求分析、模型设计，进行程序开发和测试，形成相对独立的功能模块。而这些模块的集成就构成了一个模块化的税收信息系统的骨干。

第四，以上各步骤工作所获得的对各个环节中业务片断的描述规范和相应的功能模块，就构成了一个税收业务处理引擎的框架。在此基础上，进一步开发出具备某种程度的智能化的税收业务处理引擎系统，能够以自动或人机交互方式来完成各类需纳入税收信息系统的业务的分解、定义、装载等项工作。

第五，还原各项业务内容和形式上的需求，就构成了用户界面。

结　语

本书在前人研究成果的基础上，从不同学科视角，对纳税服务的本质内涵进行了较为深入的探索，建立了一个相对较为规范、完整的纳税服务的理论体系框架。

政治学意义上的纳税服务，体现了国家行使征税权的方式的正当性，即国家的征税权不仅应在来源和使用方面获得人民对其正当性的认可，而且在其运用方式上也应符合正当性的要求，以此约束国家权力的无限扩张。

但政治学视角下的正当性只是一种定性的判断，缺乏准确衡量和裁度的依据及标准，因此，需要用法律形式对国家和人民之间在税收法律关系中的权利与义务进行明确划分，并通过相应的司法、执法制度和机构对纳税人的法定权利予以充分的保障。此即法学意义上的纳税服务内涵。

然而，"权利"又作何解？"权"是法定可作为的行为，但纳税人依法行使"权"的动机何在？从经济学理性经济人假设出发，不难解释为："权"的行使是受"利"的驱动。在经济学理论框架下，纳税人在税收经济关系中的"利"，除法定税收之外，主要就是由纳税人、社会和政府分担的税收成本。如果能够通过提高税收征管的效率和质量，使其中任何一方所承担的税收成本有所降低而又不会使其他各方的税收成本负担加重，即为一种帕累托改进，这是经济学意义上纳税服务的基本内涵。

但税收征管效率和质量应该如何改进？这是一个管理学领域的问题。税收效率和质量的改进，是在一个现实的税收制度体系内进行的，因此，税收制度安排是否与经济社会的现实需要和未来发展相适应，就成为决定税收效率的关键因素。与此同时，税制的执行模式是否适合于国情，也是影响税收效率的主要因素。在当代中国这一宏观背景下，建立和完善服务型政府框架内的税收征管体系，通过服务手段促进纳税遵从，提高税收征管质量和效率，保障纳税人的合法权利，实现税收管理的目标，就是当代中国语境下纳税服务的管理学内涵。

在提出纳税服务理论框架的基础上，本书通过对国外纳税服务体系的分析和对我国现实国情的研究，提出了建设包括制度体系、管理模式和信息化平台在内的中国现代纳税服务体系的框架构想。

关于纳税服务的制度建设，笔者认为，税收入宪和税收立法（包括税收基本法的立法）是整个税收制度的根本支柱和基本前提，否则纳税人权利就无所依归，纳税服务也就失去了目标和意义。法律体系的建设，还包括相应的司法和执法体系，特别是在税收法治原则下，税收执法的程序合法性应在此体系中得到体现。

在税收法律体系相对完善的前提下，基于我国社会主义市场经济的现状和发展需要，还应建立与之相适应的、服务于公共财政目标的、体现服务型政府职能的税收管理模式。在这种模式下，以税务部门为主、社会服务机构为补充的纳税服务体系通过提供服务的形式达成税收管理的目标。

在现代信息技术条件下，纳税服务开展所依托的，是以税收征管信息系统为主干，借助现代信息媒介平台和技术手段，在深度和广度方面适当延伸的一个信息化的服务平台。基于对税收信息化发展趋势的判断，笔者认为，包括税收征管信息系统在内的纳税服务平台，未来将成为电子政府的一个部分，并以提供专业化的纳税服务为其主要的外部功能特征。在技术路线方面，笔者认为，围绕涉税数据的"大集中"，应以发展数据仓库引擎、数据分析引擎和税收业务处理引擎为重点，高度专业化的数据利用将是这一阶段税务部门与其他各部门信息化的主要特征，并推动全社会的信息化过程走向成熟。

由于中国特色的市场经济在形成过程中的特征不确定性，造成对税收制度特征的分析有可能与实际情况有一定误差，进而导致所提出的纳税服务发展战略的缜密性问题。同时，由于转轨时期中国社会、政治问题的约束，可能造成本书的理论分析有意无意地存在假设条件。

最重要的是，由于笔者知识和理解方面存在的缺陷，以及笔者的知识结构问题，可能造成所进行的研究，失之于范围不够全面，措施不够具体。

本书的内容很丰富，基本上每一章都涉及中国现代纳税服务所面临的重大理论问题和实践发展方向，都可以进行深入而细致的分析和研究。由于国内在纳税服务战略，以及其与中国税收制度的互动方面，缺乏成体系的研究和分析，因此，本书只是起到提出一个概念和框架的作用。对于本书中所提出的问题和解决方法，包括纳税服务的理论框架和中国现代纳税服务体系框架方面，都存在大量可以继续深入研究的方面。

参考文献

一 中文文献、著（译）作

1. ［英］洛克：《政府论》（上、下），叶启芳、瞿菊农译，商务印书馆1964年版。
2. ［法］孟德斯鸠：《论法的精神》，张雁深译，商务印书馆1987年版。
3. ［英］亚当·斯密：《国民财富的性质和原因的研究》（上、下），郭大力、王亚男译，商务印书馆1972年版。
4. ［美］汉密尔顿等：《联邦党人文集》，程逢如译，商务印书馆1980年版。
5. ［美］亨金：《权利的时代》，信春鹰等译，知识出版社1997年版。
6. ［美］德沃金：《认真对待权利》，李常青译，中国大百科全书出版社1998年版。
7. ［英］米尔恩：《人的权利与人的多样性——人权哲学》，夏勇、张志铭译，中国大百科全书出版社1995年版。
8. ［美］罗伯特·达尔：《民主理论的前言》，顾昕、朱丹译，商务印书馆1999年版。
9. ［英］戴维·赫尔德：《民主的模式》，燕继荣译，中央编译出版社1998年版。
10. ［英］哈耶克：《自由秩序原理》，邓正来译，生活·读书·新知三联出版社1997年版。
11. ［英］彼得·斯坦、约翰·香德：《西方社会的法律价值》，王献平译，中国人民公安大学出版社1989年版。

12. ［美］约翰·罗尔斯：《正义论》，何怀宏等译，中国社会科学出版社 1988 年版。

13. ［美］诺奇克：《无政府、国家和乌托邦》，何怀宏等译，中国社会科学出版社 1991 年版。

14. ［美］伯纳德·施瓦茨：《行政法》，徐炳译，群众出版社 1986 年版。

15. ［美］霍尔姆斯、桑斯坦：《权利的成本——为什么自由依赖于税收》，毕竞悦译，北大出版社 2004 年版。

16. ［美］凯斯·R. 孙斯坦：《自由市场与社会主义》，金朝武等译，中国政法大学出版社 2002 年版。

17. ［美］埃尔金、索乌坦等编：《新宪政论——为美好的社会设计政治制度》，周叶谦译，生活·读书·新知三联书店 1999 年版。

18. ［日］金子宏：《日本税法原理》，刘多田等译，中国财政经济出版社 1989 年版。

19. ［日］北野弘久：《税法学原论》，陈刚、杨建广等译，中国检察出版社 2001 年版。

20. ［美］詹姆斯·M. 布坎南：《民主财政论——财政制度和个人选择》，穆怀朋译，商务印书馆 1993 年版。

21. ［澳］布伦南、［美］布坎南：《宪政经济学》，冯克利等译，中国社会科学出版社 2004 年版。

22. ［美］道格拉斯·诺思：《经济史上的结构与变迁》，上海三联书店 1991 年版。

23. ［英］比几斯渴脱：《英国国会史》，清代翰墨林编译印书局编译，刘守刚点校，中国政法大学出版社 2003 年版。

24. ［美］弗里德曼：《资本主义与自由》，张瑞玉译，商务印书馆 1986 年版。

25. ［美］R. 科斯、A. 阿尔钦、D. 诺思等：《财产权利与制度变迁——产权学派与新制度学派文集》，刘守英等译，上海三联书店 1994 年版。

26. ［美］丹尼斯·C. 缪勒：《公共选择理论》，杨春学、李绍荣等译，中国社会科学出版社 1999 年版。

27. ［美］汤普逊：《中世纪经济社会史》，耿淡如译，商务印书馆 1961 年版。

28. ［美］乔治·萨拜因：《政治学说史》，盛葵阳、崔妙因译，商务印书馆 1986 年版。

29. ［美］哈罗德·J. 伯尔曼：《法律与革命——西方法律传统的形成》，贺卫方等译，中国大百科全书出版社 1993 年版。

30. ［法］邦雅曼·贡斯当：《古代人的自由与现代人的自由》，阎克文、刘满贵译，商务印书馆 1999 年版。

31. ［美］曼昆：《经济学原理》上册，梁小民译，生活·读书·新知三联书店、北京大学出版社 1999 年版。

32. ［英］约翰·梅纳德·凯恩斯：《就业、利息和货币通论》，徐毓枬译，商务印书馆出版 1981 年版。

33. ［美］哈维·S. 罗森：《财政学》第六版，赵志耘译，中国人民大学出版社 2003 年版。

34. ［加］R. 米什拉：《资本主义社会的福利国家》，郑秉文译，法律出版社 2003 年版。

35. ［法］卢梭：《论人类不平等的起源和基础》，李常山译，商务印书馆 1997 年版。

36. ［德］柯武刚、史漫飞：《制度经济学——社会秩序与公共政策》，韩朝华译，商务印书馆 2000 年版。

37. ［美］丹尼斯·C. 缪勒：《公共选择》，王诚译，商务印书馆 1992 年版。

38. ［美］詹姆斯·M. 布坎南：《民主财政论》，穆怀朋译，商务印书馆 1993 年版。

39. ［英］约翰·斯图亚特·穆勒：《政治经济学原理及其若干对社会哲学的应用》，世界书局 1936 年版。

40. 谭荣华、蔡金荣、徐夫田：《关于税务"大集中"的几个基本问题》，《税务研究》2004 年第 7 期。

41. 谭荣华、徐夫田、谢波峰：《我国税务信息化建设的七大重点》，

《涉外税收》2002 年第 10 期。

42. 谭荣华、李伟、王敏、刘翰波：《电子税务局建设的若干问题研究》，《税务研究》2002 年第 12 期。

43. 谭荣华：《从诺兰模型和米歇模型看我国税务信息化的发展阶段》，《涉外税收》2003 年第 2 期。

44. 谢波峰、梁季：《美国国税局的整合经验借鉴》，《每周电脑报》2004 年 4 月 12 日。

45. 谭荣华主编：《税务信息化简明教程》，中国人民大学出版社 2001 年版。

46. 肖捷：《税收为改善民生提供财力保障》，《人民日报》2008 年 4 月 25 日。

47. 万幸：《美国及其他主要国家关于纳税人权利的保护》，财税法网，http：//www.cftl.cn。

48. 丁一：《WTO 与纳税人权利保护》，财税法网，http：//www.cftl.cn。

49. 吕凌娜：《论纳税人权利》，财税法网，http：//www.cftl.cn。

50. 王岩、靳东升、李秉瑞：《我国与美国纳税人权利的比较研究》，《涉外税务》2002 年第 2 期。

51. 荣建华：《纳税人权利保护制度的立法探讨》，《中央财经大学学报》2001 年第 3 期。

52. 林国镜：《为纳税人服务的国际经验》，《涉外税务》2003 年第 1 期。

53. 李长江：《优化税收服务与建设税收文明》，《税务研究》2003 年第 11 期。

54. 孙利军：《关于纳税服务理论与实践诸问题的探讨》，《税务研究》2003 年第 10 期。

55. 潘力、范立新：《市场经济条件下纳税服务的制度条件与思路创新》，《税务研究》2004 年第 5 期。

56. 文明子、姜永英：《纳税服务理论根据探讨》，《辽宁税务高等专科学校学报》2001 年第 4 期。

57. 谢少华：《从新公共管理的兴起看西方税收管理理念的转变——

兼议我国纳税服务体系的构建》,《涉外税务》2003 年第 4 期。

58. 陈捷:《纳税服务的国际比较与借鉴》,《涉外税务》2003 年第 4 期。

59. 曾飞:《国外纳税服务的经验及借鉴》,《税务研究》2003 年第 12 期。

60. 林雄:《评〈税收征管法〉对纳税人权利的保障》,《深圳特区法制》2003 年第 2 期。

61. 凌岚:《公共部门管理范式的演进与创新》,《财经研究》2002 年第 10 期。

62. 杨耕身:《好税制须充分保障纳税人权利》,《南方都市报》2003 年 9 月 15 日。

63. 周竹南:《日本对纳税人的服务》,《税务》2000 年第 2 期。

64. 国家税务总局纳税服务培训团:《德国纳税服务的经验与启示》,《税务研究》2004 年第 5 期。

65. 吴旭东、王春雷:《构建我国纳税服务体系的思考》,《东北财经大学学报》2004 年第 6 期。

66. 陈挺:《论纳税服务的法律化趋势》,《福建税务》2003 年第 1 期。

67. 王晓玲:《推进纳税服务中存在的问题与建议》,《学术交流》2003 年第 12 期。

68. 刘汉球、王永民、赵永清:《以一流的服务创一流的形象——访广东省地方税务局局长吴升文》,《中国税务报》2004 年 4 月 18 日。

69. 安体富、任强:《论为纳税人服务》,《财贸经济》2006 年第 2 期。

70. 赵迎春:《现代管理理论在纳税服务中的应用》,《税务研究》2006 年第 2 期。

71. 王枫云:《从新公共管理到新公共服务——西方公共行政理论的最新发展》,《行政论坛》2006 年第 1 期。

72. 顾丽梅:《新公共服务理论及其对我国公共服务改革之启示》,

《行政学研究》2005 年第 1 期。

73. 栗志强：《关于优化纳税服务的几点思考》，《湖南冶金职业技术学院学报》2006 年第 9 期。
74. 王巧玲：《对进一步优化纳税服务的思考》，《经济师》2006 年第 11 期。
75. 魏法学：《对纳税服务的再认识》，《河南税务》2003 年第 7 期。
76. 王德平：《建立现代的纳税服务体系》，《税务研究》2004 年第 1 期。
77. 陆宁、彭毓蓉：《纳税服务的经济学分析》，《经济师》2006 年第 11 期。
78. 陈金池：《构建纳税服务体系的背景分析》，《扬州大学税务学院学报》2006 年第 3 期。
79. 吴旭东、王春雷：《构建我国纳税服务体系的思考》，《东北财经大学学报》2004 年第 6 期。
80. 周寅：《改革与完善纳税服务体系的思考》，《价格月刊》2006 年第 4 期。
81. 林涎：《电子纳税服务平台建设中存在的问题和对策》，《税务研究》2006 年第 6 期。
82. 洪兆平：《从服务型政府的视角看纳税服务体系的完善》，《扬州大学税务学报》2005 年第 12 期。
83. 王成刁、葛伟章：《从"沉锚效应"看纳税服务的语言艺术》，《中国税务》2007 年第 1 期。
84. 陈彦：《优化纳税服务从加强队伍建设和管理入手》，《开放潮》2006 年第 4 期。
85. 叶晓菊：《我国现行纳税服务存在的不足及对策分析》，《经济与管理》2004 年第 3 期。
86. 王晓玲：《推进纳税服务工作中存在的问题与建议》，《学术交流》2003 年第 12 期。
87. 熊静：《切实保护纳税人权益》，《科学决策月刊》2006 年第 9 期。

88. 叶晓莉、吕辉：《浅谈纳税服务中存在的问题及改进措施》，《黑河学刊》2006 年第 9 期。
89. 韩晓琴：《论当前优化纳税服务的重点及需要处理的关系》，《扬州大学税务学院学报》2006 年第 12 期。
90. 杨美：《优化税收环境的思考》，《税务研究》2006 年第 12 期。
91. 吴素贤：《优化纳税服务应当解决的几个问题》，《税务研究》2004 年第 2 期。
92. 翁嘉晨：《优化纳税服务完善税收征管》，《滁州职业技术学院学报》2005 年第 9 期。
93. 林佳亮、陈秋英：《优化纳税服务理念的探讨》，《浙江统计》2006 年第 4 期。
94. 耿金跃：《优化纳税服务的思路》，《税务研究》2004 年第 8 期。
95. 匡房晓明：《优化纳税服务的思考》，《理论与实践》2004 年第 7 期。
96. 陈济华、张艺、王学勇：《树立纳税服务理念，构建现代纳税服务体系》，《中山大学学报论丛》2003 年第 4 期。
97. 施正文：《税收程序法论》，北京大学出版社 2003 年版。
98. 梁朋：《财税体制改革》，广东经济出版社 1999 年版。
99. 张文显：《二十世纪西方法哲学思潮研究》，法律出版社 1996 年版。
100. 张千帆：《西方宪政体系》（上、下），中国政法大学出版社 2000 年出版。
101. 林来梵：《从宪法规范到规范宪法——规范宪法学的一种前言》，法律出版社 2001 年版。
102. 刘剑文、熊伟：《税法基础理论》，北京大学出版社 2004 年版。
103. 刘剑文：《财税法论丛》第 1—7 卷，法律出版社 2005 年版。
104. 刘剑文：《税法专题研究》，北京大学出版社 2002 年版。
105. 葛克昌：《所得税与宪法》，北京大学出版社 2004 年版。
106. 葛克昌：《行政程序与纳税人基本权利》（税法学研究文库），北京大学出版社 2005 年版。

107. 黄俊杰：《纳税人权利之保护》（税法学研究文库），北京大学出版社 2004 年版。

108. 刘隆亨：《财税法论坛——中国法学会财税法学研究会学术年会本书选编》，北京大学出版社 2005 年版。

109. 葛克昌：《税法基本问题》（税法学研究文库），北京大学出版社 2004 年版。

110. 方福前：《公共选择理论》，中国人民大学出版社 2000 年版。

111. 刘剑文主编：《税法学》，人民出版社 2003 年版。

112. 毛寿龙、李梅、陈幽泓：《西方政府的治道变革》，中国人民大学出版社 1998 年版。

113. 刘志诚主编：《社会主义税收理论若干问题》，中国财政经济出版社 1992 年版。

114. 《欧盟纳税人权利义务》，http：//www1.oecd.org/daf/FSM/gap002.html，2001 年 5 月 10 日。

115. 世界银行：《变革世界中的政府》，载《1997 年世界发展报告》，中国财政经济出版社 1997 年版。

116. 刘军宁：《共和民主宪政——自由主义思想研究》，上海三联书店 1998 年版。

117. 马新福：《法律社会学导论》，吉林人民出版社 1992 年版。

118. 俞可平：《马克思的市民社会理论及其历史地位》，《中国社会科学》1993 年第 4 期。

119. 张四明：《美日政府预算改革的省思，以平衡预算赤字为观察中心》，《法商学报》1999 年第 35 期。

120. 李强：《宪政自由主义与国家构建》，载《宪政主义与现代国家》（公共论丛），生活·读书·新知三联书店 2003 年版。

121. 陈刚：《税的法律思考与纳税者基本权利的保障》，《现代法学》1995 年第 5 期。

122. 董延林、王博：《现代国家与税收法治论略》，载刘隆亨主编《财税法论坛》，北京大学出版社 2005 年版。

123. 王毅：《中国皇权社会赋税制度的专制性及其与宪政税制的根本

区别——兼论中西税制的法理差异对各自社会发展方向的重要影响》,《学术界》2004年第5期。

124. 李炜光:《现代税收的宪政之维》,载刘隆亨主编《财税法论坛——2004中国法学会财税法学研究会学术年会本书选编》,北京大学出版社2005年版。

125. 郑秉文:《社会权利,现代福利国家模式的起源与诠释》,《山东大学学报》(双月刊)2005年第2期。

126. 张馨:《"税收价格论"、理念更新与现实意义》,《税务研究》2001年第6期。

127. 张馨:《法治化、政府行为、财政行为、预算行为》,《厦门大学学报》(哲学社会科学版)2001年第4期。

128. 邓子基:《"权益说"还是"交换说"》,《税务研究》2002年第8期。

129. 李刚:《国家、税收与财产所有权》,载刘剑文主编《财税法论丛》第4卷,法律出版社2004年版。

130. 刘剑文:《关于我国税收立宪的建议》,《法学杂志》2003年第1期。

131. 李曙新:《哈贝马斯的社会进化理论评析》,《社会科学研究》2004年第4期。

132. 刘曙光:《马克思历史决定论与现代西方社会理论》,《北京大学学报》(哲学社会科学版)2003年第4期。

133. 刘双舟:《税收文化与宪政精神——兼谈减轻农民负担政策中的民本主义》,《财经法律评论》2004年第1期。

134. 胡玉鸿:《"人的模式"构造与法理学研究》,《中外法学》2000年第5期。

135. 胡玉鸿:《论个人主义方法论在法学研究中的应用》,《法律方法》第1卷,山东人民出版社2002年版。

136. 周永坤:《市场经济呼唤立法平等》,载张文显、李步云主编《法理学论丛》第1卷,法律出版社1999年版。

137. 许善达、张伟、沈建阳编著:《纳税人的权利与义务》,中国税务出版社 2002 年版。

138. 郑成良：《权利本位说》，《政治与法律》1989 年第 4 期。

139. 张文显：《权利本位之语义和意义分析》，《中国法学》1990 年第 4 期。

140. 刘剑文、李刚：《二十世纪末期的中国税法学》，《中外法学》1999 年第 2 期。

141. 刘剑文：《西方税法基本原则及其对我国的借鉴作用》，《法学评论》1996 年第 3 期。

142. 朱大旗：《谈谈税法的几个基本问题》，《美中法律评论》2005 年第 3 期。

143. 刘鹤：《电子政务：整合还是重建》，载《新一届政府面对的经济问题——专家的思考与建议》，中国宇航出版社 2003 年版。

144. 张文显：《法哲学范畴研究》修订版，中国政法大学出版社 2001 年版。

二　外文文献

1. Carolyn C. Jones, "Mapping Tax Narratives", *Tulane Law Review*, 1998, 73 Tul. L. Rev.

2. Jeremy Bentham, *The Theory of Legislation*, trans. C. K. Ogden and Richard Hildreth, Oxford University Press, 1931.

3. North, Douglass C., *Institution, Institutional Change and Economic Performance*, Cambridge University Press, 1990, p. 94.

4. Sewell, W. H., "Three Temporalities: Toward an Eventful Sociology", in *The Historic Turn in the Human Sciences*, ed., Terrance J. McDonald, University of Michigan Press, 1996.

5. Levi, Margaret, "A Model, a Method, and a Map: Rational Choice in Comparative and Historical Analysis", in *Comparative Politics: Rationality, Culture, and Structure*, ed., Mark I. Lichbach and Alan S. Zuckerman, Cambridge University Press, 1997.

6. C. J. Friedrich, *Constitutional Reason of State*, Brown University Press, 1957, Preface.

7. M. F. Weston, "Political Questions", *Harvard Law Review*, 1924, Vol. 38.
8. H. Wechsler, "Toward Neutral Principles of Constitutional Law", *Harvard Law Review*, 1976, Vol. 73.
9. L. Henkin, "Is There a Political Question Doctrine?", *The Yale Law Journal*, 1976, Vol. 85.
10. J. Brest, "Palmer v. Thompson: An Approach to the Problem of Unconstitutional Legislative Motive, 1971", *Supreme Court Review*, 1971, 95.
11. Charls Adams, *For Good and Evil: The Impact of Tax on the Course of Civilization by Charls Adams*, Madison Books, 1993.
12. Geoffrey Brennan and James M. Buchanan, *The Power to Tax*, http://www.econlib.org/library/Buchanan/buchCvContents.html.
13. Randall G. Holcombe, "Tax Policy from a Public ChoicePerspective", *National Tax Journal*, 1998, 51, No. 2.
14. Colin Farrelly, "Taxation and Distributive Justice", *Political Studies Review*, 2004 (166).
15. Gary M. Anderson, "The Constitution of Liberty to Tax and Spend", *Gate Journal*, 1994, Vol. 14, No. 2.
16. Michael J. New, "Limiting Government through Direct Democracy, The Case of State Tax and Expenditure Limitations", *Policy Analysis*, 2001, No. 420.
17. David A. Super, "Rethinking Fiscal Federalism", *Harvard Law Review*, 2005.
18. Ronald J. Krotoszynski, "Reconsidering the Nondelegation Doctrine: Universal Service, the Power to Tax, and the Ratification Doctrine", *Indiana Law Journal*, 2005, 239.
19. Cass R. Sunstein, "Nondelegation Canons", *U. Chi. L. Rev.* 2000, 322.
20. Lisa Schultz Bressman, "Disciplining Delegation After Whitman v. American Trucking Ass'ns", *Cornell L. Rev.* 2002, 467.
21. Lisa Schultz Bressman, "Schechter Poultry at the Millennium: A Delega-

tion Doctrine for the Administrative State", *Yale L. J.* 1399.

22. Peggy B. Musgrave, *Tax Policy in the Global Economy*, Published by Edward Elgar Publishing Limited, 2002.

23. Rajiv Biswas, "International Tax Competition, Globalisation and Fiscal Sovereignty", Published by the Commonwealth Secretariat, 2002.

24. "Electronic Payment Systems—Accountability Guidance", OECD Center for Tax Policy & Administration, 2002 – 04 – 06.

25. Isabelle Joumard and Wim Suyker, "Options for Reforming the Finish Tax System", *Economics Department Workong Paper*, No. 319, OECD, 2002.

26. Binh Tran Nametiris Evans, Michael Walpole and Katherire Ritchie, "Tax Compliance Costs: Research Methodology and Empirical Evidence from Australia", *National Tax Jourml*, 2000, Vol. 53, Issue 2.

27. Jeffrey A. Roth and John T. Schulz, *Taxpayer Compliance*, University of Pennsylvania Press, 1999.

28. Sardford, C. T. ed., *Tax Compliance Costs – Measurement and Policy*, Fiscal Publication, Bath, UK, 1995.

后　记

　　纳税服务，对于今天的大多数中国人来说，是一个新鲜而又陌生的事物，让人感到模糊，甚至可能产生歧义和误解的概念。在理论研究领域，有关纳税服务的阐释可谓百家争鸣；在税收实践中，围绕它的各种探索说得上是百花齐放；而作为服务的对象，无数纳税人心目中的纳税服务更是百品千条。然而，无论如何，纳税人、征税人和用税人一定是在纳税服务这个领域找到了某种共同的利益，我想，这是纳税服务在当代大行其道的根本动力之所在，而且纳税服务的未来发展方向也应该是对这三者而言的帕累托改进路径。这样一点尽人皆知的粗浅想法，就是我选择和开展这项研究的逻辑起点，也是本书构建纳税服务理论框架的主要线索。

　　在纳税服务实践方面，如果将纳税服务定位为某种与传统税收业务并存的新业务或税务行业职业道德的某种要求，则很难想象税收执法与纳税服务如何共存于同一个税收管理体系之中。因此，站在税务部门的角度，我更倾向于将纳税服务理解为税务部门进行税收执法的新形式，是达到税收管理目的的新的管理方式和手段，因而它是一个全局性的体系，由此提出纳税服务体系的设想。而该体系的出现，将作为未来税务部门在税收管理活动中与纳税人接触的主要平台，站在纳税人的角度，可以视为税务部门面向纳税人的"前台"，相应地，税务系统内部的业务处理则成为"后台"。随着现代信息技术的发展，全社会信息化程度的提高，纳税服务的前台将借助多种技术手段在信息化平台上得以延伸，而税收管理的后台也许会在政府信息化的潮流中逐渐成为未来电子政府的一个有机组成部分。与此同时，完整的纳税服务体系中，既包含税务部门，也包含营利性和非营利性的各种社会服务机构、人员等多种服务主体，从而满足纳税人在市场经济环境下不同层次、不同方面的涉税服务需求。这是我对未来纳税服务体系的主要设想。

但是，本书在理论推导、实证分析和未来构想方面，都还有许多逻辑联系、前提条件、后果结论等问题尚不明确。因此，与其说是本书的研究有了一个结果，毋宁说是我们的研究才刚刚开始。

本书是在恩师谭荣华教授的悉心指导下完成的。从本书甄选题目、草拟提纲、撰写初稿到修改定稿，先生都为之倾注了大量心血，没有他的鼓励、点拨和指导，也许根本就无法完成本书的写作。开题伊始，先生就提出诸多修改意见，在我重新翻阅修改时，每每对诸问题作审慎思考，甚感先生所言乃真知灼见，感慨系之。先生宅心仁厚、胸襟疏阔的处世态度，春风化雨、诲人不倦的教学精神，治学严谨、立论精湛的学术风范，让我辈终身受益，不敢或忘。

同时，还要感谢朱青教授和岳树民教授在我的本书开题报告中给予的指点和建议，正是他们中肯的指教，使本书得以顺利完成。在此，我还要感谢财金学院的领导和老师，在我学习期间提供的诸多教诲和关照。其中，谢波峰老师对我从理工科背景转向应用经济学领域的学习和研究给予了非常重要的指导及帮助，令我受益良多。

我读博期间的另一大收获，就是融入了一个团结友爱的集体，这是我人生中最珍贵的财富。其中有李伟博士、王敏博士、徐夫田博士、毕明强博士、梁季博士、刘尊涛博士、袁有杰博士、王敬峰博士、彭启蕾博士、夏智灵博士、刘志刚博士、刘志安博士、刘超博士、庞瑞江博士、栾春华博士、安志伟博士、周四新博士、孙晓明博士、赵涛博士、陶昭华博士、刘若鸿博士、朱庆锋博士、李硕博士、郝江波博士和孙国光、刘志刚、孙明惠、于茸茸、葛静、张冰、朱蕊、崔颜、魏巍、刘强、简春庆、刘静华、徐康、侯哲、张茜等诸位同门。我要衷心感谢他们给予我的宝贵的启迪和无私的帮助。在此，我还要特别感谢张曼博士，她是我进入中国人民大学这所学术殿堂的领路人。

贵州省地方税务局的领导给了我三年脱产学习深造的机会，我无以为报，唯有在今后的工作中为贵州省地税事业的发展尽自己的一份努力。

  本书写作是件非常辛苦的事情，需要安静的环境和充裕的时间，是家人帮我妥善安排好家务，才使本书能如期完成。所以，学习上取得的成绩和进步，离不开大家的关爱和帮助。在此，我感谢所有关心、支持和帮助我的人，并祝愿每个人幸福快乐！

作者
2017 年 6 月